食生活からはじめる
省エネ & エコライフ

― エコロジークッキングの多面的分析 ―

監 修　長尾慶子
著 者　三神彩子

建帛社
KENPAKUSHA

はじめに

　本書では，食と環境問題を体系的にとらえ，地球上に生きる我々がどのように地球と共存し，持続可能な食生活を送ることができるかを様々な実験手法を通して定量的に把握し，提案している。食生活からはじめる省エネ&エコライフとして，エコロジークッキングを取り上げ，各種環境負荷項目の低減効果を実測し，エネルギー，水，ごみ問題，食糧問題および地球温暖化防止の観点から多面的に分析するとともに，食生活における教育のあり方および今後の汎用性を検討した結果を体系化し，以下のとおり示した。

【序　論】
　食生活から省エネ&エコライフをはじめることの大切さを，歴史的背景，東日本大震災の影響および世界の食生活の変化などから明らかにした。

【第Ⅰ部：エコクッキングの環境負荷削減効果（エネルギー使用量，水使用量，ごみ廃棄量，CO_2排出量）】
■第1章：エネルギー使用量削減効果；家庭での上位頻出献立をもとに，おいしさを損なわずに省エネが可能で，汎用性のある調理方法を調理操作や機器・道具の選択の違いごとに定量的に把握し，CO_2排出量として算出して削減効果を示した。
■第2章：水使用量削減効果；いずれの調理工程においても意識することで水使用量削減ができ，1食分で約60％の節水効果があることを示した。さらに，水の使用量削減に伴い，水の汚濁の指標となるCOD量，全リン量，全窒素量が同様に削減できることを実測データから明らかにした。
■第3章：ごみ廃棄量削減効果；使用頻度の高い野菜50種の切り方による廃棄率削減効果を測定し，平均で約10％の廃棄率削減，さらに調理全体で約30～70％の生ごみ量が削減できることを確認した。また，環境に配慮した買い物により1日当たり約40％の容器包装類削減効果を示した。

【第Ⅱ部：エコクッキングの教育効果】
■第1章：大学生に対しての教育効果；授業の前後でのガス・水・生ごみの削減によりCO_2排出量の約50％以上の削減効果を得るとともに，効果が約1年後も持続していることを明らかにした。
■第2章：小学生に対しての教育効果；授業後約80％の児童（小学5年生）がエコクッキングの意味を理解できるようになり，大きな効果があることを確認した。
■第3章：主婦層に対しての教育効果；家庭での上位頻出献立をもとに調理実験を行い，実際の家庭での調理に関しても，環境負荷削減効果が得られ，世代を越えて汎用性のある教

育であることを確認した。

【第Ⅲ部：エコクッキングの汎用性と社会的影響力】
■第1章：商業施設における導入効果；環境省の施設である新宿御苑内レストランへの導入効果を示した。店舗全体でガス・水使用量，生ごみ廃棄量，CO_2排出量が約20〜40％削減でき，年間10万点販売規模の店舗で年2.4 t（トン）のCO_2排出量が削減できることを明らかにした。
■第2章：江戸時代との比較による効果検証；現代の調理，エコクッキング，江戸時代の調理を実験データから比較した結果，エコクッキングは両者の利点を取り入れた効果的な調理法であることを明らかにした。
■第3章：低炭素社会実現に与える影響；1世帯当たり1日分のモデル献立を基に試算した結果，エネルギー使用量，水使用量，生ごみ量，CO_2排出量が約30〜60％削減でき，日本全体で年間6百万 t，世界全体で年間305百万 tのCO_2排出量削減が見込まれることを示した。

　以上，単なる省エネ・調理法の提案でなく，環境保護的視点からの「エコクッキング」について多面的に追求した本書により，省エネおよびエコ意識の向上，行動の改善による環境負荷低減効果が実証された意義は大である。そして，これらのことが日本のみならず世界で導入されれば，食糧，水，エネルギー不足や地球温暖化問題への改善の大きな一助となると考える。

　なお，本書は，平成27年度JSPS科研費 15HP5229 の助成を受け刊行された。ここにあらためて謝意を表する。

2016年1月

三神　彩子

目　次

序　論

1. 食生活から省エネ＆エコライフを考える……………………………………………………1
   （1）エコロジークッキングの言葉の定義／1
   （2）日本における従来のエコクッキング的考え方／2
   （3）エコクッキングの普及の経緯／3
   （4）東日本大震災（東北地方太平洋沖地震）の影響／4
2. 食と地球環境問題の関わりと学術的背景…………………………………………………5
   （1）日本および世界の食生活の変化／5
   （2）地球環境問題と食生活／7
   （3）学術的背景／9
3. 研究の概要……………………………………………………………………………………9

第Ⅰ部　エコクッキングの環境負荷削減効果

第1章　エネルギー使用量削減効果……………………………………………………11

第1節　調理操作の違いによる省エネ効果……………………………………………11
1.1　はじめに／11
1.2　実験方法／11
1.3　結果および考察／16
1.4　小括／24

第2節　調理道具の違いによる省エネ効果……………………………………………25
2.1　はじめに／25
2.2　実験方法／25
2.3　結果および考察／30
2.4　小括／36

第2章　水使用量削減効果 …… 37

第1節　調理工程ごとの水使用量の分析 …… 37
1.1　はじめに／37
1.2　実験方法／39
1.3　結果および考察／43
1.4　小括／47

第2節　排水汚濁負荷削減効果の分析 …… 48
2.1　はじめに／48
2.2　実験方法／48
2.3　結果および考察／53
2.4　小括／57

第3章　ごみ廃棄量削減効果 …… 59

第1節　野菜の廃棄率削減による生ごみ量削減効果 …… 59
1.1　はじめに／59
1.2　実験方法／60
1.3　結果および考察／62
1.4　小括／65

第2節　容器包装類削減効果 …… 66
2.1　はじめに／66
2.2　実験方法／67
2.3　結果および考察／70
2.4　小括／74

第Ⅱ部　エコクッキングの教育効果

第1章　大学生に対しての教育効果 …… 77

第1節　家庭科教職課程履修生に対しての教育効果 …… 77
1.1　はじめに／77
1.2　調査方法／77

1.3　結果および考察／81
　　1.4　小括／85

　第2節　教育効果の詳細項目分析……………………………………………………87
　　2.1　はじめに／87
　　2.2　調査方法／88
　　2.3　結果および考察／91
　　2.4　小括／99

　第3節　調理の習熟度効果と教育効果の違いおよびおいしさの評価……………101
　　3.1　はじめに／101
　　3.2　調査方法／101
　　3.3　結果および考察／106
　　3.4　小括／109

第2章　小学生に対しての教育効果……………………………………………………111
　　1.1　はじめに／111
　　1.2　調査方法／111
　　1.3　結果および考察／116
　　1.4　小括／122

第3章　家庭における調理主担当者（主婦層）に対しての教育効果………………123
　　1.1　はじめに／123
　　1.2　調査方法／123
　　1.3　結果および考察／126
　　1.4　小括／130

第Ⅲ部　エコクッキングの汎用性と社会的影響力

第1章　商業施設におけるエコクッキングの導入効果………………………………131
　　1.1　はじめに／131
　　1.2　実験方法／131

1.3　結果および考察／133
　　1.4　小括／136

第2章　江戸時代との比較によるエコクッキングの効果検証　139
　　1.1　はじめに／139
　　1.2　調査方法／139
　　1.3　結果および考察／143
　　1.4　小括／147

第3章　エコクッキングの実践による CO_2 排出量削減が低炭素社会実現に与える影響　149
　　1.1　はじめに／149
　　1.2　調査方法／150
　　1.3　結果および考察／151
　　1.4　小括／155

総　括　157
　　第Ⅰ部　エコクッキングの環境負荷削減効果／157
　　第Ⅱ部　エコクッキングの教育効果／158
　　第Ⅲ部　エコクッキングの汎用性と社会的影響力／159

引用文献　163
関連公表論文目録　170

索　引　171

序　　論

1．食生活から省エネ＆エコライフを考える

（1）エコロジークッキングの言葉の定義

　エコロジークッキング（以下，エコクッキング）は，エコロジーとクッキングを合わせた造語である。エコクッキングのエコは，エコロジー【ecology】の略で，環境を意味し，環境を大切にしようとする意識を高めるための言葉として広く使われている。エコロジーは，「（1）生態学（生物とそれを取り巻く環境の相互関係を研究し，生態系の構造と機能を明らかにする学問），（2）人間を生態系を構成する一員としてとらえ，人間と自然環境・物質循環・社会状況等との相互関係を考える科学，社会生態学，人間生態学」，クッキング【cooking】は，「料理，調理」（大辞林第二版，1995，三省堂）とある。

　全国へエコクッキングを普及するために，大学，NPO，企業等の有識者およびオブザーバーに環境省を加え2006年に設立されたエコ・クッキング推進委員会では，エコクッキングを「環境に配慮して，買い物，調理，片付けを行うこと」と定義している[1]。ここでいうエコクッキングには，調理だけでなく，買い物から片付けまでの食生活全般が含まれる。本書ではこの定義に基づき考察していくこととした[2]。

　エコクッキングは，我々の暮らしに欠かせない身近な「食」から，現代の我々の暮らし方を見直し，具体的な行動を通して地球環境問題の解決に寄与する取り組みである。これまで家庭科教育で指導してきた食生活（調理計画，買い物，調理，片付け）をエネルギーと環境という視点からとらえ直している点が新しい。

　というのも，食の分野は食材を取り巻く環境，エネルギー，水，ごみ問題や地球温暖化問題等，現代に暮らす我々の抱えるさまざまな問題を内包する地球環境問題の縮図的存在である。現代の食生活は，生産→運搬→消費→廃棄のどのプロセスにおいても多くのエネルギーを消費している。人間が1日生きていくためには成人1人当たり2,000～2,500kcalのエネルギーを必要とするが，2008年の部門別最終エネルギー消費のデータをもとに1人1日当たりのエネルギー消費量に換算すると，家庭で使うガスや電気のエネルギーはその約5倍の11,301kcal使用しており，社会全体で使っているエネルギーは約30倍の72,856kcalである[3]。

　図序-1に示したとおり，日本型食生活をおくっていた1975年のデータから同様に算出し比較すると，1人1日生きていくために必要なエネルギー量としての供給熱量はほとんど変わらないのに対し，この30年間でエネルギー消費量は，家庭でのエネルギー消費量で1.9倍，社会全体でのエネルギー消費量で1.3倍程度増えており，ここからも暮らしのあり方が変化し，現代の暮らしが大きくエネルギーに依存していることが読み取れる。

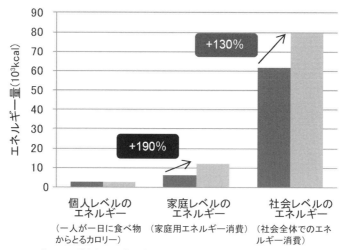

図序-1　生活する上で必要な1人1日当たりのエネルギー

（2）日本における従来のエコクッキング的考え方

　日本では体系化こそされてこなかったものの，エコクッキングの取り組みの基礎になるような考え方は古くからあった。

　例えば，江戸時代は資源を有効に持続可能な形で循環させながら利用する循環型社会のお手本と言われており，地域でとれた旬のものを必要な量だけ買い，皮ごと丸ごと無駄なく使用していた。調理時には火を起こすのも水を汲んでくるのも大変だったため，効率よく無駄なく調理を行う工夫を取り入れ，最後，灰や排泄物さえも畑へ戻し循環していた[4]。しかし，これらは環境配慮のために行っていたわけではなく，暮らしの知恵として必然的に取り入れられていたシステムであった。

　さらに，食生活が豊かになるにつれ，健康面への配慮を含んだ暮らし方のお手本が作られるようになった。中でも江戸時代に儒学者の貝原益軒の著した『養生訓（1712年）』は健康な暮らし方についての解説書として，広く読まれ影響を与えたとされている[5]。

　また，地域の旬のものを食べるという考え方は，現在，「地産地消（地域生産地域消費の略語）」，「旬産旬消」という名称で推奨されているが，日本には昔から，「三里四方の野菜を食べろ」ということわざがあり，三里四方（約12キロメートル以内）でとれた野菜を食べていれば，健康で長生きができると経験上言われてきた。

　さらに，明治時代には，石塚左玄を会長として発足した食養会が，食事で健康を養うための独自の理論の1つとして，その土地，その季節の食物がいいという考えを「身土不二」と名付けて普及に努めている。これを発展させ，現在，欧米でも普及している食生活法「マクロビオティック」は，第二次世界大戦前後に桜沢如一が自ら考案し，食生活法や食事療法として広めたものである[6]。

　最近では，日本語の「もったいない」という言葉を，2004年12月10日に「持続可能な開発，民主主義と平和への貢献」のため，環境分野の活動家としては史上初のノーベル平和賞を受賞した

ケニア出身のワンガリ・マータイ氏（1940.4〜2011.9）が取り上げ，世界へ広めようとして有名になった。「もったいない」は英語にすると"wasteful"だが，実際には，「物の価値を十分に生かしきれておらず無駄になっている」状態やそのような状態にしてしまう行為を戒める意味で使用される単語であり，自然や物に対する尊敬の念が込められている。

　このように，もともと日本人は物を大切にし，地域に根差した食生活をおくってきた民族である。また，食文化を見ても，東西南北に長い日本は，地域ごとにその味覚，料理が個々に発展し，伝統食や郷土食が栄えてきた。

　一方，明治時代以降，日本は欧米の影響を強く受け，異文化を取り入れ，模倣し，さらにそれを折衷化および同化させてきた。それは食文化にもそのまま当てはまる。現代の日本の食卓を見ると分かるとおり，世界の料理が日本人の口に合うように取り入れられ，オリジナルに発展してきている。

　しかし，戦後から20世紀末までの食生活は，調理法，おいしさ，栄養価，健康面などが重視され，さらに，高度成長期を経て，女性が社会に出ていくようになると，家事を便利にする工夫として調理機器が導入され，便利さが追求され，環境問題やエネルギー問題と食の分野とを一緒に考えるということはされてこなかった。なぜならば，まずは十分な食糧確保，次に健康，そしてよりよい食生活が重視されてきたからである。

（3）エコクッキングの普及の経緯

　エコクッキングの普及促進へつながった外部要因について表序-1に示した。エコクッキングの体系的な普及はガス事業者（東京ガス㈱）によって1995年からスタートし，その後，中立的な立場で普及を推進すべく2006年に有識者および環境省を中心にしてエコ・クッキング推進委員会が立ち上げられ，正しい知識の普及に取り組んでいる。

　日本では，1990年代に入るとエコロジーとエコノミーの両方の接頭語であるエコをつけた造語が数多く作られた。現在でもこれらの用語は数多く使用されており，エコライフ，エコプロダクツ，エコドライブ，エコツアーなど枚挙にいとまない。こういった用語は，ほとんどが世の中の環境問題への意識の高まりと相まって，環境意識を高めるために作られた造語である。エコクッキングもこの流れの1つにあり，従来の暮らし方に警鐘を鳴らすものである。

　しかし，時流にかなっているとはいえ，簡単に普及が進んだわけではなく，エコクッキングも世の中のニーズと環境意識の高まりに呼応する形で草の根的に15年近くをかけてゆっくりと広まってきた。そもそも，普及が開始された当初は，エコクッキング＝エコノミークッキングと理解され，節約料理として紹介されるなど，地球環境問題と食を結び付ける考え方としてはなかなか定着してこなかった。世の中の意識や関心もまだまだ低かったといえる。

　2000年に入って，世界的に地球環境問題への関心が高まる中，国や産業界での取り組み以外に，国民1人ひとりが環境問題に取り組むことの大切さが訴えられるようになり，その流れに呼応するようにエコクッキングも徐々に注目を集め，2002年に国が定めた地球温暖化対策推進大綱の国民が取り組むべき事項に取り上げられた[7]。2004年には10年におよぶエコクッキングの普及活動が評価され，体系化し普及活動を続けてきた東京ガス㈱は「地球温暖化防止活動環境大臣

表序-1　エコクッキングの普及促進への外部要因

年代	普及促進への外部要因
1990年代	国連環境開発会議開催，環境基本法の制定，包装容器リサイクル法制定，家電リサイクル法制定，循環型社会形成推進基本法制定
2001年	環境庁を改組し環境省へ（環境の世紀へ）
2002年	持続可能な開発に関する世界首脳会議（ヨハネスブルグ宣言）
2003年	環境の保全のための意欲の増進及び環境教育の推進に関する法律制定（環境保全活動・環境教育推進法）
2005年	京都議定書の発効 省エネルギー法の改正 チーム・マイナス6％立ち上げ 食育基本法成立
2006年	教育基本法改正
2007年	日本政府「クールアース50」発表
2008年	京都議定書の約束期間開始 洞爺湖サミット開催 小中学校学習指導要領の改訂
2009年	民主党政権へ移行し，新たなCO_2削減目標25％が示される 高等学校学習指導要領の改訂
2010年	「チャレンジ25」の25項目の1つにエコクッキングが導入される
2011年	3月11日に東日本大震災（東北地方太平洋沖地震）が発生し，福島第一原子力発電所の事故に伴う電力不足の問題から省エネが全国的に求められ，エコクッキングへのニーズも急増 「環境保全のための意欲の増進及び環境教育の推進に関する法律の一部を改正する法律」公布

賞」を受賞している。その後，地球温暖化防止だけでなく，ごみの削減，水問題の改善など様々な視点からエコクッキングを事業活動に盛り組む地方自治体が増え，2010年1月には，国の推進する地球温暖化防止のための国民運動「チャレンジ25」の1項目に，「エコクッキング」が選ばれている。

教育という面から見ていくと，小・中・高等学校教科書6社29冊中15冊[8-22]に「エコクッキング」の言葉の記載があり（2011年時点），言葉の記載がない場合でも「環境に配慮した食」といった内容が見られる。さらにこの流れを後押しするように，日本の教育界においては，2004年に施行された環境教育推進法[23]，2005年に成立した食育基本法[24]および2006年改正の教育基本法[25]において，"持続可能な社会における食と環境の関係の学習の充実"が示唆されたことから，小・中・高等学校の学習指導要領[26-28]にも記載され，今後さらに重要な取り組みになると考えられる。現在，教育関係者をはじめとする各分野の委員からなるエコ・クッキング推進委員会の認定するエコ・クッキング指導者の資格取得者は急増しており，全国で2,500名（2012年3月末）を超えるまでになっている。

このように1995年に始まったこの取り組みは，現在の日本において，学校教育にも取り入れられると同時に，低炭素社会実現に向けた国の取り組みにもなっており，食をエネルギーと環境という視点から考える手法を取り入れ，日本の現代の食生活を見直すきっかけとなっている。

（4）東日本大震災（東北地方太平洋沖地震）の影響

2011年3月11日に，太平洋三陸沖を震源とした東日本大震災（東北地方太平洋沖地震）が発生し，東日本を中心に甚大な被害をもたらした。国内での観測史上最大のマグニチュード9.0を記録し，大規模な津波を引き起こした。この地震は未曾有の被害をもたらし，震災後も浸水，液状化，建造物倒壊等，特に東北の岩手県・宮城県・福島県の3県，関東の茨城県・千葉県の2県を

中心とした被害は大きく，この地震による死者・行方不明者は計2万人近くに上る。

震災直後には，エネルギーおよび食を全面的に東北地方に依存していた首都圏の状況が明らかとなり，計画停電だけでなく，物流が途絶え，ヨーグルト等の乳製品をはじめとした食材が手に入らないという事態が発生し，危機感を募らせた。

さらに福島第一原子力発電所の事故に伴う電力不足の問題から省エネルギー（以下，省エネ）が全国的に求められるとともに，放射能問題から食の安全の問題も急浮上した。

これらの要因から，省エネ，節水，安全な食を無駄なく使うエコクッキングの知恵が全国的に求められ，エコ・クッキング推進委員会への問い合わせが増え，被災地となった宮城県や福島県のエコ・クッキング指導資格保持者からもエコクッキングの知恵は震災後の水や食料がままならない状況の中で大変役に立ったため，今後の復興に際し，さらに広めていきたいとの声も届いた。

また，放射能の問題を抱える原子力発電所の再稼動問題は，国のエネルギー需給問題に発展し，今後の国のエネルギー政策が問われていると同時に，国民の生活のあり方もが問われる結果となっている。

2. 食と地球環境問題の関わりと学術的背景

（1）日本および世界の食生活の変化

日本は東西南北に長く，四季の区別がはっきりしており，古くから地域および季節に応じた食生活が育まれてきた。その主なスタイルは，米飯に，大豆，野菜，魚等の調理品を組み合わせるというものである。欧米の影響を受け，ここに畜産物や油脂，果実類が加わった食生活は1975年頃から定着し，日本型食生活[31]と呼ばれ，バランスが良いことから健康食として世界的に評価が高い。しかし，現代の日本の食生活は，質そして内容ともに大きく変わりつつある。その要因には，食のグローバル化，食の大量生産および大量消費，調理主担当者であった女性の社会進出等により，ライフスタイルが変容してきたことがあげられる[32]。

現代の日本の食生活は，「食卓を見れば環境破壊が分かる[33]」といわれており，大量に農産物を輸入し，その運輸手段には大量のエネルギーを使い，二酸化炭素（以下，CO_2）や排気ガスを出している。食材を運ぶ際に必要になるエネルギーの指標の1つとして，農林水産省政策研究所の試算した「フードマイレージ（2003年）」があるが，これは次の式で求められる。

フードマイレージ＝食品輸入量（単位：t（トン））×輸送距離（単位：km）

これをもとに図序-2に各国のフードマイレージ（t・km）を示した。ここからも日本のフードマイレージが他の先進諸国と比べ格段に多く，韓国，アメリカの約3倍，イギリス，ドイツの約5倍，さらにフランスの約9倍となっており，食糧を手に入れるために相当な環境負荷をかけていることが分かる。

また，2009年の日本の消費熱量1,883kcal/人・日（厚生労働省平成21年国民健康・栄養調査に基づく1人1日当たりの栄養素等摂取量）と供給熱量2,472kcal/人・日（農林水産省平成21年度食料需給表に基づく1人1日当たりの供給熱量）を単純比較すると1日の供給熱量の約1/4を

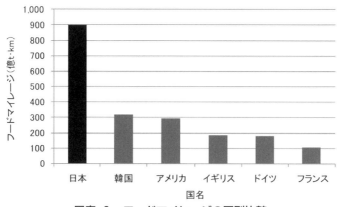

図序-2　フードマイレージの国別比較

廃棄していることとなる。

　台所から出る生ごみの量は日本全体で年間1,000万 t を超えている[2]。さらに，消費者の嗜好から，形の良いものが好まれ，季節に関係なく野菜や果物を食べることができるなど，食生活全体が環境負荷の高い食生活となってきている。

　このような食の在り方は，食材を取り巻く環境，エネルギー問題，水問題，ごみ問題，さらには地球温暖化問題をはじめとしたグローバルな環境問題と密接に関わっている。

　環境問題は日本だけでなく1990年以降世界的な問題として顕在化してきているが，日本ではその対策として，表序-1に示したとおり，1995年以降，環境関連の法整備が進んできた。エコライフやエコクッキングに代表される環境配慮型のライフスタイルは，1990年代に一部の人のみが推進していたが，2000年以降の暮らし方を見直す動きの活発化と相まって，現代においては一般的な社会規範となってきている。

　こういった動きは日本だけではない。1986年にイタリアに端を発したスローフードは，生活や食文化を根本から考えていこうという活動として有名である。スローフードを推進するスローフード協会（NPO）は，社会構造のファスト化，ファストフードの席巻，地域の郷土料理の消滅，人々の食品に対する興味の減退を危惧し，食べ物がどこから来て，どういう味で，私たちの食べ物の選択がどのように世界に影響を与えるのかについて，より多くの人々が気付き，食を通じて自分たちの幸せな未来を共に築いていくことを目的に，1989年に設立され，現在では世界132カ国に10万人の会員がいる[34]。

　また，アメリカでは1992年に『Recipes from an ecological kitchen[35]』と題した料理書が現れ，副題には「Health meals for you and the planet」と題され，人間と地球のための健康なレシピが掲載され反響を呼んだ。これは1970年代頃からはじまったこれまでの食生活・食習慣に対する反省と批判の現れであり，食肉を中心とする食習慣を改めるべきであるとする獣肉を用いない野菜料理を中心とした料理書の流れを組む。地球のためと副題にあるもののこれら野菜料理の基礎となった考え方には大きく2通りあり，1つは世界の食事情を考えたときに多くの人間が餓死している一方で世界の穀物が食肉となる家畜の飼育に使われている現状への憤り，そしてもう1つは，食物用として飼育されている家畜が与えられている苦痛への憤りから端を発したものであ

る[36, 37]。いずれも視点こそ違うものの，エコロジーの視点を食に取り入れた事例である。

また，1990年代後半にアメリカの中西部で生まれた新しいビジネスコンセプトに「LOHAS（ロハス）」がある。これは「Lifestyle of Health and Sustainability」の略で，1998年に社会学者ポール・レイと心理学者のシェリー・アンダーソンが15年間のリサーチの結果として，「Cultural Creatives（生活創造者）」とし，「社会的地位より自己実現，外からの評価より内面的な成長，お金より時間，物質的満足より精神的な満足，結果よりプロセス重視，環境問題の改善やコミュニティの再建に対して強い歓心を示す人」がここ20年で急増し，アメリカでは成人の約30％を占めると発表したことに端を発する。中でも特に「健康と環境」に意識の高い人をロハスと設定し，商品を販売することで急速に成長を遂げるロハスビジネスとして，健康と持続可能な社会生活を心がける生活スタイルが生まれ広まってきている[38]。

このように先進諸国は飽食の時代を経て，食の在り方への問いかけを行っており，グローバルな視点からも先進諸国における食生活の在り方を見直すことは重要であり，その中でも日本から端を発したエコクッキングの考え方は非常に効果的だと考える。

（2）地球環境問題と食生活

現在我々は，地球温暖化をはじめオゾン層の破壊，生物多様性減少の問題，エネルギーや水資源の枯渇問題，また，身近なところでは大気汚染，廃棄物の問題等，様々な環境問題に直面している。その中でも特に地球温暖化問題は世界的な問題である。日本は京都議定書により，CO_2排出量を1990年レベルから6％削減することを約束し，2010年3月には，2020年までに25％CO_2を削減という新たな目標達成のための基本計画・施策を盛り込んだ「地球温暖化対策基本法」が閣議決定された。政府は全ての国民が力を合わせて地球と日本の環境を守り，未来に引き継いでいくための「チャレンジ25」を推進する国民運動「チャレンジ25キャンペーン」を2010年1月より展開し，この国民運動の1つにエコクッキングも採択された。

ただし，東日本大震災および福島原子力発電所の事故を受け，日本のエネルギーおよび原子力政策が揺らぎ，長期的な視野で脱原発を図ることが国民から望まれており，日本のエネルギー政策は大きな転換期を迎えている。なお，これまでの削減目標25％は，原子力に依存するという現行の原子力政策下での目標設定であったため，エネルギー政策の転換に伴い，地球温暖化対策の目標値の見直しが迫られた。

今後も日本が国際社会で果たすべき役割は大きく，地球温暖化対策に率先して取り組むことが求められている。しかし，実際のところ日本のCO_2排出量に大幅な削減効果は見られず，特に家庭部門は逆に大きく増加しており，各家庭でのCO_2排出量削減の取り組みおよび低炭素社会実現の推進は国家的な喫緊の課題となっている。昨今この傾向が抑えられたかのように見えるのは，2008年のアメリカ投資銀行リーマン・ブラザーズが破綻したことを機に起こった世界的な金融危機（リーマン・ショック）の影響により，日米欧が軒並みマイナス成長となり，CO_2排出量増加に歯止めがかかったことが一因であり，各国の取り組みの成果とはいいがたく，今後の動向が懸念されている。

なぜならば，世界的に見ると産業革命以降，人口は爆発的に増加しており，環境への負荷は増

大する一方である。2011年に70億人を突破した世界人口は，図序-3に示したとおり，2050年には90億人以上に増大すると見込まれている[39]。それに伴い，人間の生活を支えるエネルギー資源，水および食糧不足が懸念されている。今後も新興国を中心に経済発展が見込まれ，人口増加と相まって，必要量の増加傾向は続くと考えられる。

直近を見てみてもこの40年の間に人口は約2倍に増えており，それに伴い，CO_2の排出に直接的に関わる世界の一次エネルギー消費量も2倍以上に，水の使用量および食糧（穀物）の需要も約2倍に増加している[40]。

また，エネルギーや水は偏在して世界に存在しており，問題はより深刻になっている。水の例でいうと，人口1人当たりの年間最大利用可能水資源量4,000m^3以下の水資源量しか持たない国に約45億人が住んでいる。そのうち1,700m^3／年未満の状態を水ストレスの状態というが，その状態にある人口は，2008年時点で約20億人，2030年までに39億人に達するものと見込まれている[41]。

さらに，世界では飢餓人口が10億人を超えており，地球温暖化に伴う気候変動等の要因や世界的な人口増加により，今後ますます厳しい食糧不足が問題視されている[40]。

これらの現状を，我々の暮らしがどれだけ環境に負荷をかけているかの指標となる「エコロジカル・フットプリント[42]」から見てみる。経済活動が行われている規模を土地や海洋の表面積（ヘクタール：ha）に換算し，その面積を各国の人口で除すことで国ごとの1人当たりの「エコロジカル・フットプリント」を算出することができる。WWF（世界自然保護基金）の試算（2010年）では，日本の「エコロジカル・フットプリント」は4.7gha（グローバルヘクタール）となる。グローバルヘクタールとは，平均的な生物生産力を持つ土地1haを指す。これを世界平均の生物生産力1.8ghaで割ると，現在の日本人のような暮らし方を世界中で行った場合に地球が何個必要か算出できる。これをもとに，各国の状況を試算すると図序-4のとおりとなった。世界平均1.5個に対し，日本は2.6個，イギリスは2.7個，オーストラリアは3.8個，アメリカは

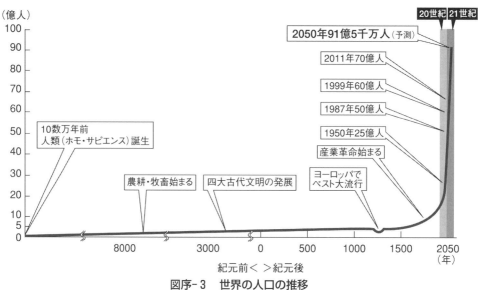

図序-3　世界の人口の推移

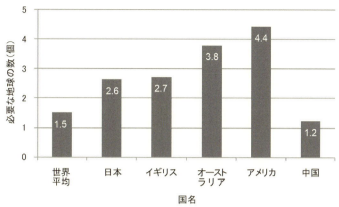

図序-4　エコロジカル・フットプリントの国別比較

4.4個と高い値を示した。なお，これら経済大国であり消費大国でもある先進国の「エコロジカル・フットプリント」は増大を続けているだけでなく，今後途上国の発展に伴い地球への負荷もさらに大きくなることが予想される。既に世界平均を見ても地球資源1.5個分という分不相応な生物資源を消費している現状を考えると，できる限り早く我々が地球1個分の分相応の暮らしに戻さないとならないことは自明である。

（3）学術的背景

環境問題に関心を持つ人の増加に伴い，日本国内でも2000年以降，エコクッキングに関連する研究調査が急速に進んでいる。「エコクッキング」，「省エネ」，「調理」，「CO_2排出量」等のキーワードをもとに論文を検索した結果，著者が関連している研究以外にも，生産から消費・廃棄までの一連の食生活をとおして環境影響評価を行うLCA（Life Cycle Assessment）評価[43-46]や食生活とCO_2排出量との関係[47,48]，気候変動と食糧生産[49]，教育効果や環境意識向上[50-56]等を主眼にした研究等が見られる。

3．研究の概要

これまで見てきたとおり，地球温暖化が深刻さを増す昨今，エコクッキングは家庭で簡単に取り組める地球温暖化防止策として，また，エネルギー問題，水問題，ごみ問題や食糧問題の1つの解決策として注目を浴びてきている。さらに震災後は，省エネ，節電，エコライフといった点からも生きる術として注目を浴びている。

そこで，これまでの先行研究を踏まえ，エコクッキング手法の確立と「買い物」，「調理」，「片付け」のそれぞれの分野での最適性を定量的に把握するために，特にエコクッキングで削減が可能な4要素「エネルギー」，「水」，「廃棄物」，「CO_2排出量」に注目し，それぞれ単体で削減を目指すのではなく，総合的にバランスがとれた削減方法を定量的に実証し検討していくこととした。

具体的には，「買い物」，「調理」，「片付け」のそれぞれの項目でのエコクッキングの効果を実

測し，さらに教育効果やフィールドワークを通して効果検証を行い，最終的に低炭素社会に向けて，現在の食生活をどう改善することが好ましいか，現実的なエコクッキング実践の可能性を体系的に提言するものとする。

なお，本書では n 数の多いアンケート調査および図表を見ただけでは判別しづらい官能検査に関しては，個別に統計手法および有意差検定の結果を各図表ごとに示した。その他の実験に関しては，t 検定を実施し有意差を確認しているが，図表からもエコクッキングによる削減効果が大であることが確認できることから個別の表記を省略した。

第Ⅰ部では，エコクッキングの環境負荷削減効果を定量化するため，調理時のエネルギー使用量，水使用量，生ごみ量を実測し，CO_2 排出量を導き出し，その効果を把握した。

第Ⅱ部では，エコクッキングの教育を大学生，小学生，主婦層に対して行うことで，どのような効果があるのかを実測し，どのような教育が望ましいのかを考察した。

第Ⅲ部では，エコクッキングの汎用性と社会的影響力を考察するにあたり，商業施設で導入した場合の効果測定，循環型社会であった江戸時代と比較するために時代考察を踏まえ実測し，さらに日本および世界でエコクッキングを導入した場合の効果を検証した。

これらの知見を体系化し，環境のことを考え，「買い物」，「調理」，「片付け」を行うエコクッキングの環境負荷削減効果を明らかにするとともに，今後，得られた知見を，広く社会へ還元し，低炭素社会実現および地球環境問題の改善に貢献していきたいと考えている。

第Ⅰ部 エコクッキングの環境負荷削減効果

第1章 エネルギー使用量削減効果

第1節 調理操作の違いによる省エネ効果

1.1 はじめに

　地球温暖化問題が深刻化する中，日本は京都議定書により，CO_2排出量を1990年レベルから6％削減することを約束したものの，日本の家庭部門を見ると2008年時点でのCO_2排出量は約34％増えており[57]，家庭でのCO_2排出量削減の取り組みの推進が国家的な喫緊の課題となっている。そこで，日常行っている調理操作の内，エネルギーを直接的に使用する加熱調理に，エコクッキングの手法を取り入れることで，様々なメニューにおいてエネルギーおよびCO_2排出量削減効果が期待できるのではないかと考えた。

　そこで，家庭でよく行われる日常食献立を選択し，その中の基本的な加熱操作部分を改善することにより，おいしさを損なわずにエネルギーの消費を軽減し，広く様々なメニューに取り入れられる効果的な調理法を実験から定量的に把握することにした。特に，調理機器や調理道具の選択，調理操作の違いに着目し，どのような方法が省エネすなわちCO_2排出量削減につながるのかを合わせて検討した。

1.2 実験方法

　現在の家庭での上位頻出献立の中から加熱調理を含む基本献立を10種類取り上げ，それぞれについてエコクッキング的手法を検討し，エネルギー使用量および水使用量，生ごみ廃棄量，出来上がりのおいしさ，色調等の外観評価から，エコロジー的に最適だと考えられる方法を定量的に評価する実験を行った。比較は，家庭で簡単に実践できる献立を前提とし，調理機器や調理道具の選択，調理操作法の選択による消費エネルギー，およびそれに伴うCO_2排出量の違いに注目し，効果的な調理方法を検討した。

　現在の家庭での上位頻出献立は，2005年東京ガス都市生活研究所で調査した「調理実態調査内容」の結果[58]から家庭での食実態を反映させた年間上位頻出献立とし，以下に示すモデル献立を取り上げた。もとにしたデータベースは㈱ＮＴＴデータライフスケープマーケティングが行っ

〔朝食献立〕	〔昼食献立〕
 ・トースト ・ベーコンエッグ ・バナナヨーグルト ・ホットコーヒー ・牛乳（冷）	 ・チャーハン ・季節の果物 ・麦茶（温）
〔夕食A献立〕	〔夕食B献立〕
 ・ご飯 ・味噌汁 ・魚の和風焼き物 ・野菜の和風煮物 ・青菜のおひたし ・日本茶（温） ・ビール	 ・カレーライス ・ミックス野菜サラダ ・漬物 ・麦茶（冷） ・ビール

図1-1 モデル献立名と盛り付け写真

ている「食MAP®」である。

1.2.1 モデル献立

朝食はトースト・ベーコンエッグ・バナナヨーグルト・ホットコーヒー・牛乳（冷）の計5品，昼食はチャーハン・季節の果物・麦茶（温）の計3品，夕食は様式の異なるA，Bの2献立を設定した。夕食A献立は和風の，ご飯・味噌汁・魚の和風焼き物・野菜の和風煮物・青菜のおひたし・日本茶（温）・ビールの計7品とし，夕食B献立は洋風の，カレーライス・ミックス野菜サラダ・漬物・麦茶（冷）・ビールの計5品とし，各4人分を基本とした。図1-1に献立と盛り付け例を示す。

1.2.2 基礎調理でのエコクッキング手法の検討

上述のモデル献立からそれぞれ加熱調理を含む基本的な調理として以下の①から⑩までの10種を抽出し，家庭でよく行われる調理条件を以下のように設定した上で，CO_2排出量の少ない最適の調理操作法を検討した。

① トースト：調理機器選択の検討
② ベーコンエッグ：調理道具選択ならびに調理操作の検討
③ ホットコーヒー：調理機器選択の検討
④ チャーハン：調理操作の検討
⑤ ご飯：洗米回数，鍋の種類ならびに炊飯機器選択の検討
⑥ 魚の和風焼き物：調理機器選択ならびに調理操作の検討
⑦ 味噌汁：だしの取り方を含む調理操作の検討

⑧ 野菜の和風煮物：蓋，落し蓋の使用ならびに油膜の効果の検討
⑨ 青菜のおひたし：茹で水量の検討
⑩ カレーライス：具材の切り方ならびに茹で水量の検討

1.2.3 実験条件
（1）実施時期
2006年4月～9月（水温の影響を考慮し期間限定）
（2）実験室
東京家政大学調理科学学生実験室にて，室温は25±2℃（空調25℃に設定），水温は26.5±1.2℃，湯温は40.2±0.9℃であった。
（3）調理機器および測定器具
使用する食器類は実験室設置のものとし，調理機器および測定機器は以下のものを使用した。

調理機器として，ガスコンロ：㈱ハーマン製 ガスビルトインコンロ C3W89RDTLTG，トースター：三洋電機㈱製 SK-PZ1，コーヒーメーカー：象印マホービン㈱製 EC-FA60，電気炊飯器：象印マホービン㈱製 NH-VD10を使用した。

測定機器として，積算流量計（ガス・水・湯）：愛知時計電機㈱製 SP561，SP562，電力計：日置電機㈱製 HIOKI 3168 CLAMP ON POWER HiTESTER，温度計測記録器：安立計器㈱製 データコレクタ AM-8000K，測色色差計：日本電色工業㈱製 ZE-2000を使用した。

（4）換算方法
実験で実測したガス・電気使用量は，一次エネルギーに換算するための換算式①～②，およびCO_2排出量（g）に換算するための換算式③～④を用いて消費一次エネルギー使用量およびCO_2排出量とした。

① ガスの消費一次エネルギーへの換算式

　　ガスの消費一次エネルギー（kWh）

　　　＝［ガス使用量（L）／1,000］（m^3）×45[※1]（MJ／m^3）×1,000／3,600（s）

　　[※1] 都市ガスの熱量45MJ／m^3に基づく。

② 電力の消費一次エネルギーへの換算式

　　電力の消費一次エネルギー（kWh）

　　　＝［電力使用量（Wh）／1,000］（kWh）／0.361[※2]

　　[※2] エネルギーの使用の合理化に関する法律施行規則（最終改正年月日：平成19年11月26日経済産業省令第74号）に定める電力消費エネルギー換算値9.97MJ／kWh（昼間の電気）より算出した受電端効率36.1%（0.361）に基づく。

③ ガスに起因するCO_2量（g）＝ガス使用量（L）×2.21[※3]

　　[※3] 都市ガス（1m^3当たり）2.21kg［CO_2／m^3］：東京ガスの都市ガス13Aの代表組成より算出[59]。

④ 電力に起因するCO_2量（g）＝電力使用量（Wh）×0.69[※4]

　　[※4] 電力（1kWh当たり）0.69kg［CO_2／kWh］：火力発電所のCO_2排出係数／中央環境審議会

地球環境部会,目標達成シナリオ小委員会「中間とりまとめ2001年」より算出[60]（温室効果ガス排出量算定・報告・公表制度にて対策による削減効果については対策により影響を受ける電源の排出係数を用いて算定することができるとされていることから火力発電の排出係数を用いることとする）。

1.2.4 実験手順

実験項目ごとに以下に示す手順で実施し，ガス・電気使用量を一次エネルギー消費量およびCO_2排出量に換算した。今回の実験の主眼を加熱中の消費エネルギーとそれに伴うCO_2排出量削減効果に置いたので，調理中の水および生ごみ削減量についてはエコクッキング的配慮に関わる調理操作の違いを考える対照として取り上げるにとどめた。

（1）トーストの実験

目的：調理機器（トースターとグリル）の比較。

材料：8枚切り食パン4枚。

方法：食パン4枚を2回に分けて焼く。トースターは最初の2枚が焼き上がったらつまみの電源をオフにし，2回目に焼くパンを入れてから再び電源をオンにする。グリルも同様の条件とする。

（2）ベーコンエッグの実験

目的：①調理道具（テフロン加工フライパン240mmと鉄製フライパン240mm）および，②テフロン加工フライパンを使用し調理操作を変えて比較する。

材料：卵4個，ベーコン2枚（4名分）

方法：①材質の異なるテフロン加工フライパンと鉄製フライパンそれぞれで2名分のベーコンエッグ（卵2個，ベーコン1枚使用）を作り比較する。②テフロン加工のフライパンのみを使用し，4名分のベーコンエッグ（卵4個，ベーコン2枚使用）の焼き方として，ⅰ）通常の調理方法の，鍋に油を加えて4人分を一度に入れて焼き，後半に水を入れて蓋をし，蒸気で仕上げる方法（以下，油あり・水あり）と，ⅱ）油を加え4人分を一度に入れて焼き，後半に水なしで蓋をし仕上げる方法（以下，油あり・水なし）と，ⅲ）油も水も加えないで4人分を一度に入れて焼き，後半蓋をして仕上げる方法（以下，油なし・水なし）を行い，結果を比較検討する。

（3）ホットコーヒーの抽出実験

目的：ホットコーヒー抽出方法を変えて比較する。

材料：粉末コーヒー20g

方法：以下の2種類の抽出方法で実験を行う。
  ① やかんを用いて湯を沸かすドリップ方式で抽出する。
  ② コーヒーメーカーを用いて抽出する。

（4）チャーハンの実験

目的：3種類の方法でチャーハンを調理した場合を比較する。

材料：ご飯600g，卵2個（約110g），焼き豚100g，シイタケ20g，長ネギ60g，ショウガ10

g，グリンピース55 g，油大さじ3（36 g）

方法：家庭で好まれているチャーハンの調理方法とし，次の3パターンを設定した。ⅰ）卵とご飯を別々に炒めて最後に合わせる，ⅱ）先に半熟卵にしてからご飯を入れて炒める，ⅲ）卵とご飯を混ぜ合わせてから一緒に炒める。

（5）ご飯の実験

目的：①洗米回数の違い，②使用する鍋の種類の違い，③炊飯器の種類（電気自動炊飯器と自動炊飯機能使用のガスコンロ炊飯）の違いによる比較を行う。

材料：①米450 g（トーヨーライス㈱の協力を得，同一品種の米で精白米加工および無洗米加工したものを取り寄せ使用），水道水（米重量の1.5倍を基準に予備実験より出来上がり飯2.2～2.3倍量）の加水量とした，②米450 g，水道水675 g，③無洗米320 g，水道水480 g。

方法：①教科書に記載の方法として5回洗米を基準とし，10回洗米，5回洗米，3回洗米の3種類に加え，無洗米を使用した場合とでガス，水使用量とおいしさを官能検査から比較した。炊飯は，同一条件とするため同一の文化鍋でガスコンロの自動炊飯機能を使用した。②6種類の鍋（文化鍋・アルミニウム鍋・ホウロウ鍋・圧力鍋・ステンレス鍋・土鍋／直径180～200mm，板厚3～6 mm）を使用し，洗米回数10回，浸水時間30分，水温28℃の条件下で，予備実験より出来上がり飯（2.2～2.3倍量）に加水量，加熱時間を設定しガス使用量と官能検査の結果から比較した。③電気自動炊飯器とガスコンロ（自動炊飯機能使用）で炊飯を行う。電気自動炊飯器の場合は，浸水なし急速炊きで点火する方法で実施する。ガスコンロ炊飯では，プログラムされている自動炊飯機能を利用し，内側がフッ素コーティングされている炊飯用文化鍋を使用する。

（6）魚の和風焼き物の実験

目的：①グリル焼きおよびテフロン加工フライパンでの手返し焼きでの比較をする。②グリル調理で切り方を変えた場合の比較をする。

材料：鮭切り身80 g×4切れ，漬け汁（醤油45 g，砂糖10 g，ゴマ油15 g）

方法：①漬け汁に20分漬けた鮭をグリルとテフロン加工フライパン（240mm）を使用して焼き，外観上同じように仕上げる，②鮭の切り身をそのままの状態と半分に切った状態で同じように仕上げる。

（7）味噌汁の実験

目的：煮干しだしの取り方による省エネ効果を比較する。

材料：市販煮干し，信州味噌

方法：以下のa，b，cの方法で煮干だしを抽出し，煮干の廃棄量とエネルギー使用量を比較し，合わせて官能検査を行う。官能検査は東京家政大学調理学研究室員および家政学部栄養学科の学生20名をパネルとし，評価項目として，旨味・生臭み・苦味の3項目を設定し，好ましい（＋3）～好ましくない（－3）の7段階評点法で実施した。得られたデータはそれぞれ項目ごとにa-b，a-c，b-c，2試料間のt検定を行い，有意差を判定する。

a法（基準の取り方）：煮干しの半分に裂いたもの（頭・内臓なし）を2％使用し，水から入れて沸騰後3分加熱する方法（対照とする）。

b法：煮干しを丸ごとミキサーで粉砕し，水のみを加熱し，沸騰後火を止めて煮干し粉末の1％を振り入れる方法。

c法：煮干しの内臓を除きミキサーで粉砕し，水のみを加熱し，沸騰後火を止めて煮干し粉末1％を振り入れる方法。

a，b，cの方法での煮干使用量は，予備実験により旨味を等しく感じる程度の濃度に設定。

（8）野菜の和風煮物の実験

目的：煮物をする際の落し蓋使用の効果を図る。

材料：ジャガイモ2cm角×10個（約90g）／各回，油膜として使用する油：大さじ1杯（12g）

方法：同一条件下で，ⅰ）落し蓋なし，ⅱ）油膜あり，ⅲ）落し蓋（アルミホイル）ありの3方法でジャガイモを煮る。それぞれの2cm角ジャガイモ1切れの中心部に0.5K熱電対温度計を挿入して加熱し，中心部温度が90℃になった時点を加熱終点とする。火力は中火に統一する。

（9）青菜のおひたしの実験

目的：省エネ効果を期待し，色よく茹で上げることができる範囲内での最少茹で水量を検討する。

材料：小松菜50g，茹で水量3種（300g，150g，50g）

方法：茹で水量を，青菜の6倍，3倍，同量の3種類とし，茹で上がりの青菜の色度を測色色差計で確認する。火力は中火で統一する。

（10）カレーライスの実験

目的：①ジャガイモの形状（4通りの大きさにカット）の違い，②茹で水量の違いから省エネ効果を比較する。

材料：①ジャガイモ125g（丸ごと，1/2, 1/4, 1cm角），茹で水量850g（ジャガイモ重量の6.8倍），②ジャガイモ125g（形状1/4），茹で水量（ジャガイモ重量の7倍，5倍，3倍，同量）

方法：①直径200mmの鍋の中にジャガイモが完全につかる程度の茹で水量として，ジャガイモ重量の6.8倍の水850gをそれぞれの鍋に入れた。ジャガイモを，丸ごと，1/2, 1/4, 1cm角切りの4通りの形状とし，それぞれ茹で加熱する。②ジャガイモの大きさを1/4に統一し，茹で水量をジャガイモ総重量の7倍，5倍，3倍，同量の4通りに変え，それぞれの水中にて茹で加熱する。実験①②ともに，（8）の方法に準じてジャガイモの中心温度を測定し，90℃になった時点を茹で上がり終点とする。火力は中火（ガス流量2.5mL/秒）に統一する。

1.3 結果および考察

上述のようにして多岐にわたり測定を行った実測データを下記に示した。

（1）トーストの実験

表1-1に見られるとおり，トースターとグリルでの消費一次エネルギー量にほとんど差は見

表1-1 トーストの実験
―調理機器別 CO_2 排出量削減効果―

		測定値	消費一次エネルギー量（kWh）	CO_2 排出量（g）
トースター	1回目	80.7（Wh）	0.22	55.7
	2回目	79.8（Wh）	0.22	55.1
	3回目	83.2（Wh）	0.23	57.4
	平均±S.D.	81.2±1.8（Wh）	0.22±0.001	56.1±1.2
グリル	1回目	18.1（L）	0.23	40.0
	2回目	17.1（L）	0.21	37.8
	3回目	17.9（L）	0.22	39.6
	平均±S.D.	17.7±0.5（L）	0.22±0.01	39.1±1.2
グリルによる CO_2 排出量削減率（％）			30	

られなかったものの，CO_2 排出量で比較するとグリルの方が約30％少ない結果となった。

（2）ベーコンエッグの実験

図1-2に見られるとおり，鉄製フライパンに比べ，テフロン加工フライパンでは CO_2 排出量を約44％削減できた。本実験で使用したテフロン加工フライパンは，アルミ製のフライパンにテフロン加工を施したものであるが，加工を施すことにより熱伝導率は落ちるものの蓄熱性が増し，蓋とあわせて活用することでさらに熱効率がよくなったためと考察した。また図1-3に見られるとおり，3パターンの調理操作ごとに比較したところ，いずれの場合も外観の仕上がりに差異はなく，ⅰ）油あり・水ありで調理，ⅱ）油あり・水なしで調理では，水を加えることでエネルギー消費量すなわち CO_2 排出量が大であり，ⅱ）の水なしを選択することで省エネ化が図れることが明らかになった。さらに，ⅲ）の油なし・水なしで調理するとベーコンから出た油で充分加熱できるので，CO_2 排出量を約59％削減でき最も高い省エネ効果が得られた。

（3）ホットコーヒーの実験

表1-2に見られるとおり，電気式のコーヒーメーカーを用いた場合とやかんを用いて湯を沸

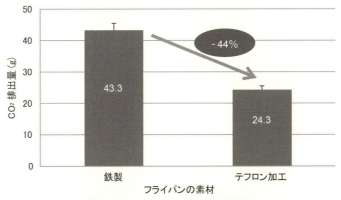

図1-2　ベーコンエッグの実験①
―調理道具別 CO_2 排出量削減効果―

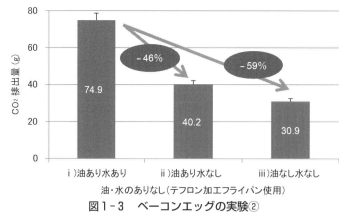

図1-3 ベーコンエッグの実験②
—調理操作別 CO_2 排出量削減効果—

表1-2 コーヒーの実験
—調理機器別 CO_2 排出量削減効果—

		測定値	消費一次エネルギー量（kWh）	CO_2 排出量（g）
コーヒーメーカー	1回目	81.4（Wh）	0.23	56.2
	2回目	80.5（Wh）	0.22	55.5
	3回目	79.9（Wh）	0.22	55.1
	平均±S.D.	80.6±0.8（Wh）	0.22±0.002	55.6±0.5
ドリップ式	1回目	14.4（L）	0.18	31.8
	2回目	15.1（L）	0.19	33.4
	3回目	14.0（L）	0.18	30.9
	平均±S.D.	14.5±0.5（L）	0.18±0.1	32.1±1.2
ドリップ式による CO_2 排出量削減率（%）			42	

かすドリップ方式の場合でのエネルギー使用量と CO_2 排出量を比較するとドリップ式の方が約42%の省エネ効果が得られた。

（4）チャーハンの実験

家庭で好まれている調理方法とし，ⅰ）卵とご飯を別々に炒めて最後に合わせる，ⅱ）先に半熟卵にしてからご飯を入れて炒める，ⅲ）卵とご飯を混ぜ合わせてから一緒に炒める，の3パターンで CO_2 排出量を比較したところ，図1-4のとおり，ⅲ）の方法が一番少なく，約25%の CO_2 排出量削減となった。また，調理手順からも卵とご飯を合わせて炒める方法が，飯のべたつきも少なく手早く調理できた。

（5）ご飯の実験

洗米回数の違いによる炊飯では，ガス使用量および炊き上がり時間に差はみられなかった。しかし，洗米に伴う水使用量は図1-5に示すとおり，5回洗米を基準とした場合，10回洗米で1.9倍，3回洗米で0.7倍，無洗米で0.2倍となった。現在の精米技術の進歩に伴い，10回洗米を対象

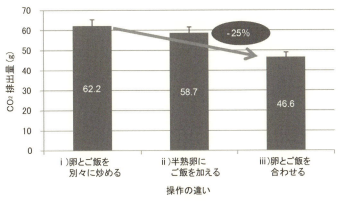

図1-4 チャーハンの実験
―調理操作別 CO_2 排出量削減効果―

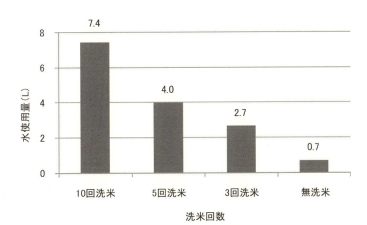

図1-5 炊飯の実験①
―調理操作別 CO_2 排出量削減効果―

から外し，5回洗米，3回洗米，無洗米で官能検査を行ったところ，有意差が見られなかったことから，エコクッキング的には無洗米ないし3回洗米が好ましいと考えられる。

次に，使用する鍋の種類による違いを調べた結果を表1-3に示した。圧力鍋炊飯が時間およびガス使用量の削減効果が期待できるものの，官能検査の結果と合わせて総合評価すると炊飯専用鍋である文化鍋およびホウロウ鍋炊飯が総合的によい結果を得た。

さらに，一般的に家庭で行われている電気炊飯器炊飯とガスコンロ炊飯でのエネルギー使用量を調べたところ，表1-4に示したとおりエネルギー使用量はほぼ変わらないことが明らかとなった。しかし，CO_2排出量を比較するとガスコンロ炊飯では約39％のCO_2排出量削減となった。本実験では電気炊飯器による保温時間を加味していない。通常電気炊飯器を使用した場合には炊きあがり後も一定時間保温することが想定されるため，エネルギー使用量およびCO_2排出量はさらに増大すると考えられる。

(6) 魚の和風焼き物の実験

図1-6および図1-7に示したとおり，グリル（ガスコンロ，上下両面からの加熱方式）使

表1-3 ご飯の実験②
―調理道具別官能検査―

	文化鍋（基準）	アルミニウム鍋	ホウロウ鍋	圧力鍋	ステンレス鍋	土鍋
ガス使用量（L）	34.1	31.9	25.8	27.4	39.3	49.7
時間（分'秒）	22'30	23'20	17'10	8'50	17'30	3'40
官能検査	0.00	-0.13	0.50	-0.75**	-0.57	0.00

** $p<0.001$

表1-4 ご飯の実験③
―調理機器別 CO_2 排出量削減効果―

		測定値	消費一次エネルギー量（kWh）	CO_2 排出量（g）
電気炊飯器	1回目	150.2（Wh）	0.42	103.6
	2回目	149.9（Wh）	0.42	103.4
	3回目	153.2（Wh）	0.42	105.7
	平均±S.D.	151.1±1.8（Wh）	0.42±0.005	104.3±1.3
ガスコンロ自動炊飯	1回目	27.0（L）	0.34	59.8
	2回目	31.4（L）	0.39	69.5
	3回目	28.5（L）	0.36	62.9
	平均±S.D.	29.0±2.2（L）	0.36±0.03	64.0±4.9
ガスコンロ自動炊飯による CO_2 排出量削減率（%）				39

用，およびテフロンフライパン使用では，グリルの熱効率がよいため，約19％の CO_2 排出量削減につながった。また，グリル調理時の切り方の工夫により1/2切り身の方がさらに約18％の CO_2 排出量削減ができた。

（7）味噌汁の実験

だしを取るときの煮干しの廃棄量とエネルギー使用量，CO_2 排出量を測定し，おいしさを損なわないだしの調製法を勘案し検討したところ，図1-8に示したとおり，a（半分に割く基準の取り方）と比較して，b（粉砕／丸ごと）には生臭みと苦味の項目で0.1％，a-c（粉砕／内臓なし）間は生臭みの項目で5％の有意差が見られた。しかし，味噌を加えることでいずれも生臭みは感じられなくなった。そこで CO_2 排出量で比較し，エコクッキング的判断も加味して考えると，b（粉砕／丸ごと），c（粉砕／内臓なし）がa法に比べて CO_2 排出量を約38％削減できたことから，b，c法はだしを取る方法として好ましいといえる（図1-9）。

（8）野菜の和風煮物の実験

落し蓋なし，油膜あり，落し蓋ありでジャガイモを煮た場合のエネルギー消費量および CO_2 排出量を測定したところ（表1-5），i）の落し蓋なしに比べて，ii）油膜ありは約20％，iii）落し蓋ありはi）の落とし蓋なしに比べて約26％の CO_2 排出量削減効果があることが判明した。

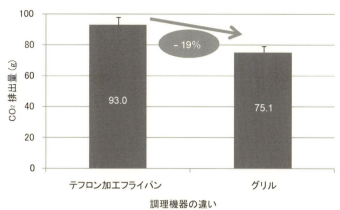

図1-6　魚の和風焼き物の実験①
—調理機器別 CO_2 排出量削減効果—

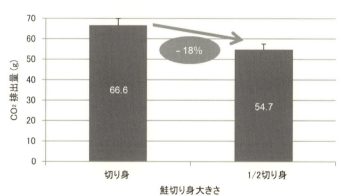

図1-7　魚の和風焼き物の実験②
—調理操作別 CO_2 排出量削減効果—

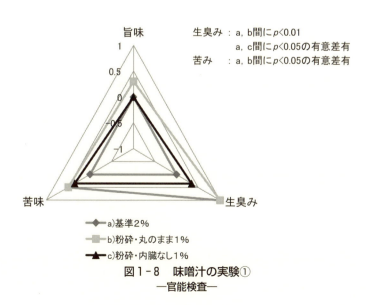

生臭み　：a, b間に$p<0.01$
　　　　　a, c間に$p<0.05$の有意差有
苦み　　：a, b間に$p<0.05$の有意差有

a)基準2%
b)粉砕・丸のまま1%
c)粉砕・内臓なし1%

図1-8　味噌汁の実験①
—官能検査—

22　第Ⅰ部　エコクッキングの環境負荷削減効果

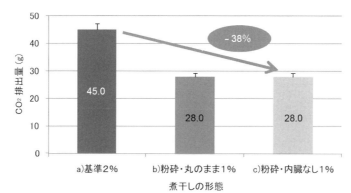

図1-9　味噌汁の実験②
―調理操作別 CO_2 排出量削減効果―

表1-5　野菜の和風煮物の実験
―調理操作別 CO_2 排出量削減効果―

		測定値（L）	消費一次エネルギー量（kWh）	CO_2 排出量（g）
ⅰ）落し蓋なし	1回目	33.3	0.42	73.7
	2回目	41.4	0.52	91.4
	3回目	36.9	0.46	81.6
	平均±S.D.	37.2±4.0	0.47±0.05	82.2±8.9
ⅱ）油膜あり	1回目	29.3	0.37	64.7
	2回目	30.3	0.38	66.9
	3回目	29.5	0.37	65.2
	平均±S.D.	29.7±0.5	0.37±0.01	65.6±1.1
ⅲ）落し蓋あり	1回目	28.0	0.35	61.9
	2回目	26.9	0.34	59.5
	3回目	28.0	0.35	61.9
	平均±S.D.	27.7±0.6	0.35±0.01	61.1±1.4
CO_2 排出量削減率（％）ⅰ）→ⅱ）		20		
CO_2 排出量削減率（％）ⅰ）→ⅲ）		26		

（9）青菜のおひたしの実験

　調理書では，青菜を茹でる際の水量として，材料の6～8倍以上の多量の水中で茹でるとよいとされている。しかし家庭調理において大量の水を使うことはあまり現実的ではない。今回青菜の3倍水量で茹でたもの（対照）では，6倍水量で茹でたものに比べて16％の CO_2 排出量削減効果が見られた。

　青菜と同量の水の場合，途中で水が蒸発してしまうため水を足さないと加熱の継続が難しかった。そこで，図1-10に示したとおりエコクッキング的には，青菜の3倍の水量で茹でたもので

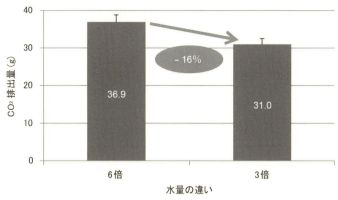

図1-10 青菜のおひたしの実験
―調理操作別 CO_2 排出量削減効果―

充分であると判断した。その根拠となる実験は以下のように設定した。すなわち，各試料の加熱条件での茹で上がりの色は6倍水量で文化鍋で茹でたものを基準とし，色差計で a*，b*，L* の色度から求めた。

$\Delta E=\sqrt{(\Delta L^*)^2+(\Delta a^*)^2+(\Delta b^*)^2}$ が 0.5〜1.5（わずかに色の差がある）に統一した色の状態になるよう加熱時間を設定したものである。

(10) カレーライスの実験

図1-11から分かるとおり，ジャガイモの形状の大きさが大きい程，内部温度上昇にも時間がかかりそれとともにエネルギー使用量が増加した。料理の種類にもよるが食材を小さく切ることで加熱時間およびガス使用量を大幅に削減できることが分かる。茹で水量としては，図1-12のとおり3倍および同量程度でよいことが分かる。この2通りの方法に大差は見られなかったことから，さらに水量を鑑みると，エコクッキング的にはジャガイモ重量と同量が最も適していると考察した。

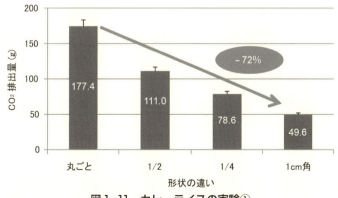

図1-11 カレーライスの実験①
―調理操作別 CO_2 排出量削減効果―

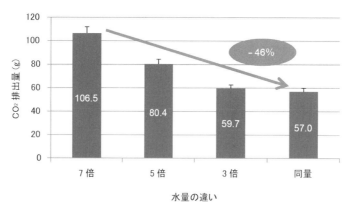

図1-12　カレーライスの実験②
―調理操作別 CO_2 排出量削減効果―

1.4　小　　括

　今回調査した加熱調理は，家庭で一般的に行われている方法であり，いずれの方法も難しい方法ではなく誰でも簡単に取り入れられるものばかりである。

　エコロジーとおいしさ，作りやすさ等の点から最適な方法を検討したところ，調理操作，調理工程以外にも調理機器および調理道具の選択が大きな要素を占めることが明らかとなった。例えば日常行っているトーストおよび炊飯においては，いずれの機器を利用しても使用する一次エネルギー量はあまり変わらなかったものの，CO_2 排出量という点から見ると大きな差があった。このことからも，調理において最適な調理機器および調理エネルギーを選択することの大切さが示唆される。さらに，ベーコンエッグや魚の和風焼き物からも分かるとおり，調理道具の選択も CO_2 排出量に19～44％の差となって表れることに注目したい。青菜のおひたし，カレーライスの実験からは，「茹でる」という調理に対してたっぷりの湯で茹でるというこれまでの常識を覆す結果となり，鍋の中で対流できる一定量の水量があれば，おいしさおよび色味としても問題ないことが示唆されたのは朗報である。さらに，チャーハン，味噌汁，野菜の和風煮物をはじめ，調理操作の工夫で大きく CO_2 排出量を削減できることが分かった。

　以上の結果を勘案すると，我々が何気なく行っている日常の加熱操作にエコクッキングの視点を加味することで，約16～72％の CO_2 排出量削減効果があることが明らかになった。このことから日常の食生活におけるエコクッキング的配慮が，深刻化する地球温暖化をはじめとする環境問題の取り組みへの一助になることが示唆された[58, 61, 62)]。

第2節　調理道具の違いによる省エネ効果

2.1　はじめに

近年，家庭部門でのエネルギー使用量増加が顕著であることは先に述べたとおりであり，エネルギー資源の有効活用および地球温暖化防止の観点から省エネ対策[63]が重要課題となっている。

エネルギーを直接使用する加熱調理にエコクッキングの手法を取り入れると，16〜72％のCO_2排出量削減効果があることを第Ⅰ部第1章第1節で明らかにしたが，中でも調理道具の選択は19〜44％の削減効果があり，同じ調理を行うのに対し，調理道具の選択の違いが大きくエネルギー量を左右することを確認している[58]。ここからも明らかなとおり，食生活分野での調理に適した道具の選択はエコクッキングの観点から重要な因子である。

そこで本研究では，各家庭での保有率が高く[64]，幅広い料理法に対応できる中華鍋（鉄製）[65,66]の特性，すなわち鍋の形状・容積の広さから一度に多量の調理が可能なことと，熱伝導性が良く[67]，高温短時間調理が可能であることに着目し，中華鍋を使用した場合の省エネ性とCO_2排出量削減効果を図ることを目的とした。調理操作の異なる「炒める」，「焼く」，「揚げる」，「蒸す」，「煮る」の操作法別に代表的な調理を選定し，他の調理器具との比較実験を行い，調理時間およびエネルギー消費量を定量的に把握することにした。

2.2　実験方法

「炒める」，「焼く」，「揚げる」，「蒸す」，「煮る」の5操作法別に代表的な調理を選択し，それらに使用する調理器具（中華鍋，フライパン，揚げ物用鍋，グリル，西洋料理用鍋型蒸器，中華蒸し器（蒸篭），アルミニウム製煮物用鍋（以下，アルミ製鍋）ごとの調理時のガス，水使用量，試料内部温度，仕上がりまでの加熱時間を測定し，第Ⅰ部第1章第1節との比較も鑑み，CO_2排出量に換算した。さらに出来上がりの製品状態の外観評価を加えて，エコロジー的に最適だと考えられる方法を総合的に評価することにした。

2.2.1　モデル調理

操作法別に代表的な調理を選択した。中華鍋と比較する調理器具には，操作ごとに日常的に用いられるもの[65,66,68]を選び，表2-1のように設定した。

1回の調理時の食材量は各4人分とし，ガスコンロにあらかじめプログラムされている5段階火力調節機能（火力1：弱火〜火力5：強火）を用い，調理ごとに火力を統一した。

2.2.2　実験条件

（1）実験日および実験室の環境

実験は2008年2月〜12月までの間に，東京家政大学調理科学学生実験室にて実施した。水温，試料温度は，調査項目ごと同一に設定した。

表2-1 操作法別調理名および比較対象調理器具一覧

	操作法	調理名	比較対象調理器具		
1	炒める	キャベツ炒め	中華鍋（鉄製）	フライパン（鉄製）	フライパン（アルミ・テフロン加工）
2	焼く	ハムステーキ	中華鍋（鉄製）	フライパン（鉄製）	フライパン（アルミ・テフロン加工）
3	揚げる	トンカツ	中華鍋（鉄製）	揚げ物用鍋（鉄製）	グリル
4	蒸す	蒸しイモ	中華鍋（鉄製）および蒸篭	西洋料理用鍋型蒸器（アルミ製）	
5	煮る	煮豚	中華鍋（鉄製）	煮物用鍋（アルミ製）	

（2）調理器具および測定機器

使用する調理器具および食器類は実験室設置のものとし，測定機器は以下のものを使用した。
ガスコンロ：㈱ハーマン製 ガスビルトインコンロ C3W89RDTLTG，積算流量計（ガス・水・湯）：愛知時計電機㈱製 SP561，SP562，温度計測記録器：安立計器㈱製 データコレクタ AM-8000K，熱電対温度計：アンリツ㈱製 テープ状K熱伝対温度計（幅0.5，1.0）。

（3）CO_2 排出量の換算方法

モデル調理で実測されたガス使用量は，第Ⅰ部第1章第1節同様に下記換算式を用いて CO_2 排出量（g）に換算した。

ガスに起因する CO_2 量（g）＝ガス使用量（L）×2.21[59]

2.2.3 実験手順

次の（1）～（5）の加熱操作別に以下に示す手順で実施し，調理器具ごとの加熱時間，使用したガス，水使用量，試料内部温度の測定および出来上がりの外観評価を実施した。なお，調理およびデータ測定は同一人物が行い，製品の評価が同一となるように事前に予備実験にて実験条件を検討した。火力はあらかじめセットされている5段階（弱火1～強火5）を調理ごとに使用し，条件をそろえた。

（1）実験「炒める」操作と「キャベツ炒め」の調理

目的：炒め調理を行う際に一般的に使用されている，中華鍋，鉄製フライパン，テフロン加工フライパンを用いてキャベツ炒め調理を例に比較を行った。

材料：キャベツ400g（産地：群馬県），油（日清サラダ油）。キャベツは最外皮，球芯部を除いて1枚ずつをはがし，4cm角の大きさに切り揃えた。

使用器具：中華鍋（鉄製：直径330mm，板厚1.6mm，深さ100mm），フライパン（鉄製：直径280mm，板厚1.6mm，深さ51mm），フライパン（テフロン加工：直径300mm，板厚3.8mm，深さ58mm）。

方法：

① 予備加熱を30秒（火力5：強火）行い，下記の一定量の油と試料を加え，1秒間に2回の

表2-2 鍋の種類別平均加熱時間およびガス使用量の比較「炒める」

(各 $n=3$)	中華鍋 (鉄製)	フライパン (鉄製)	フライパン (テフロン加工)
予備加熱時間（秒）	30	30	30
炒め時間（秒）	60	90	180
合計加熱時間（秒）	90	120	210
ガス使用量 (L) ±S.D.	8.2±0.04	11.0±0.6	18.6±1.0

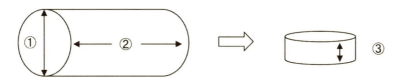

①直径 55mm, ②長さ 120mm, ③厚さ 10mm

図2-1　実験「焼く」に使用したハムの形状

ペースで定時間攪拌し仕上げた。平均攪拌時間は本学調理科学研究室員5名による官能評価から各試料が同程度に火が入った状態を終点とすることとし、予備実験を繰り返し以下のように決定した。すなわち、中華鍋；試料の5%の油（20g），60秒間加熱，鉄製フライパン；試料の5%の油（20g），90秒間加熱，テフロン加工フライパン；試料の3%の油（12g），180秒間加熱とした。この時の加熱時間とガス使用量を表2-2にまとめた。

　なお、今回のキャベツのような厚みのない炒め加熱の場合では、外観の仕上がりと官能評価を重視し、生の状態のキャベツがなく均一に火が入った状態を終点とし、攪拌条件を決定した。

② ①で設定した条件で3回実験し、その平均値を求めた。

（2）実験「焼く」操作と「ハムステーキ」の調理

目的：（1）の炒めると同じ鉄製フライパン、テフロン加工フライパンと中華鍋を用いて、ステーキ調理を例に比較を行った。焼く操作の代表調理であるステーキの材料としては、組織が均一で常時一定の品質のものが得られ、データのばらつきの少ない加工品のハムを材料に選び比較を行った。

材料：ハム30g×4枚（伊藤ハム，直径55mm厚さ10mmの輪切り，品温18〜20℃，図2-1参照），サラダ油（日清サラダ油）。

使用器具：前述（実験「炒める」）と同じ中華鍋（鉄製），フライパン（鉄製），フライパン（テフロン加工）とした。

方法：

① テープ状熱電対温度計をアルミテープで鍋底面の中央に貼りつけ、予備実験より求めた各鍋の表面温度が160℃になる平均加熱時間、すなわち中華鍋55秒、鉄製フライパン70秒、テフロン加工フライパン220秒に達した時点でハムを入れ加熱することにした。

② 中華鍋, 鉄製フライパン, テフロン加工フライパンの各調理器具に試料の3％の油をひき, 火力3で鍋のみを加熱し, 各々の鍋表面温度が①で求めた160℃到達時間で可及的速やかにハム4枚を並べ加熱した。

③ 30秒毎に裏返し, 随時熱電対温度計でハム中央中心部の内部温度を確認し, 内部温度75℃を過ぎた時点でいったん裏返し, 焼き色を確認し速やかに消火した。3回測定し平均値を求めた。

（3）実験「揚げる」操作と「トンカツ」の調理

目的：中華鍋は底面が丸く, 上面にいくほど広がっている形状から揚げ物をするときに多量の油を必要とせず, 油量とガス使用量を削減することが可能であると予想した。一般的に使用される揚げ物用鍋, 中華鍋[69]に加えてコンロ下グリルの3種を用いトンカツ料理を例に比較を行った。コンロ下グリルの使用は, 最近のヘルシー志向や家庭での油の大量使用が好まれない風潮, 簡便であるだけでなく, 安全面への配慮から学校現場での調理実習で, 揚げ物調理の風味が味わえるグリルでの揚げ焼きが採用される傾向にあることに鑑み, 今回比較実験に採用したものである。

材料：豚モモ肉100g×4枚, 卵1個, 小麦粉大さじ1, 油（日清サラダ油, 中華鍋600mL, 揚げ物用鍋800mL, グリル40mL）, パン粉25g, 塩, コショウ。なお, 肉の品温は20±2℃に安定させてから実験を開始した。

使用器具：中華鍋（鉄製：直径330mm, 板厚1.6mm, 深さ100mm）, 揚げ物用鍋（鉄製：直径270mm, 板厚2.6mm, 深さ78mm）, グリル（コンロ下：幅220mm, 奥行320mm, 高さ60mm）。

方法：

＜中華鍋・揚げ物用鍋を使用した場合＞

① 豚肉を筋切りし, 塩・コショウをし, 小麦粉を豚肉全体に薄くまぶし, 卵液をつけパン粉をまぶした。

② ガスコンロの油温度調節機能を利用し180℃に設定し, 合わせて熱電対温度計でも確認し, 油温が180℃になった時点で①を2枚同時に投入した。

③ 内部温度が75℃に達し色良く揚げることのできた揚げ時間, すなわち投入後150秒経過した時点で取り出し, 15～20秒以内に残りの豚肉2枚を投入し, 同様に150秒揚げて仕上げた。トンカツの中心部中央地点の内部温度が75℃以上であることを挿入した熱電対温度計に接続したデータコレクタの表示から確認した。実験は3回実施し平均値を求めた。

＜グリルを使用した場合＞

① 金属のプレートを使い, パン粉をキツネ色になるよう2分間ロースト（上下弱火）し, 軽くかき混ぜ, 同じ火加減でさらに1分間ローストした。このときに要したガス使用量（8.5L）は全体のガス使用量に加えた。

② 豚肉は筋切りをし, 塩・コショウをまぶし, 小麦粉を豚肉全体に薄くまぶし, 卵液をつけパン粉をまぶした。

③ 油小さじ2（8g）を豚肉の表：裏＝2：1の割合で油をたらし, パン粉になじませた。

④ 4枚をグリルにのせ，内部温度が75℃に到達する平均時間，すなわち上下火力2で7分間加熱した。中心部に挿入した熱電対温度計で75℃以上であることを確認し消火した。実験は3回行い，平均値を求めた。グリルを使用したトンカツの出来上がりの食感の官能評価を他と比較した。

（4）実験「蒸す」操作と蒸しイモの調理
目的：蒸し調理を行う際，中華鍋に水を張り蒸籠(チョンロン)をのせて加熱した場合と，アルミ製の西洋料理用鍋型蒸器で加熱した場合を「蒸しイモ」を例に比較した。
材料：サツマイモ400g（紅あずま8月収穫，5cm幅の輪切りにする），水（水道水：水温平均25±2℃）。
使用器具：中華鍋（鉄製：直径330mm，板厚1.6mm，深さ100mm），蒸篭（桧製：直径330mm，深さ50mm），西洋料理用鍋型蒸器（アルミ製：直径260mm，板厚1.8mm，深さ100mm）。
方法：
① 水面の表面積を一定にするため，中華鍋は2,000mL，西洋料理用鍋型蒸器は3,600mLの水をはり，火力5の強火で加熱を行い，水中に挿入した熱電対温度計により水温が98℃になった時点で消火し，これを3回繰り返し，沸騰直前の98℃までの加熱時間の平均を求めた。
② 中華鍋，西洋料理用鍋型蒸器にそれぞれ水をはり，火力5の強火で加熱し，①で求めた時間（中華鍋：360秒，西洋料理用鍋型蒸器515秒）で火力3の中火に切り替えた。予備実験を3回繰り返し求めたそれぞれの鍋の蒸発分の湯量を加え，イモを中央に1つと囲むように4つ並べ，中央のイモの中心部内部温度が75℃になるまで加熱を行った。なお，蒸発湯量の補填のための熱湯を沸かすのに要したそれぞれのガス使用量は合計ガス使用量に加えた。3回測定し平均値を求めた。

（5）実験「煮る」操作と「煮豚」の調理
目的：中華鍋はその形状から，水使用量の削減と短時間での加熱調理が可能であり，エコクッキングにつながると考え，「煮豚」料理を例にアルミ製鍋との比較実験を行った。
材料：豚モモ肉塊400g。加熱による変形を防ぐためタコ糸で周囲を固定し，平均縦68mm，横147mm，高さ60mmに形状を揃えた。
水（水道水：水温平均25±2℃）。
使用器具：中華鍋（鉄製：直径330mm，板厚1.6mm，深さ100mm），アルミ製鍋（アルミニウム製：直径260mm，板厚1.8mm，深さ100mm）。
方法：
① 水面の表面積を一定にするため，中華鍋に2,400mL，アルミ製鍋に3,000mLの水を入れ，火力5の強火で加熱し，水温が沸騰直前の98℃になるまでの時間とガス使用量をそれぞれ3回ずつ計測し平均を求めた。
② 中華鍋に2,400mL，アルミ製鍋に3,000mLの水とタコ糸で固定した上記豚肉を入れ，①で求めた時間まで火力5の強火で加熱を行った。
③ 湯温が98℃到達後の火力を，中華鍋は火力3と火力4の2種類，アルミ製鍋は火力3で，

豚肉の中央中心部の内部温度が75℃になるまで加熱を行い，平均加熱時間を決定した。
④ 予備実験で検討した蒸発湯分を，加熱開始から10分後に100mL，それ以降は中華鍋（火力4）とアルミ製鍋は5分毎に200mL，中華鍋（火力3）は15分毎に200mLの熱湯を追加することで茹で水量を一定量に維持した。この追加する熱湯を沸かすのに要したガス使用量は合計ガス使用量に加えた。実験は3回実施し平均を求めた。

2.3 結果および考察

上述のようにして，操作法別に代表料理を設定し測定を行った実測データを以下に示した。

（1）実験「炒める」操作の結果

鍋の種類によるキャベツ炒めの調理時間とガス使用量を表2-2に示した。調理時間は，鍋を予備加熱する30秒を含めて短い方から中華鍋（90秒）＜鉄製フライパン（120秒）＜テフロン加工フライパン（210秒）となった。ガス使用量およびCO_2排出量も，中華鍋＜鉄製フライパン＜テフロン加工フライパンとなった。鉄（20℃）の熱伝導率が73W/m・K，フッ素樹脂・テフロン（20℃）が0.24 W/m・K[67]であることから，実験で用いた鉄製の中華鍋およびフライパンは，テフロン加工のフライパンに比べて，熱伝導率が高く，昇温速度が特に速く，高温短時間加熱に適している[65]と考えられる。また，使用するテフロン加工フライパンの金属の材質や板厚も熱伝導率に関わってくると考えられるが，今回使用したものは熱伝導率が鉄よりも良いアルミにテフロン加工を施し，底部にステンレスを張り合わせたものを使用している。鉄製フライパンの実験結果は同じ鉄製の中華鍋の結果によく似ていた。このことからもテフロン加工フライパンは熱伝導率の高いアルミを上面に使用しているものの熱伝導率の低いテフロンを塗布したことの影響を強く受けており，さらに底部に鉄より熱伝導率が低いステンレスを使用し厚みが出ているため，トータルで見ると鍋内の熱の伝導が悪く炒め時間が長くなったと考えられる。

一方，中華鍋が鉄製フライパンの結果よりエネルギー使用量削減効果が大であるのは，形状の違いによるものだと考えられる。中華鍋の底が丸く上に広がる形状により，食材への伝熱が鍋表面からの伝導伝熱に加えて周りの鍋肌からの輻射熱による伝熱も加わって熱が早く伝わるものと推察される。今回は一般的に家庭で行われる程度の予備加熱30秒で揃えたが，後述の「焼く」実験からもわかるように，鍋表面温度には鍋間で差があることが明らかであり，鍋の表面温度を揃えた場合にはテフロン加工フライパンは予備加熱に時間がかかることが推察される。

「炒める」調理実験から，中華鍋を使用した場合のCO_2排出量は鉄製フライパンを使用した場合と比較して25.5％，また，テフロン加工フライパンを使用した場合と比較して，56.1％の削減が可能であった（図2-2）。

よって，中華鍋は強火短時間での炒めものに最適であり，ガス使用量およびCO_2排出量の著しい削減効果が期待できるといえる。

（2）実験「焼く」操作の結果

今回材料としたハムは前述したように肉のステーキのモデルとして材質が均一で試料間の違いが少なくばらつきが少ないデータがとれることを期待して選択したものである。調理時間は，中華鍋（215秒）＜鉄製フライパン（246秒）＜テフロン加工フライパン（400秒）の順に長くなっ

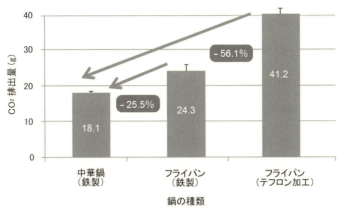

図2-2　鍋の種類別 CO_2 排出量削減効果「炒める」

表2-3　鍋の種類別平均加熱時間およびガス使用量の比較「焼く」

（各 $n = 3$）	中華鍋 （鉄製）	フライパン （鉄製）	フライパン （テフロン加工）
予備加熱時間（秒）	55	70	220
焼き時間（秒）± S.D.	160 ± 6	176 ± 1	184 ± 5
合計加熱時間（秒）± S.D.	215 ± 6	246 ± 1	404 ± 5
使用ガス量（L）± S.D.	7.4 ± 0.2	8.5 ± 0.1	14.0 ± 0.5

た。内部温度75℃到達点を終点としたところ出来上がりの焼き色はほぼ均一となった。外観評価は出来上がりの焼き色を指標としたが，中華鍋を使用したものは鍋の形状の違い，すなわち中華鍋の側面が傾斜していることから焼き色がハム中央より外輪に，フライパン（鉄製およびテフロン加工）を使用したものは，ハム中央に焼き色が強く出ていた。ただし，予備実験で行ったステーキ肉（100g, 10mm厚さ）では鍋の形状の違いによる焼き色の差があまり見られなかったことから，鍋の形状だけでなく，試料の大きさや固さ，鍋肌への密着度も焼き色に影響することを確認している。鉄製の中華鍋およびフライパンは，テフロン加工のフライパンに比べて比熱が小さいため，予熱時間が大幅に短縮できた。ただし，試料投入後の加熱時間は，予熱時ほど大きな差とはならず，中華鍋とテフロン加工フライパンとの差が24秒，鉄製フライパンとテフロン加工フライパンの差が8秒であった（表2-3）。

　全体でのガス使用量および CO_2 排出量は全体の調理時間に比例して，少ない順から中華鍋（16.3g）＜鉄製フライパン（18.7g）＜テフロン加工フライパン（30.9g）となった。中華鍋を使用した場合，鉄製フライパンを使用した場合と比べて12.8%，またテフロン加工フライパンを使用した場合と比較して47.2%の削減が可能であった（図2-3）。以上のことから，「焼く」操作に関しても中華鍋が最も適しており，ガス使用量および CO_2 排出量の削減が期待できる。

（3）実験「揚げる」操作の結果

　表2-4より中華鍋と揚げ物用鍋を比較すると，油が180℃になる時間は中華鍋の方が油量が少ないため平均で85秒短くなった。トンカツ投入後，揚げ時間は両者とも予備実験により色よく仕

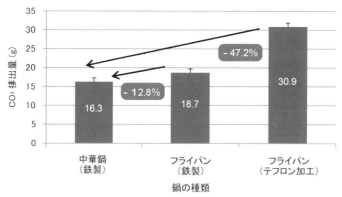

図2-3　鍋の種類別CO_2排出量削減効果「焼く」

表2-4　鍋の種類および調理器具別平均加熱時間とガス使用量の比較「揚げる」

（各 $n=3$）	中華鍋 （鉄製）	揚げ物用鍋 （鉄製）	グリル
油が180℃になる時間（秒）± S.D.	230±17	315±15	240[※]
トンカツ加熱時間（秒）	330	330	420
合計加熱時間（秒）± S.D	560±17	645±15	660
使用ガス量（L）± S.D	30.9±1.1	36.5±1.2	27.0±0.7

[※]パン粉をローストした時間

上がった330秒（4枚を2回に分けて投入）に設定した。グリルを使用した場合では，仕上がりの状態を他の2つの方法と同様にするには420秒の加熱が最も適切であった。また，グリル料理はパン粉をローストしている間に肉の下準備が可能なこと，4枚一度に調理が可能であることから，操作の手間を省き作業効率を高めることが期待できる。

全体でのCO_2排出量を図2-4に示したが，少ない順に，グリル（59.6g），中華鍋（68.2g），揚げ物用鍋（80.7g）となった。

図2-5に示すとおり，トンカツ内部温度上昇速度は中華鍋が最も大であり，次いで揚げ物用鍋を使用した場合だった。グリルを使用した場合の温度上昇は他の鍋と比較してかなり穏やかで内部温度が75℃になるまでに3倍以上の時間を要している。

仕上がりは，中華鍋と揚げ物用鍋を使用したいずれも，外観評価から衣が美しいキツネ色になり，食感もやわらかくなった。これは揚げ物の特徴として，高温（180℃）の油が直接食品に接触して油と水の交代がすばやく生じ，熱の授受が速やかに行われていることが理由である。一方グリルを使用した場合では，試料を置く庫内の位置により衣の色にばらつきが見られ，食感も他の2つと比較すると硬くなった。これはグリルが上下両端に熱源を持つ直火調理であり，試料を置く場所によって焼きむらが生じるために，加熱時間が長くなるために水分蒸発が多くなり，肉質が硬くなってしまうためであると考えられる。しかし，グリルを使用することで油量の削減ができ，ガス使用量およびCO_2排出量の削減（表2-4）および油の処理の手間が省けることから，今後の効果的な使用方法が期待される。また，中華鍋と揚げ物鍋を使用した場合の比較で

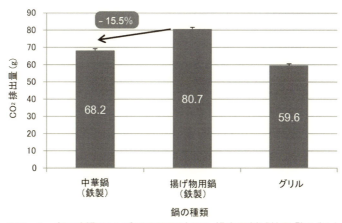

図2-4 鍋の種類および調理器具別CO₂排出量削減効果「揚げる」

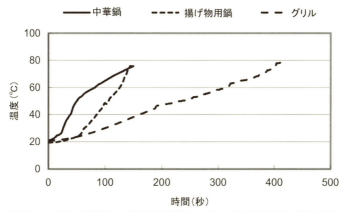

図2-5 鍋の種類および調理器具別トンカツ内部温度変化「揚げる」

は，中華鍋の形状により，揚げ物用鍋よりも少ない油量で油面表面積を揃えることが可能であり，表2-4および図2-5での合計加熱時間，ガス使用量，CO_2排出量とも少ない結果となった。

以上のように，ガス使用量およびCO_2排出量の削減効果はグリルを使用した方法が最も高くなったが，仕上がりを考慮し，総合的に勘案すると「揚げる」操作には中華鍋が適しているといえる。

（4）実験「蒸す」操作の結果

鍋水面の表面積を統一した結果，鍋底の形状の違いから中華鍋は西洋料理用鍋型蒸器の2/3の水量で調理が可能であり，沸騰までの時間，ガス使用量，CO_2排出量の全ての項目において中華鍋の方が低く抑えられた。

表2-5に示したように加熱開始から消火までの合計加熱時間は，中華鍋使用の方が平均255秒短くなった。水が沸騰するまでの時間は，中華鍋の方が360秒と西洋料理用鍋型蒸器の515秒に比べて短くてすんだものの，蒸しイモの仕上がり時間の差は100秒と大差がなかった。

図2-6に示したように，内部温度75℃到達点までの時間で中華鍋と蒸籠(チョンロン)を使用した方が若干加熱時間が短くなったのは，木製の蒸籠を用いて蒸した場合，水蒸気が食品に均一に多量にあた

表2-5 鍋の種類別平均加熱時間およびガス使用量の比較「蒸す」

(各 $n = 3$)		中華鍋+蒸篭	西洋料理用鍋型蒸器
時間（秒）	沸騰（98℃）まで	360	515
	沸騰後から終点まで±S.D.	1,244±166	1,344±147
	合計加熱時間±S.D.	1,604±166	1,859±147
ガス使用量（L）	沸騰（98℃）まで±S.D.	35.0±0.4	49.5±0.4
	沸騰後から終点まで±S.D.	41.2±5.4	44.4±4.8
	補填湯	20.9	12.7
	合計±S.D.	97.1±5.1	106.6±4.4

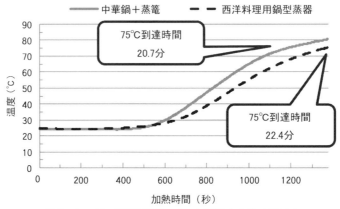

図2-6 鍋の種類別蒸しイモ内部温度変化「蒸す」

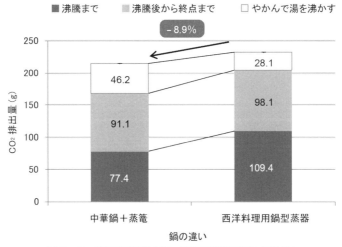

図2-7 鍋の種類別 CO_2 排出量削減効果「蒸す」

り，内部温度の上昇が速くなったからと考えられる。しかし，中華鍋と蒸籠を使用した場合，加熱時の水の蒸発分が多く，補填湯を沸かすためのガス使用量（表2-5）が多くなった。これは蒸籠は木製ですき間が多く作られており，蒸気損失量が多く，追加して湯を補填する量が多くなったためである。しかし，調理全体をとおして比較すると，西洋料理用鍋型蒸器を利用した場合と比較して，中華鍋に蒸籠を使用した場合で，8.9%のガス使用量およびCO_2排出量削減が可能となった（図2-7）。

以上，中華鍋に蒸籠を使用した場合の方が，加熱時間，ガス使用量すなわちCO_2排出量を削減でき，エコクッキングに適しているといえる。

（5）実験「煮る」操作の結果

表2-6に鍋の種類と操作，加熱時間を示したが，最大火力5で水が98℃になるまでの時間は，中華鍋の方がアルミ製鍋に比べて35秒短く，沸騰後，火力3に弱めた場合では豚肉が煮上がる

表2-6 鍋の種類別平均加熱時間およびガス使用量の比較「煮る」

	（各 $n=3$）	中華鍋（鉄製）（火力4）	中華鍋（鉄製）（火力3）	煮物用鍋（アルミ製）
時間（秒）	沸騰（98℃）まで[※1] ± S.D.	470 ± 10	470 ± 10	505 ± 14
	火力切り替え後[※2] ± S.D.	1,701 ± 74	2,714 ± 110	1,723 ± 40
	合計 ± S.D.	2,171 ± 74	3,184 ± 110	2,228 ± 40
ガス使用量（L）	沸騰（98℃）まで[※1] ± S.D.	45.6 ± 0.5	46.2 ± 0.3	49.2 ± 0.1
	火力切り替え後[※2] ± S.D.	126.3 ± 6.6	91.4 ± 3.0	59.1 ± 2.0
	補填湯	35.0	16.0	35.0
	合計 ± S.D.	206.9 ± 6.5	153.5 ± 2.8	143.3 ± 2.0

[※1] 火力5で水温98℃到達時間
[※2] 火力切り替え後，豚肉内部温度75℃までの加熱時間

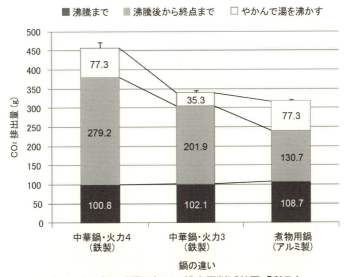

図2-8 鍋の種類別CO_2排出量削減効果「煮る」

（75℃）までには2,700秒の長時間加熱時間が必要となった。これは，火力3では放熱が大で沸騰が維持できず，結果的に豚肉の内部温度上昇速度が遅くなったためと考えられる。

しかし，表2-6および図2-8に示したとおり，結果的にはガス使用量およびCO_2排出量は火力4より少なくなっている。さらに，図2-8では湯の蒸発分を補って，追加する熱湯をやかんで別に沸かしたガス使用量分も加味したCO_2排出量で示している。以上を総合的に勘案すると，CO_2排出量は，アルミ製煮物鍋が274.7gと最も少なく，次に中華鍋（火力3）361.4g，中華鍋（火力4）457.3gと増加した。以上，「煮る」操作に関して，中華鍋を使用してのCO_2排出量の削減効果はあまり期待出来ず，中華鍋は長時間の加熱調理には不適であると考えられる。

2.4 小　　　括

調理道具の中でも中華鍋は，その形状から熱源からの火力を効率的に活用できる省エネ器具であることが明らかとなった。

「炒める」操作では，中華鍋の方が鉄製フライパンと比較し約26％，テフロン加工フライパンとでは約56％の省エネ効果が認められた。

「焼く」操作では，中華鍋の方が鉄製フライパンと比べ約13％，テフロン加工フライパンとでは約47％の省エネ効果が認められた。

「揚げる」操作では，グリル使用が最も高い省エネ効果が認められたが，均一な仕上がり（外観）を考慮し総合的に判断すると中華鍋が適しており，揚げ物用鍋と比較し約16％の省エネ効果となった。

「蒸す」操作では，中華鍋と中華蒸し器（蒸籠（チョンロン））の組合せの場合，西洋料理用蒸器を使用した場合と比べて約9％の省エネ効果となった。

「煮る」操作では，煮込料理のように長時間加熱する場合には中華鍋の省エネ効果は見られなかった。

以上の5加熱操作中4種の加熱操作において，中華鍋を使用した料理に9～56％の省エネ効果および，CO_2排出量削減効果が確認できたことから，中華鍋は広くエコクッキングに適した調理道具であるといえる[70, 71]。

第2章　水使用量削減効果

第1節　調理工程ごとの水使用量の分析

1.1　はじめに

我々の食生活は水なしで持続することが出来ないが，比較的水資源に恵まれた我が国では，水の大切さをあまり感じることなく，大量の水を使用している。世界の地域別1人1日当たりの生活水使用量を国土交通省および世界気象機関資料によりまとめると，表1-1のとおりである[72, 73]。また，我が国の1人1日当たりの水使用量はここ20年あまり300L以上で横ばい傾向[73]が続いている（図1-1）。

この大量の水は使用後には下水道へ流れそこでも莫大なエネルギーを消費しているが，水資源

表1-1　世界の地域別1人当たりの生活水使用量

(L)

地　域	1950年	1995年
アフリカ	16	63
アジア	21	132
南米	47	274
ヨーロッパ	82	280
日本	169※	322
豪州・オセアニア	174	305
北米	278	425

※1965年

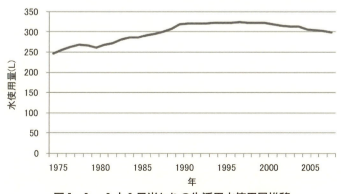

図1-1　1人1日当たりの生活用水使用量推移

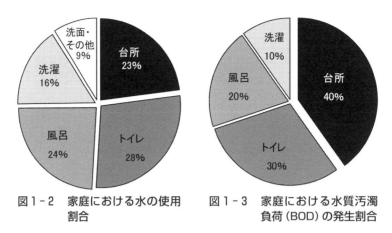

図1-2　家庭における水の使用割合

図1-3　家庭における水質汚濁負荷（BOD）の発生割合

を使用するということはすなわち大量のエネルギーを消費するということである。上下水道事業における電力消費量は，我が国における電力使用量の1.4％，約150億kWh（2007年度）を占めており[73]，水使用量および排水量の増加はエネルギー使用量の増加，ひいては二酸化炭素排出量の増加となり地球環境問題に関わっている。

世界的に水不足が問題視される中，地球温暖化に伴う気候変動等の要因により，今後ますます厳しい渇水が想定されている[74]。

この内，家庭での水使用量を見てみると，図1-2に示したとおり台所，トイレ，風呂，洗濯で約9割が使用されており，台所での水使用量は全体の約23％となっている[75]。

しかし，水を汚している原因を水質汚濁度合い指標BOD（生物化学的酸素要求量）で見てみると，台所からの排水が汚れの40％を占めており，台所からの排水が汚濁の大きな要因となっていることがうかがわれる（図1-3）[75]。

第Ⅱ部で報告を行うためここでは詳細を割愛するが，東京家政大学栄養学科家庭科教職課程履修生を対象に，エコクッキングの教育効果について実験研究を実施し，エコクッキングの手法を取り入れると，通常調理と比較し，水使用量の約80％，ガス使用量の約45％，生ごみ廃棄量の約60％が削減できることを確認している[76]。また，その後の一連の調査[77]を通しても削減率が特に高かったのが水の量であることを確認している。

これまでも台所での節水型水栓などの導入やレバー型水栓の操作，食器洗い乾燥機導入による水使用量の削減等の節水効果が報告[78-80]されているが，特別な機器を導入するのではなく調理工程での工夫においてどの程度節水ができるのかの詳細は明らかになっていない。

そこで，本報告ではこれまでの研究から削減効果が最も高かった水に注目し，調理を時系列でとらえたときに，調理工程ごとの水の使用量を明らかにし，さらに節水行動がどの程度水削減に影響をおよぼすのかを詳細に分析することとした。そのために，モデル献立2種を対象に，調理の工程を「材料等を洗う」，「調理中」，「調理器具・食器を洗う」，「調理台の片付け」の4工程に分け，各工程での水使用量を計測することにした。

並行して通常調理被験者の調理行動を観察記録し，どのような節水行動が水の使用量の削減につながるのかを分析した。また，本研究は調理で使用された水使用量に特定して論述するのが目

的であるが，調理全体の中の水使用量の位置付けについて考察するため，調理で使われたガス使用量や生ごみ量を同時に計測し，CO_2排出量として換算した上で比較・考察した。

1.2 実験方法

1.2.1 実験献立

エコクッキング講座[81]で実施されているメニューの中から，本実験の対象である女子大学生に好まれる献立として，以下のランチ向け献立A・Bを採用し，いずれも4人分を調理した。

実験献立A（中華ランチ）は，チャーハン，茹で鶏のサラダ，スープ，麦茶（温）とし，実験献立B（ハンバーグランチ）：ご飯，目玉焼き付きハンバーグ，付け合せ野菜，紅茶（温）とした。

なお，図1-4に示すとおり，実験献立A・Bは主要食材種類数が各10点（調味料や飾り，茶葉等を除く），洗う必要のある食材種類数が各4点および想定必要器具数が各22点といずれも同数とした。調理の際に使用する油量としてA（48g），B（50g）と大差がないものを選択した。なお食材中の含有脂質成分が調理中に流出する量は今回考慮に入れていない。また仕上がりを統一するため，盛り付けの参考として図1-4のような出来上がり写真付きレシピを配布した。

1.2.2 実験条件

（1）実験参加者

通常調理の被験者は，エコクッキングの知識のない東京家政大学女子学生1，2年生とし，熟練度のばらつきによる個人差を勘案してそれぞれの献立で10～12名（計22名）とした。

エコクッキング調理者として，エコクッキングの教育を受け調理に熟練した東京家政大学調理科学研究室4年次卒論生2名とした。

いずれの場合も1人が1献立（4人分）を調理した。

（2）実験日および実験室の環境

実験日は，実験献立A（中華ランチ）：2008年6月10，15，22，29日，7月8日とした。実験献立B（ハンバーグランチ）：2008年9月19，22，26日，10月11，12，30日とした。水温の変化を少なくするために，一連の実験を6月～7月および9月～10月のそれぞれ1カ月半以内に実施した。

実験室は，東京家政大学調理科学実験室，室温25±2℃（空調にて設定），水温26.5±1.2℃，湯温40.2±0.9℃とした。

（3）調理機器および測定機器

表1-2に示した調理器具を，使用する調理台の隣のワゴン上に置き，自由に使えるようにした。ただし，食器は献立ごとに同一のものを同数使用した。測定機器は第Ⅰ部第1章と同様とした。

（4）調理工程の分類

調理工程ごとの分析を行うため，調理の一連の流れを時系列順に，「材料等を洗う」，「調理

実験献立A:中華ランチ(4人分)	実験献立B:ハンバーグランチ(4人分)

<table>
<tr><td colspan="2">*材料はg表記</td><td colspan="2">*材料はg表記</td></tr>
<tr><td colspan="2">1. チャーハン</td><td colspan="2">1. ご飯</td></tr>
<tr><td>　レタス</td><td>100</td><td>　米</td><td>320※</td></tr>
<tr><td>　ごはん</td><td>400</td><td>　水</td><td>480</td></tr>
<tr><td>　卵</td><td>50</td><td colspan="2">2. 目玉焼き付きハンバーグ・付け合せ野菜</td></tr>
<tr><td>　焼甘塩鮭</td><td>70</td><td colspan="2">　＜ハンバーグ＞</td></tr>
<tr><td>　長ネギ</td><td>100</td><td>　　牛ひき肉</td><td>300</td></tr>
<tr><td>　サラダ油</td><td>24</td><td>　　豚ひき肉</td><td>100</td></tr>
<tr><td>　醤油</td><td>3</td><td>　　塩</td><td>3</td></tr>
<tr><td>　塩</td><td>1</td><td>　　コショウ</td><td>0.1</td></tr>
<tr><td>　コショウ</td><td>0.1</td><td>　　タマネギ</td><td>100</td></tr>
<tr><td>　炒りゴマ(白)</td><td>10</td><td>　　サラダ油(タマネギ炒め用)</td><td>6</td></tr>
<tr><td colspan="2">2. 茹で鶏のサラダ</td><td>　　サラダ油(ハンバーグ焼き用)</td><td>12</td></tr>
<tr><td>　鶏ムネ肉</td><td>200</td><td>　　パン粉</td><td>40</td></tr>
<tr><td colspan="2">　(酒 10g 塩 0.5g コショウ 0.1g)</td><td>　　牛乳</td><td>50</td></tr>
<tr><td>　ショウガ</td><td>10</td><td>　　卵</td><td>50</td></tr>
<tr><td>　長ネギ(青い部分)</td><td>20</td><td colspan="2">　＜目玉焼き＞</td></tr>
<tr><td>　ザーサイ</td><td>50</td><td>　　卵</td><td>200</td></tr>
<tr><td>　カイワレ菜</td><td>45</td><td>　　サラダ油</td><td>8</td></tr>
<tr><td>　長ネギ(白い部分)</td><td>50</td><td colspan="2">　＜付け合せ野菜＞</td></tr>
<tr><td>　クコの実</td><td>3</td><td>　　タマネギ</td><td>100</td></tr>
<tr><td>　ポン酢</td><td>21</td><td>　　ブロッコリー</td><td>150</td></tr>
<tr><td>　ゴマ油</td><td>24</td><td>　　パプリカ(赤)</td><td>150</td></tr>
<tr><td>　赤唐辛子</td><td>0.3</td><td>　　サラダ油</td><td>24</td></tr>
<tr><td colspan="2">3. スープ</td><td colspan="2">　＜ソース＞</td></tr>
<tr><td>　鶏の茹で汁</td><td>400</td><td>　　ワイン(赤)</td><td>70</td></tr>
<tr><td>　長ネギ</td><td>30</td><td>　　ケチャップ</td><td>50</td></tr>
<tr><td>　シメジ</td><td>60</td><td>　　ウスターソース</td><td>50</td></tr>
<tr><td>　カイワレ菜</td><td>45</td><td colspan="2">3. 紅茶(温)</td></tr>
<tr><td>　ショウガ</td><td>5</td><td>　紅茶</td><td>5</td></tr>
<tr><td>　塩</td><td>2</td><td>　水</td><td>800</td></tr>
<tr><td>　コショウ</td><td>0.1</td><td colspan="2"></td></tr>
<tr><td colspan="2">4. 麦茶(温)</td><td colspan="2">※エコ法では無洗米使用</td></tr>
<tr><td>　麦茶</td><td>10</td><td colspan="2"></td></tr>
<tr><td>　水</td><td>800</td><td colspan="2"></td></tr>
</table>

図1-4　実習献立A・Bの材料および分量

表1-2　実験用に準備した調理器具および食器類一覧

調理器具	個数
フライパン（24cm，アルミ製テフロン加工）	1
中華鍋（30cm，鉄製）	1
文化鍋（20cm，ステンレス製）	1
片手鍋（16cm，19cm，ステンレス製）	2
やかん（18cm，アルミ製）	1
包丁	1
まな板	1
菜箸	1
木ベラ	1
耐熱性ゴムベラ	1
しゃもじ	1
フライ返し	1
おたま	1
大さじ	1
小さじ	1
計量カップ（200mL）	1
ボウル（18cm，24cm，ステンレス製）	2
アルミ皿	2
万能ざる（18cm）	1
バット（15×20cm）	1
小計	23
その他機器および道具類	個数
グリル付きガステーブル（3口）[※1]	1
電子はかり（2kg）	1
タイマー	1
洗いおけ（30cm，ステンレス製）	1
洗いかご	1
布巾，台布巾	2
紙箱（生ごみ計量用）	1
スクレーパー	1
スポンジ	1
小計	10
合計	33

食器（実験献立 A）	個数
箸	4
スプーン	4
大皿	4
小皿	4
お椀	4
湯呑茶碗	4
急須	1
合計	25

食器（実験献立 B）	個数
フォーク	4
ナイフ	4
大皿	4
ティーカップ[※2]	4
ティーポット	1
合計	17

[※1] ハーマン㈱製 C3W89RDTLTG
[※2] 盛り付け写真にあるティーカップソーサーは実験時には使用しないものとした。

中」,「調理器具・食器を洗う」,「調理台の片付け」の4段階に分けた。

すなわち,「材料等を洗う」には手洗いおよび食材の洗浄を含む。「調理中」には,調理での水分としての水量と調理中の手洗い,および調理中に同じ調理器具を2度以上使うために洗浄した

水使用量が含まれる。「調理器具・食器を洗う」では調理で使用した調理器具と食器の洗浄が含まれる。「調理台の片付け」には，コンロ周りおよび調理台の清掃時に使用した台布巾の洗浄が含まれる。

（5）計測方法

水およびガス使用量は，積算流量計（愛知時計電機㈱製SP561，SP562）を使用し計測した。なお，被験者には計量内容および方法について事前に説明し，観察記録者がそれぞれの工程の開始時と終了時にメーターをチェックして使用量を記録した。基本的に調理には水を使うこととし，一部エコ法にて，水から湯を沸かすのではなく給湯器の湯を取って沸かす場合のみ給湯の湯を使うこととした。ただし，今回の調査ではガス量はあくまで調理全体から見た時の比較材料として算出しているため，給湯器で使用したエネルギー量はCO_2排出量に入れないものとした。同様に，実験献立Aで使ったご飯を炊くエネルギーに関しても通常法，エコ法で同じ炊き方にしたためエネルギー量には含んでいない。

生ごみ量は毎回同じ紙を使い作製した紙箱を用意し，調理終了後に測定重量から元の紙箱の重量を差し引いたものを生ごみ廃棄量とした。よって，その間に蒸発した水分量は生ごみ量に含まれない。なお，スクレーパーを使って除去した残渣は紙箱に入れ生ごみ量に合算した。なお，食べ残しは個人差があるので生ごみ量には入れないこととした。

これら水・ガス使用量および生ごみ量のCO_2排出量への換算は下記の換算式を用いて算出した。

（1）水に起因するCO_2量（g）＝水使用量（L）×0.909（g/L）

水（1L当たり）の排出係数0.909（g/L）は，上下水道での負荷をもとにした鈴木の報告[48]を参考にした。

（2）ガスに起因するCO_2量（g）＝ガス使用量（L）×2.21（g/L）

ガス（1L当たり）の排出係数2.21（g/L）は，第Ⅰ部第1章と同様[59]とした。

（3）生ごみに起因するCO_2量（g）＝生ごみ量（g）×0.43（g/g）

生ごみ（1g当たり）の排出係数0.43（g/g）は，生ごみの組成および焼却施設の燃焼効率の設備能力による部分も大きいが，目安値を算出するため永田らの報告[82]を参考にした。

1.2.3 実験手順

（1）通常調理法（通常法）

実験献立A・Bそれぞれの分量と簡単な調理方法を記載したレシピに従って，日常行っているとおりの調理法や手順で，エコクッキングの知識がない被験者（22名）に，実験献立Aとして10名（計10回），実験献立Bとして12名（計12回）実験を行った。調理工程ごとの使用水量およびガス使用量は計測機から読み取り，合わせて生ごみ量の測定を行い，並行して被験者の調理行動を観察記録した。以後，通常法と略記する。

（2）エコクッキング法（エコ法）

これまでの研究から得た知見および通常法の調理行動の観察記録から，今回の献立に導入すべきポイントを明らかにし表1-3にまとめた。これらのエコポイントを取り入れ，エコクッキン

表1-3 今回の献立に導入すべきエコポイント

調理工程	エコポイント		
	実験献立A・B共通行動項目	実験献立A（中華ランチ）	実験献立B（ハンバーグランチ）
材料等を洗う	手を洗う時は，まず手を濡らし，一度水を止めてから石鹸をつける		無洗米を使用する
	食材は，洗いおけを活用し，汚れの少ないものから順に洗い，最後に流水ですすぐ		
	水を出す量に気をつける		
	水はこまめに止める		
調理中	包丁，まな板は使う順番を考え，途中でまな板を洗わない	鶏肉の茹で汁はスープに活用	グリルを使用し，付け合せの野菜を同時に調理
	ゴムべらを活用し食材を無駄なく使う	長ネギは，部分ごとに使い分けごみを出さない	目玉焼きは4つ同時に調理し，蓋をして余熱を利用
	湯を沸かす時は使用する量を測ってから沸かす	鶏肉や鮭の皮は，細かく刻み食材として使用	段取りの工夫でフライパンは洗わずに使いまわす
	汚れを古布やスクレーパーで拭き取ってから洗う	麦茶のパックは，絞ってから捨てる	
	水を出す量に気をつける		
	水はこまめに止める		
調理器具食器を洗う	洗いおけにため水をし，調理器具や食器の下洗いに活用する		
	汚れを古布やスクレーパーで拭き取ってから洗う		
	こびりついた汚れは洗いおけを活用し，汚れを落としやすくする		
	水を出す量に気をつけ，水はこまめに止める		
調理台の片付け	台布巾を洗う時，洗いおけを活用する		
	台布巾は折りたたみながら，きれいな面を使用し洗う回数を減らす		
	水を出す量に気をつける		
	水はこまめに止める		

グの教育を受け調理に熟練した東京家政大学調理科学研究室4年次卒論生2名が（1）と同様に実験を行った。それぞれの献立を5回ずつ（延べ10回）調理した。以後，エコ法と略記する。

1.3 結果および考察

（1）通常法とエコ法による水使用量の比較

　図1-5，1-6に示したように，通常法は個人的ばらつき（標準偏差の程度）が大きく，熟練した経験者が実施したエコ法においてはばらつきが少なくなっている。今回，通常法は計22名，エコ法は計2名での実施であることからこのような傾向が見られると考えられるが，これまでの

44　第Ⅰ部　エコクッキングの環境負荷削減効果

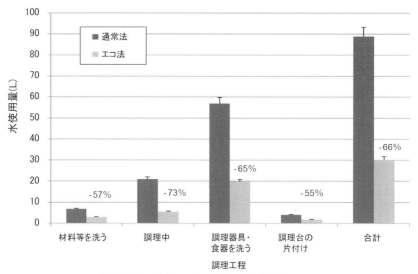

図1-5　調理工程別水使用量の比較：実験献立A（中華ランチ）

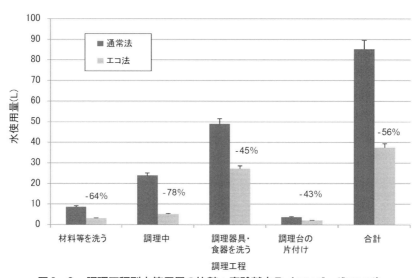

図1-6　調理工程別水使用量の比較：実験献立B（ハンバーグランチ）

　研究[76, 77]において実験者を変えた場合でも，エコ法ではばらつきが少なくなる傾向が見られることを確認している。エコ法を徹底することで調理技能の水準が一定になる効果については，さらなる調査が必要と考える。

　また，実験献立A・B（各4人分）調理時の水使用量に関して，いずれの献立においても通常法およびエコ法ともに調理工程ごとの使用割合は類似しており，多い順に「調理器具・食器を洗う」，「調理中」，「材料等を洗う」，「調理台の片付け」となった。

　実習献立Aのエコ法による調理工程別削減率を見ると，「調理中」が73％，「調理器具・食器を洗う」が約65％と顕著な削減効果が見られた。全調理工程を通して通常法の88.8Lに比べて，エコ法では30.2Lと，58.6Lの削減（削減率約66％）となった。

表1-4 通常法とエコ法による調理工程別水使用量および削減費用

調理工程	調理法	水使用量 (L)	削減量 (L)	削減率 (%)	削減費用 (円)
材料等を洗う	通常法	7.6±3.8	4.8	63	1.2
	エコ法	2.8±2.2			
調理中	通常法	22.2±8.4	16.8	76	4.2
	エコ法	5.4±1.6			
調理器具・食器を洗う	通常法	52.0±20.4	28.5	55	7.1
	エコ法	23.5±6.4			
調理台の片付け	通常法	3.7±3.2	1.7	46	0.4
	エコ法	2.0±0.4			
合計	通常法	88.7±30.5	53.7	61	13.4
	エコ法	35.0±6.6			

表中の水使用量の数値は実習献立A,Bの水使用量の平均値±S.D.を示している。
削減量 (L) = 通常法 (L) − エコ法 (L)
削減率 (%) = |(通常法 (L) − エコ法 (L) / 通常法 (L)| ×100
削減費用 (円) = 削減量 (L) ×0.2499円/L(東京都水道局2009年10月時点上下水道合計0.2499円/Lを使用)

　実習献立Bのエコ法による調理工程別削減率を見ると,「調理中」が約78%,「材料等を洗う」が約64%と高かった。実験献立Aに比べ削減効果は低かったものの,全調理工程を通して水使用量は,通常法の85.3Lに比べて,エコ法では37.7Lと,47.6Lの削減(削減率約56%)となった。「調理器具・食器を洗う」での通常法における水使用量が実験献立Aと比べて低かったのは,食器使用点数が実験献立A(25点)に対し,実験献立B(17点)は図1-4に示すとおりワンプレートで盛り付けたため少なかったことが一因と考えられる。食器点数が少ないことを一概に奨励すべきものではないが,使用する食器数が後片付けの水量に影響することが本結果からも推察される。

　モデルとした実験献立2種のみで判断することは難しいものの,実験献立A・B両者には工程ごとの水使用割合に類似傾向が見られたことから,実験献立A・Bの測定値を平均した調理工程別水使用量および削減費用を表1-4にまとめた。

　水削減量の面から効果が高いのは,「調理器具・食器を洗う」の工程であり,エコ法にすると28.5Lの削減につながった。全調理工程での水使用量の約60%を占めるのが「調理器具・食器を洗う」工程であり,エコ法での削減率も約55%と高い。このことから,水使用量を抑える場合にまず考慮すべきは,「調理器具・食器を洗う」工程であるといえよう。

　汚れを拭き取ってから洗う効果については,汚れの80%,使う水の30%が削減できるという調査[83]がある。エコ法では油や汚れは拭き取ってから洗うこととしたものの,献立別に検討してみると,「調理器具・食器を洗う」工程での献立Aの65%(図1-5)に比べ,献立Bは削減率が45%(図1-6)と低かった。これは,拭き取ってもなお献立Bでは,洗う段階である程度の水量が必要だったものと考えられた。最初に添加する油の使用量は献立Aで48g,実験献立Bで50gと大差がなかったものの,食材に含まれる油が献立Aの場合スープ等にそのまま活用できたのに対し,献立Bでは牛ひき肉(300g)および豚ひき肉(100g)の含有脂質量の一部が加熱中

に溶出し，調理器具や食器へ付着したことが水使用量増加の要因と考えられる。

また，水をこまめに止めながら使用する効果については，家庭での炊事で水を1分間流しっぱなしにすると12Lの水が流れる[83, 84]との報告がある。実験室設置の水道（口径15mm）で計測したところ，勢いよく水を流した状態（蛇口下5cm計測地点口径15mm）で1分間に16.4L，1/2程度に細く絞った状態（蛇口下5cm計測地点口径8mm）で2.6Lと，水の流し方で1分間に約14Lの違いが出た。このことからも水をこまめに止めることや水の流量を加減することの効果は非常に高いといえる。これらのエコポイントを複合的に実施することにより，片付け時の節水効果がより高まるものと考えられる。

一方，削減率（％）から見ると，「調理中」での効果が高く約76％となった。これらを水道料金に換算すると全調理工程を通し合計で約13.4円の節約となった（表1-4）。また，実験献立A，Bを平均して全体で53.7L（61％）の節水効果が得られた。エコ法で実践した項目は先述した表1-3に示したとおりであるが，水をこまめに止める，水を出す量に気をつける，汚れを拭き取ってから洗う，洗いおけを活用するといった行動が節水に有効であることが明らかとなった。

（2）1食分調理時の通常法とエコ法による CO_2 排出量の比較

1食（4人）分の実験献立A・Bを調理した際のガス使用量や生ごみ量も加えた実験献立A・Bの平均 CO_2 排出量を図1-7に示した。エコ法を実践することにより合計で約46％の CO_2 排出量の削減効果が得られた。これはこれまでの調査結果[76, 77]と類似した傾向を示した。水の CO_2 削減量を，ガス使用量や生ごみ量も含めた全排出量に対する割合（％）で見ると，通常調理法で約17％，エコ法で約12％と少なく見えるが，環境負荷を考える上では， CO_2 排出量だけでなく，水資源問題，食糧問題，エネルギー問題，ごみ問題，地球温暖化問題等の観点から総合的に考える必要がある。節水効果は，教育による意識向上が容易にでき削減率が高いことから

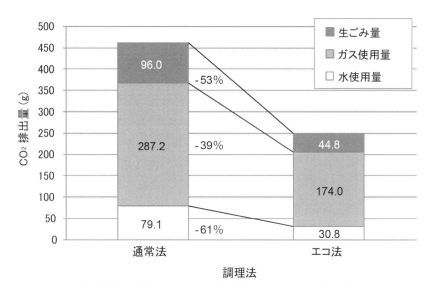

通常法とエコ法のデータは実習献立A・Bの平均値を示している。

図1-7　通常法とエコ法による CO_2 排出量（平均値）の比較

も，水の使用方法に関しての広報・教育を行うことで，家庭における節水およびCO_2排出量削減の一助となると考えられる。

1.4　小　　　括

　調理を時系列でとらえたときに，調理工程ごとの水の使用量を明らかにし，さらに節水行動がどの程度水削減に影響を及ぼすのかを，2種の実験献立別，調理工程別に通常法と比較検討し下記の結果が得られた。

（1）「材料等を洗う」，「調理中」，「調理器具・食器を洗う」，「調理台の片付け」の4工程でいずれもエコ法で実習することで，約43～78％の節水効果が認められた。

（2）実験献立2種ともに片付けの段階での，「調理器具・食器を洗う」工程が，調理時合計水使用量の約60％を占め，エコ法による削減効果が大であることが確認できた。

（3）注意するポイントは，水をこまめに止める，水量を細く絞る，汚れを拭き取ってから洗う，洗いおけを使うといった簡単な項目が多く，習慣化することにより継続的に実施できる行動であることを確認した。

（4）「調理器具・食器を洗う」工程に関しては，使用する道具の数や油の使用量，食材に含まれる油脂量等によって差が出ることが分かった。

（5）水使用量によるCO_2排出量に加え，ガスおよび生ごみ量から換算した調理全体のCO_2排出量を比較したところ，通常法に比べエコ法での食事づくりを実践することで，今回の実験献立A，Bで平均して約46％の削減効果が得られた。

（6）本実験結果から1世帯単位（1食4人分）での食事を想定した調理において50L前後の節水になることが確認できた。

　以上から，エコクッキングを取り入れる際あるいは指導する際に，節水効果を高めるためには，まず「調理器具・食器を洗う」工程での指導を徹底することが大切だといえる。この工程では「調理中」に比べて，並行して行う作業が少ないことからも，集中して節水に努めることができると考える。

　日々の食事づくりの際に水使用量削減に関する留意点（エコポイント）を明確にし，実践につなげることで，大きな節水効果が得られることが実証された。これらの留意点は実施しやすいものであることからも，こうした取り組みが全国的に実施されれば水不足をはじめとする環境問題の取り組みへの一助になることが示唆された[85, 86]。

第2節　排水汚濁負荷削減効果の分析

2.1　はじめに

近年，我が国では，河川流量の減少，湧水の枯渇，各種排水による水質汚濁，不浸透面積の拡大による都市型水害等の問題が顕著になってきている。中でも水質汚濁負荷の増大ならびに汚濁物質の多様化は，人間の生活や社会経済活動によるところが大であり，これらは健全な水循環系構築の観点から大きな問題となっている。

水質汚濁負荷の問題については，水質汚濁防止法に基づき，工場，事業場からの排水の規制が進んでおり，最近は，生活排水対策の実施に重点が置かれている。しかし，下水道や浄化槽等の汚水処理施設の普及状況は2008年度全国平均で約85％であり，都市部においては雨天時に処理しきれない汚水が河川に流出するといったように，処理能力にも限界がある。また，多様化する汚濁物質は，水質汚濁の進行や新たな水質問題を発生させる原因となっている。

なお，都市用水の水源の約75％は河川・湖沼が占めており，水質環境基準の達成率は2008年度で，河川が約92％，湖沼が約53％となっている。また，湖沼の一部では栄養塩類の流入等による富栄養化が進んだ結果，アオコ等の発生による異臭や水道水のカビ臭等の問題も生じている[73, 87]。

特に，流域内に人口や産業が集中する河川や取水域の都市化が進んでいる湖沼においては，汚濁負荷のうち生活排水の占める割合が大である。中でも台所排水は，廃油や食べ物の残り汁等に代表される液状の汚濁物質を多量に含んでいるため生活排水の中で最も汚濁度が高い。東京都の場合，家庭における水の使用割合の内，台所からの排水量は全体の約23％であるが，水質汚濁負荷の発生割合から見ると，生活排水の約40％が台所排水によるものとなっている[75]。

以上のことからも，家庭における水問題を考えるときに，台所での水の使用状況を見直すことは非常に重要な取り組みであると考えられる。これまでの研究から，調理にエコクッキングの手法を取り入れることで，ガス・水使用量および生ごみ量が削減できることを確認しており，中でも水使用量の削減効果が高いことを明らかにしている[76, 77, 86, 88]。しかしこれまでに，食品廃棄に伴う水質汚濁問題，汚濁削減のための行動調査，および食器洗浄時の環境負荷削減等についての報告[89-96]はされているが，調理時の排水の汚れに関する詳細な研究は著者の知る限り見られない。そこで，本研究では調理時の排水の汚濁度を比較する指標として，COD（化学的酸素要求量），全リン・全窒素量を測定することとした。合わせて，調理時のガス，水使用量，生ごみ量，食器洗い時の洗剤量，使用調理器具数を計測した。得られた結果を検討し，エコクッキングの手法を取り入れた場合の排水汚濁削減効果を明らかにすることを目的とした。

2.2　実験方法

エコクッキングによる水質汚濁削減効果を検討するため，家庭での頻出度の高い日本料理モデル献立を選択し，家庭で行われている通常の調理法（以後，通常法と略記）とエコクッキング（以下，エコ法）とで，各日ごとに午前中に調理実験を行いガス・水使用量，生ごみ量を測定し

た。測定方法はこれまでの研究[76, 77, 86, 88]に準じて行った。

次いで，同日午後に，水質汚濁負荷測定実験としてCOD，全リン，全窒素の測定を行った。調理時の水質汚濁削減効果については，下準備，調理中に加え，第2章第1節より「調理器具・食器洗浄」時の水使用量削減効果が高かったことから，この部分をさらに詳細に調べるため，「調理器具洗浄」，「食器洗浄」に分け，それぞれの工程ごとに排水の汚濁度を測定し，得られた汚濁濃度（mg/L）に使用した水の量を乗じて，工程別の排水の汚濁量とした。

さらに比較実験として，献立の異なる西洋料理・中国料理献立においても同様の手法を用いて水質汚濁負荷削減効果を検証した。日本料理モデル献立の実験条件を下記に示す。

2.2.1 調理実験条件
（1）方　　法
① 実験対象者にモデル献立のレシピと実験中の留意点を印刷物にして提示し，通常法は家庭および大学の調理実習等で各人が通常実施しているとおりの手法や手順で調理を行った。エコ法は，エコクッキングの知識を踏まえた調理手法や手順で調理した。今回エコ法で取り入れた調理上の留意点を表2-1に示した。
② 調理工程を「下準備（手洗い＋食材洗浄）」，「調理中」，片付け時の「調理器具洗浄」，食後の「食器洗浄」の4工程に分けた。調理時には観察記録者が行動観察を行い，調理工程ごとにガス・水使用量，生ごみ量，食器洗い洗剤量，使用調理器具数を計測し，排水のサンプルはコンテナの水を10回混ぜてから採取した。

（2）モデル献立および食材
使用したモデル献立および食材を図2-1に示した。日本料理モデル献立は，第Ⅰ部第1章に準じ，東京ガス都市生活研究所で調査した「調理実態調査内容」（2005年）の一般家庭における上位頻出メニュー[58]の中から選択した。

比較実験を行った西洋料理・中国料理モデル献立は，高等学校家庭科教科書[97-103]の掲載献立を参考に作成した。

食材は，通常法，エコ法とも同じ産地およびメーカーのものを使用した。精白米に関してはトーヨーライス㈱の協力を得，同産地の米を使用した。無洗米は首都圏を中心に一般的になりつつあり，認知度は高まっているものの全国的な導入には至っていないと判断し，通常法では教科書等で見られる一般的な調理として精白米加工したものを使用した。エコ法では環境に配慮して選んだという仮定のもと無洗米（BG（Bran Grind）製法，トーヨーライス㈱）加工したものを使用した。これにより，通常法では米を洗う操作が加わった。無洗米の環境負荷削減効果については鈴木[48]により報告されている。本報では家庭での水質汚濁の度合いに注目するため製造段階での負荷はあえて考慮しなかった。

各モデル献立はいずれも4人分とした。

（3）調理実験対象者および回数
通常法はエコクッキングの教育を受けていない東京家政大学栄養学科1・2年生5名を実験対象とし，各1回ずつの計5回，エコ法はエコ・クッキング指導者資格保持者3名とし，各人1回

表 2-1 エコ法で取り入れたエコポイント

	水の汚濁削減	水使用量削減	ガス使用量削減	食材の活用および生ごみの削減
共通項	・調理器具や食器の汚れを古布等で拭き取ってから洗う ・洗剤液を作り，必要以上に洗剤を使わない ・必要最低限の調理器具を使い洗う回数を減らす	・野菜を洗うときに洗いおけを利用し，ため水で汚れの少ないものから洗い，最後に流水ですすぐ ・水をこまめに止める ・水量を必要以上出し過ぎない ・洗いおけでため水を有効活用する ・茹で湯を調理器具や食器の下洗いに利用する ・調理器具や食器の汚れを古布等で拭き取ってから洗う		
ご飯	・無洗米を使うことで研ぎ汁で水を汚さない	・無洗米を使うことで水の使用量を抑える	・ガスコンロの自動炊飯機能使用	・煮干しはミルにかけて丸ごと使用
味噌汁			・沸騰するまで鍋に蓋をする ・はみ出さない火加減で調理 ・出来上がり時間を考え調理し，再加熱をしない	・ダイコンは皮ごと使う ・味噌漉しを使わず味噌を溶き入れる ・ダイコンの葉は青みとして利用
魚の和風焼き物			・両面焼きグリルを使用 ・魚の切り身を半分にし，焼き時間を少なくする ・たれと付け合わせの野菜はグリルで魚と同時調理	・旬の魚や野菜を使う
野菜の和風煮物		・絹サヤはおひたしを作るとき一緒に茹でる	・ゴボウは，斜め薄切りにし短時間加熱 ・絹サヤはおひたしを作るとき一緒に茹でる ・はみ出さない火加減で調理 ・底の面積が広い鍋を使い熱を効率よく使う ・火力は最初は強火にし，沸騰したら弱火に調節 ・落とし蓋をし，エネルギーを効率よく使う	・ニンジンはよく洗い皮ごと使用 ・だしに使用した昆布はせん切りにして具材に活用 ・だしに使用したかつお節は「おひたし」に活用
野菜のおひたし	・醤油にだしをあわせ全体にからめ無駄なく醤油を使う	・ホウレンソウを茹でた熱湯は洗い物に活用 ・茹で物は同じ鍋で同じ湯を使う	・ホウレンソウの根元に十字の切り込みを入れ火通りを均一にする	・だしに使用したかつお節は「おひたし」に活用
日本茶（温）			・湯は給湯器のお湯をやかんに入れて沸かす ・必要な量だけお湯を沸かす ・やかんの鍋底から炎がはみ出さないよう調整 ・やかんについた水滴は拭いてから火にかける	・茶殻はチラシで作ったごみ入れで乾燥させる ・脱臭剤として使用（提案のみ）
ビール				・残ったビールは漬物等に使用（これは提案であり今回の実験では飲み残しはない前提とした）

<日本料理モデル献立>
(4人分／g表記／
1人当たりエネルギー：684kcal
／脂質22.6g／塩分3.7g)
1. ご飯
　精白米　　　　　　　　300
2. 大根の味噌汁
　煮干し　　　　　　　　15
　だし　　　　　　　　　600
　ダイコン　　　　　　　100
　油揚げ　　　　　　　　30
　味噌　　　　　　　　　15
3. 魚の和風焼き物
　鮭切り身（4切れ）　　320
　シシトウガラシ　　　　60
　サラダ油　　　　　　　4
　<漬け汁>
　長ネギ　　　　　　　　30
　ショウガ　　　　　　　10
　ニンニク　　　　　　　5
　七味唐辛子　　　　　　1
　醤油　　　　　　　　　45
　砂糖　　　　　　　　　9
　ゴマ油　　　　　　　　10
4. 野菜の和風煮物
　鶏ムネ肉　　　　　　　80
　タケノコ（茹）　　　　120
　ニンジン　　　　　　　100
　ゴボウ　　　　　　　　50
　シイタケ　　　　　　　60
　絹サヤ　　　　　　　　12
　サラダ油　　　　　　　10
　だし　　　　　　　　　400
　みりん　　　　　　　　45
　酒　　　　　　　　　　30
　醤油　　　　　　　　　30
5. 野菜のおひたし
　ホウレンソウ　　　　　200
　カツオ節　　　　　　　3
　醤油　　　　　　　　　10
6. 日本茶
　日本茶　　　　　　　　5
　湯　　　　　　　　　　720
7. ビール
　ビール※　　　　　　　700
※ビールはカロリーに含まない

<西洋料理モデル献立>
(4人分／g表記／
1人当たりエネルギー：778kcal
／脂質27.9g／塩分3.9g)
1. ご飯
　精白米　　　　　　　　320
2. コンソメスープ
　タマネギ　　　　　　　40
　ニンジン　　　　　　　20
　サヤインゲン　　　　　20
　水　　　　　　　　　　720
　コンソメ　　　　　　　5
　塩　　　　　　　　　　2
　コショウ　　　　　　　0.4
3. 若鶏のソテー
　若鶏モモ肉　　　　　　480
　塩　　　　　　　　　　5
　コショウ　　　　　　　0.4
　小麦粉　　　　　　　　10
　バター　　　　　　　　12
　サラダ油　　　　　　　6
　トマト（缶）　　　　　300
　トマトケチャップ　　　24
　ウスターソース　　　　9
　砂糖　　　　　　　　　6
　塩　　　　　　　　　　0.4
　コショウ　　　　　　　0.4
　タマネギ　　　　　　　100
　マッシュルーム　　　　40
　クレソン　　　　　　　20
4. マカロニサラダ
　マカロニ　　　　　　　80
　キュウリ　　　　　　　100
　ニンジン　　　　　　　40
　ホールコーン　　　　　30
　ロースハム　　　　　　30
　マヨネーズ　　　　　　24
　プレーンヨーグルト　　20
　塩　　　　　　　　　　0.4
　コショウ　　　　　　　0.4
　サニーレタス　　　　　20
5. 紅茶
　紅茶　　　　　　　　　10
　水　　　　　　　　　　600

<中国料理モデル献立>
(4人分／g表記／
1人当たりエネルギー：673kcal
／脂質20.3g／塩分3.6g)
1. ご飯
　精白米　　　　　　　　320
2. トマトときくらげのスープ
　トマト　　　　　　　　100
　長ネギ　　　　　　　　50
　ショウガ　　　　　　　10
　きくらげ　　　　　　　2
　サラダ油　　　　　　　12
　水　　　　　　　　　　720
　鶏ガラスープの素　　　8
　酒　　　　　　　　　　12
　塩　　　　　　　　　　0.4
　コショウ　　　　　　　0.4
　卵　　　　　　　　　　50
　ゴマ油　　　　　　　　5
3. チンジャオロースー
　ピーマン　　　　　　　280
　タケノコ（茹）　　　　80
　ニンニク　　　　　　　8
　豚モモ薄切り　　　　　280
　かたくり粉　　　　　　12
　サラダ油　　　　　　　29
　醤油　　　　　　　　　28
　酒　　　　　　　　　　28
　砂糖　　　　　　　　　6
　塩　　　　　　　　　　3
　ゴマ油　　　　　　　　3
4. 春雨サラダ
　鶏ササミ　　　　　　　60
　春雨　　　　　　　　　40
　キュウリ　　　　　　　100
　ニンジン　　　　　　　50
　酢　　　　　　　　　　45
　醤油　　　　　　　　　5
　砂糖　　　　　　　　　8
　塩　　　　　　　　　　2
　ゴマ油　　　　　　　　12
5. ウーロン茶
　ウーロン茶　　　　　　7
　水　　　　　　　　　　600

図2-1　モデル献立および食材

ずつの計3回実施した。

　これまでの研究[76, 77, 86, 88]から，エコクッキングの教育により，ガス・水使用量，生ごみ量の顕著な削減効果が明らかとなっている。いずれも通常法は個人差が大きく，ばらつきが大であった。一方，エコ法においては，無駄な工程が省かれるためばらつきが少なく再現性が高いことから，エコクッキングの教育を受けたものが担当することにした。したがって，本研究では，通常法は個人差を考慮し5名とし，エコ法はエコクッキングに熟練した3名とした。

（4）実験環境・実験日

　東京家政大学調理科学研究室，室温25±2℃（空調25℃設定），水温27±1℃，湯温40±2℃。実験日は2009年8月3，5，24，26日とした。

（5）調理機器および測定機器

　調理機器および食器類は研究室設置のものとし，測定機器は以下のものを使用した。排水の汲み上げに関しては，水道管に排水を流すための分離弁を設置し，排水が直接コンテナへ流れるようにした。

　ガスコンロは，ガスビルトインコンロ：㈱ハーマン製 C3W89RDTLTG，測定機器として，積算流量計（ガス，水，湯）：愛知時計電気㈱製 SP561，SP562を使用した。

（6）洗剤の使用方法

　手洗い洗剤および食器洗い洗剤は同一製品を使用した。調理前の手洗い洗剤量は0.9g/回に設定した。調理中の手洗いは，必要に応じ自由使用とした。食器洗い洗剤は，通常法は，スポンジに直接添付し使用した。エコ法では，洗剤の使用量の目安（水1Lに対して1.5mL）に沿って，ボウルに洗剤液を必要に応じ作り使用した。なお，調理器具および食器洗浄時の衛生面を配慮し，洗浄後の状態について観察者が目視確認を行った。

（7）CO_2排出量換算方法

　実験で実測したガス・水の使用量および生ごみ量はこれまで同様にCO_2排出量に換算した。

① 　ガスに起因するCO_2量（g）＝ガス使用量（L）×2.21（g/L）[59]
② 　水に起因するCO_2量（g）＝水使用量（L）×0.909（g/L）[48]
③ 　生ごみに起因するCO_2量（g）＝生ごみ量（g）×0.43（g/g）[82]

2.2.2　水質汚濁指標測定実験条件

　本実験では，JIS公定法に基づき水質汚濁指標であるCOD（化学的酸素要求量）と全リン・全窒素について，JISK0102の工場排水試験方法[104]に従い測定した。調理工程ごとの排水のサンプルをもとに実測した汚濁濃度（mg/L）に使用した水の量を乗じて，全体の汚濁量とした。

（1）COD（Chemical Oxygen Demand）測定法

　排水試料に酸化剤（過マンガン酸カリウム）を加え，100℃における酸素消費量（CODMn）により測定し換算した。

　試薬は全て特級を使用した。測定は，1試料につき2検体用意し，1試料についての結果はこの2検体の平均とした。

（2）全リン・全窒素測定法

全リン・全窒素は，ペルオキソ二硫酸カリウム分解法，紫外線吸光光度法に準拠した測定器を用いる方法で測定した。測定には，ポータブル簡易全窒素ゼンリン計 TNP-10（東亜ディーケーケー㈱製）を使用した。

試薬は，同社の試薬キット，全リンおよび全窒素を使用した。測定は，1試料につき2検体用意し，1試料についての結果はこの2検体の平均とした。全リンおよび全窒素ともに同様の計測方法で実施した。

2.3 結果および考察

2.3.1 日本料理モデル献立での水使用量および水質汚濁負荷削減に寄与する行動因子

ガス・水使用量，生ごみ量，CO_2 排出量，食器洗い洗剤使用量，使用調理器具数を表2-2に示した。あわせて，水質汚濁度の各指標および行動観察記録より，水使用量および水質汚濁負荷削減につながったと考えられる行動因子を以下に示した。

（1）ガス使用量の比較

ガス使用量は約55％の削減効果があった。茹でる調理を同じ湯を使って行う同時調理の工夫は，茹で水量の削減につながった。

（2）水使用量の比較

水使用量は約86％の削減効果があった。詳細は後述する。

（3）生ごみ量の比較

生ごみは約92％と高い削減効果があった。食材を丸ごと使うことに加え，排水口や三角コーナーに生ごみをためずに，生ごみをできるだけ濡らさないように工夫することで，水質汚濁の削減に効果が高かったと考えられる。

（4）CO_2 排出量の比較

これまでの研究同様，ガス，水使用量，生ごみ量に削減効果が見られ，環境指標の1つである CO_2 排出量は全体で約65％削減された。

（5）食器洗い洗剤使用量の比較

食器洗い洗剤の使用量は約36％の削減効果があった。エコ法では，洗剤使用量の表示目安に

表2-2 日本料理モデル献立における調理実験データ

	通常法 ($n = 5$)	エコ法 ($n = 3$)	削減率（％）
ガス使用量（L）± S.D.	323.7 ± 73.8	144.3 ± 10.1	55.4
水使用量（L）± S.D.	144.2 ± 42.0	20.5 ± 5.5	85.8
生ごみ量（g）± S.D.	375.2 ± 121.8	29.8 ± 5.8	92.1
食器洗い洗剤使用量（g）± S.D.	7.8 ± 4.0	5.0 ± 1.9	35.9
使用調理器具点数（点）± S.D.	30.4 ± 2.1	23.3 ± 0.6	23.4
CO_2 排出量（g）± S.D.	1,007.7 ± 95.3	350.3 ± 24.9	65.2

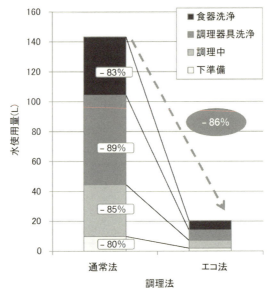

図2-2 日本料理モデル献立調理における水使用量

沿って前もって希釈した洗剤液を使用したことが大きな効果につながった。

（6）使用調理器具数の比較

使用した調理器具数は約23％の削減効果があった。段取り良く調理することで器具の使いまわしが可能なため途中で器具を洗う回数が減ることと、使用する調理器具数全体が減ることで、片付けの際の水使用量や水質汚濁負荷の削減につながった。

2.3.2 日本料理モデル献立における水使用量および水質汚濁負荷削減効果

以上のようなエコ法での行動が水使用量および水質汚濁にどのように影響したのかについて結果を以下に検証した。

（1）水使用量の削減効果

水使用量の削減効果を図2-2に示した。水使用量は全体で約86％が削減された。各調理工程においても80％以上の削減効果があり、特に調理器具洗浄時の削減効果が大であった。

削減効果に寄与する行動因子は、「水をこまめに止める」、「水量を必要以上出しすぎない」、「洗いおけでため水を有効活用する」、「茹で湯を調理器具や食器の下洗いに利用する」、「調理器具や食器の汚れを拭き取ってから洗う」であった。

（2）COD量の削減効果

COD量の削減効果を図2-3に示した。COD量は全体で約82％が削減された。特に下準備で約91％と高い効果を示した。

これは、エコ法では無洗米を使用し、研ぎ汁を流さなかったことによる効果と考えられる。洗米操作での1回目の研ぎ汁を除去するだけで研ぎ汁全体の8割以上のCOD削減効果があることが山田らの研究[91]からも確認されている。

また、調理器具洗浄、食器洗浄時において80％以上の高い効果を示した。金子らの研究[93]か

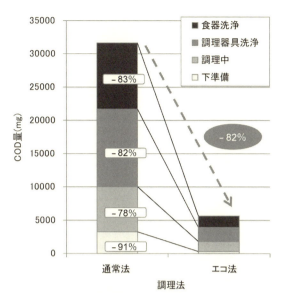

図2-3　日本料理モデル献立調理におけるCOD量

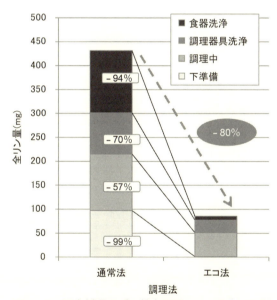

図2-4　日本料理モデル献立調理における全リン量

らも汚れを拭き取ることでカレー（鍋）80％，ハンバーグ（皿）96％，スパゲッティ（皿）40％，サラダ（皿）80％のCOD量削減効果が確認されており，これには一連の調理を通して汚れを拭き取ることが大きく貢献していると考えられた。

（3）全リン量の削減効果

全リン量の削減効果を図2-4に示した。リン量は全体で約80％が削減された。工程別に見ると下準備の工程で約99％，食器洗浄の工程で約94％の削減効果があった。

下準備に関しては，COD量削減効果同様，無洗米を使用したことがリンの負荷削減に効果大

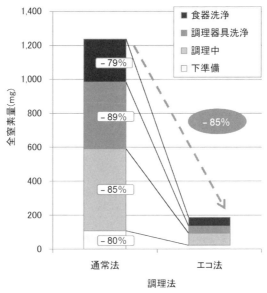

図2-5 日本料理モデル献立調理における全窒素量

であったと考えられた。リンは，食物由来であることから，調理工程ではCODほどの大きな効果をもたらさなかったと考えられる。調理器具洗浄時が食器洗浄時に比べ削減効果が低かったのは，調理時に使用した野菜を茹でた湯を洗いおけに取っておき，調理器具の下洗いに利用し，調理器具洗浄時にそれを排水したためと考えられた。食器洗浄の工程で削減効果が高いことを考えると，COD同様に汚れを拭き取って洗うことがリン削減に大きく貢献していると推察された。

(4) 全窒素量の削減効果

全窒素量の削減効果を図2-5に示した。窒素量は全体で約85%が削減された。

下準備についてはCODおよびリンと同様に無洗米使用による汚濁負荷削減効果が高かったと考えられた。調理時の削減効果がリンと比べると高かったのは，エコ法では調理時に食器洗い洗剤を一切使用していなかったことがあげられる。松重らの研究[96]より食器洗い洗剤7 mLに対し，リンの負荷は0.1mg，窒素の負荷は24mgであることからも，このような効果が推察される。

窒素もリン同様に食品由来に依存するところが大きいことから，調理器具洗浄および食器洗浄の工程で汚れを拭き取ったことが大きな削減効果となったと考えられる。

2.3.3 献立の異なる場合での効果検証

日本料理献立において上述のような明らかな効果が得られたため，西洋料理および中国料理モデル献立での効果を検証した。その結果を表2-3に示した。

西洋料理および中国料理モデル献立においても日本料理モデル献立同様の削減効果が見られた。水使用量81～85%，COD量69～74%，全リン量83～85%，全窒素量86～90%がそれぞれ削減された。

以上のことから，献立にかかわりなく，エコクッキングでは水使用量削減効果に比例して，排

表2-3　西洋料理および中国料理モデル献立における水使用量および水質汚濁量

	西洋料理			中国料理		
	通常法 ($n=4$)	エコ法 ($n=4$)	削減率 (％)	通常法 ($n=4$)	エコ法 ($n=4$)	削減率 (％)
水使用量（L） ± S.D.	85.4 ±17.8	16.3 ±2.7	80.9	77.5 ±1.9	11.7 ±1.5	84.8
COD量（mg） ± S.D.	20,119.6 ±3,377.4	6,249.1 ±578.4	68.9	14,924.8 ±1,504.2	3,929.7 ±951.4	73.7
全リン量（mg） ± S.D.	351.4 ±24.2	52.2 ±3.6	85.1	318.5 ±24.7	54.8 ±15.8	82.8
全窒素量（mg） ± S.D.	414.8 ±109.8	58.9 ±11.6	85.8	488.6 ±174.4	51.0 ±4.9	89.6

水の汚濁を減らせることが明らかとなった。

いずれの献立にも共通していた削減に効果的な因子として，「無洗米の導入」，「汚れを拭き取り洗う」，「洗剤の適量使用」，「調理工程の工夫による洗い物の削減」等があげられた。

2.4　小　　括

エコクッキングの実践が水の使用量および水質汚濁負荷削減におよぼす効果を検証した実験により下記の結果が得られた。

（1）環境負荷削減効果

これまでの研究同様，エコクッキングによるガス・水使用量および生ごみ量の削減効果が得られた。

CO_2排出量削減効果として見ると，水による削減量はガスや生ごみのそれに比べ小さいものの，個々の削減率として見ると水の場合が約86％と最も高い。

中でも，「水をこまめに止める」，「水量を必要以上出しすぎない」，「洗いおけでため水を有効活用する」，「茹で湯を調理器具や食器の下洗いに利用する」，「調理器具や食器の汚れを拭き取ってから洗う」の5項目の効果が高かった。

（2）調理工程ごとの水使用量および水質汚濁負荷削減効果

エコクッキングでは，調理全体を通して水使用量削減効果があるだけでなく，調理時のどの工程を取っても水質汚濁負荷削減にも効果があることが明らかとなった。

水質汚濁負荷削減効果（％）を水使用量，COD量，全リン量，全窒素量の順に調理工程ごとに見てみると，下準備（80，91，99，79％減），調理（85，78，57，89％減），調理器具洗浄（89，82，70，85％減），食器洗浄（83，83，94，80％減）となった。削減できる効果は汚濁の種類および工程ごとに異なるものの，いずれも高い削減効果が得られた。

（3）水使用量および水質汚濁負荷削減効果

無洗米の使用と，調理器具や食器の洗浄時に汚れを拭き取ってから洗うことで高い汚濁負荷削減効果が期待できた。

これまでに，無洗米を使う効果や汚れを拭き取り洗う，洗剤の使用量を少なくするといった個

別の効果は報告されていた。しかし，調理全体を通しての効果は明確に示されていなかった。本実験の結果から，モデル献立の調理全体を通して水使用量および水質汚濁度の指標となるCOD，全リン，全窒素量の削減効果が明らかとなった。その結果，エコクッキングの手法を用いることで，水使用量削減だけでなく水質汚濁負荷削減につながることが確認された。

（4）メニューの違いによるエコクッキングによる水質汚濁負荷削減効果

上述の日本料理献立においてエコクッキングによる顕著な排水汚濁負荷削減効果が認められたことから，西洋料理および中国料理モデル献立において同様の確認実験を行った結果，エコクッキングではいずれの献立においても水量が80％以上削減でき，COD，全リン，全窒素量それぞれに約70～90％の削減となり，献立の有無に関わらず水質汚濁負荷削減効果が大であることが確認できた。なおいずれの献立においても削減効果に大きく影響する共通の行動因子として，無洗米の導入，汚れを拭き取る，洗剤の適量使用，調理工程の工夫による洗浄回数の削減等があげられた。

以上より，エコクッキングの水使用量削減は，調理における水質汚濁負荷削減につながることが確認できた[105, 106)]。

第3章 ごみ廃棄量削減効果

第1節 野菜の廃棄率削減による生ごみ量削減効果

1.1 はじめに

　我が国の一般廃棄物の排出量は，1985年前後からのバブル経済とともに増え続け，近年はほぼ横ばいが続いてきた。ここ何年か減少傾向にあるものの，2008年度の家庭から出るごみ排出量は1,033g/日・人で，日本全体での年間総排出量は4,811万トンにも上る[107]。また，図1-1に示したとおり東京都二十三区清掃協議会「23区清掃とリサイクル2000」よりその内訳を重量換算でみると，台所からの生ごみ量が約50％を占めている[108]。この傾向は他の地方自治体でも同様である。

　さらに，同じ地域のデータではないものの図1-2に示したとおり，京都市環境局「平成19年度家庭ごみ組成調査報告書」から台所から出た生ごみの種類別内訳を見ると，野菜くず約48％，手付かず食料品約22％，食べ残し約16％と，本来食べることができた手付かず食料品や食べ残しが約40％近くを占めている。その中には消費期限切れや賞味期限切れのものが多く含まれている[108]。また，野菜くずの中にも可食部分が含まれている。このように食品廃棄の問題は食品がごみとなってしまうだけでなく，そのごみとなってしまったものを生産するために使われた大量のエネルギーをも同時に廃棄している現状に留意しなければならない。

　実際に，2009年度の供給カロリー（農林水産省平成21年度食料需給表に基づく1人1日当たりの供給熱量）と摂取カロリー（厚生労働省平成21年国民健康・栄養調査結果に基づく1人1日当

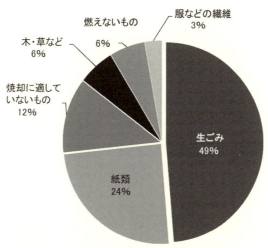

図1-1　家庭から出るごみの内訳（重量比率）

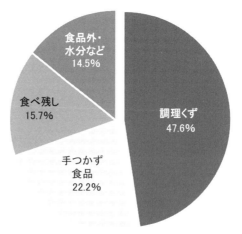

図1-2 家庭から出る生ごみの内訳（重量比率）

たりの栄養素等摂取量）とを比較すると，1日の供給カロリー2,472kcalに対して，実際に摂取したのは1,883kcalで，単純に計算しても供給カロリーの約1/4を捨てていることになる。高岡らの研究[109]によると，冷蔵庫の在庫を確認し，在庫管理表を使用することで，家庭から出るごみが半減することが明らかとなっている。すなわち，家庭にあるものを重複して買ってこない効果とメニューを早く決め無駄なものを買わなくなる効果が認められている。こういった買い物時の工夫でまず食材の全体量を減らし，さらに調理時に食材を極力有効活用し捨てる部分を減らす工夫をすることで，相乗的に効果を上げていくことが望ましい。

これまでの研究からエコクッキングの考え方を調理に導入することで，生ごみ量が1食分で約30〜70%削減出来ることを確認している[76,77,86,88,110]。

また，この生ごみ量は献立ごとあるいは使用する食材によって異なり，中でも野菜は，切り方や可食部としての活用の工夫により，その廃棄量が大きく異なることを明らかにしている[88]。

そこで本研究では上記野菜の廃棄量に焦点を当て詳細な追究を行うこととし，家庭で使用頻度の高い野菜50種を取り上げ，通常行われている切り方およびエコクッキングに配慮した切り方でのそれぞれの廃棄率を実測し，その削減効果を明らかにした。得られた知見を報告する。

1.2 実験方法

1.2.1 実験試料

㈱JA総合研究所（現：（一社）JC総研）の「野菜の消費行動について」[111]の調査結果を参考にして，家庭での使用頻度の高い野菜50種を選択した。実験は1年を通して実施し，旬の時期に収穫された国産の野菜類，イモ類およびキノコ類を試料とした。実験対象とした試料野菜の分類および名称は結果とあわせ表1-1に記載したとおりである。

1.2.2 調査方法

個々の食材の重量および廃棄率に関しては，五訂増補日本食品標準成分表[112]に示されている

表1-1 試料別廃棄率および削減率一覧

	野菜	平均重量（g）	通常法廃棄量（g）	エコ法廃棄量（g）	通常法廃棄率（%）	エコ法廃棄率（%）	削減率（%）	旬	産地
葉茎菜類	アスパラガス	74.3±2.6	13.4±1.2	4.8±0.5	18.0	6.5	11.5	春	北海道
	キャベツ	1232.2±49.4	198.4±14.7	49.3±12.9	16.1	4.0	12.1	春	千葉
	コマツナ	108.0±3.3	5.8±1.4	2.1±0.4	5.4	1.9	3.5	冬	群馬
	シソ	0.7±0.1	0.0±0.0	0.0±0.0	4.3	1.4	2.9	夏	茨城
	シュンギク	107.6±4.6	1.0±0.2	0.0±0.0	0.9	0.0	0.9	冬	千葉
	セロリー	114.6±1.3	38.2±5.8	1.4±0.5	33.3	1.2	32.1	夏	長野
	タマネギ	223.7±16.0	12.5±0.5	6.3±2.9	5.6	2.8	2.8	秋	北海道
	チンゲンサイ	112.6±2.0	13.2±1.6	1.9±1.1	11.7	1.7	10.0	秋	埼玉
	ニラ	104.2±1.9	4.8±0.4	2.6±1.6	4.6	2.5	2.1	春	山形
	ニンニク	56.7±3.1	6.1±0.3	3.9±0.4	10.8	6.9	3.9	春	青森
	ネギ	118.1±8.6	37.8±2.9	6.8±1.3	32.0	5.8	26.2	冬	青森
	ハクサイ	1454.6±158.1	205.1±24.4	40.7±7.9	14.1	2.8	11.3	冬	埼玉
	パセリ	5.8±0.5	0.7±0.1	0.5±0.1	11.7	8.7	3.0	春	福岡
	フキ	43.0±12.6	14.1±5.6	2.2±0.6	32.8	5.1	27.7	春	愛知
	ホウレンソウ	106.0±1.0	4.1±1.1	1.0±0.5	3.9	0.9	3.0	冬	茨城
	ミツバ（イトミツバ）	47.1±18.5	5.4±1.3	4.9±0.5	11.5	10.4	1.1	春	埼玉
	モヤシ	103.1±0.9	3.0±0.8	0.0±0.0	2.9	0.0	2.9	冬	栃木
	レタス	530.3±38.2	41.4±31	7.4±2.3	7.8	1.4	6.4	秋	香川
根菜類	カブ（葉つき）	178.9±8.1	65.8±4.4	6.6±0.8	36.8	3.7	33.1	冬	千葉
	ゴボウ	184.0±15.8	20.1±1.2	3.5±0.3	10.9	1.9	9.0	冬	青森
	ショウガ	16.4±1.1	3.2±0.4	0.9±0.2	19.5	5.5	14.0	夏	高知
	ダイコン	1296.3±74.0	106.3±14.6	66.1±13.5	8.2	5.1	3.1	冬	青森
	ニンジン	196.3±4.9	19.4±0.6	1.0±0.2	9.9	0.5	9.4	秋	千葉
	レンコン	189.5±31.8	25.0±3.2	6.4±3.6	13.2	3.4	9.8	冬	茨城
花菜類	カリフラワー	858.2±59.1	369.0±12.8	191.4±36.3	43.0	22.3	20.7	春	茨城
	ブロッコリー	312.2±8.5	115.5±9.4	42.8±2.3	37.0	13.7	23.3	冬	千葉
	ミョウガ	52.3±1.4	2.0±1.2	0.9±0.1	3.8	1.7	2.1	春	群馬
果菜類	エダマメ	103.2±0.8	48.8±1.8	48.8±1.8	47.3	47.3	0.0	夏	新潟
	オクラ	10.1±0.5	1.5±0.0	1.0±0.2	14.9	9.9	5.0	夏	高知
	カボチャ（西洋）	1249.4±101.2	149.9±14.8	126.2±15.4	12.0	10.1	1.9	夏	北海道
	キュウリ	91.3±7.6	1.7±0.4	0.5±0.1	1.9	0.5	1.4	夏	岩手
	グリーンピース	103.8±2.5	55.6±2.0	55.0±2.1	53.6	53.0	0.6	夏	鹿児島
	サヤインゲン	102.0±0.4	2.0±0.2	1.1±0.2	2.0	1.1	0.9	夏	福島
	サヤエンドウ	1.8±0.5	0.2±0.1	0.1±0.0	11.1	5.6	5.5	夏	北海道
	シシトウガラシ	4.9±0.5	0.5±0.1	0.3±0.1	10.2	6.1	4.1	夏	千葉
	スイートコーン	219.1±14.8	82.4±7.1	66.4±6.1	37.6	30.3	7.3	夏	沖縄
	ソラマメ	121.5±5.9	80.3±1.9	79.0±3.9	66.1	65.0	1.1	夏	鹿児島
	トマト	176.9±1.9	5.5±0.2	3.0±0.9	3.1	1.7	1.4	夏	埼玉
	ナス	83.0±5.9	8.7±1.5	6.7±0.7	10.5	8.1	2.4	夏	群馬
	ニガウリ	228.8±28.8	55.1±17.2	12.6±1.0	24.1	5.5	18.6	夏	沖縄
	ピーマン	31.6±3.3	5.5±0.6	4.3±0.3	17.4	13.6	3.8	夏	岩手
イモ類	サツマイモ	228.4±10.1	20.8±2.5	4.8±1.9	9.1	2.1	7.0	秋	千葉
	サトイモ	79.9±8.2	17.6±1.2	8.3±1.6	22.0	10.4	11.6	秋	千葉
	ジャガイモ	156.2±8.8	17.0±1.3	12.2±0.4	10.9	7.8	3.1	秋	北海道
	ヤマノイモ（ナガイモ）	113.9±11.5	16.3±1.1	8.5±0.9	14.3	7.5	6.8	冬	北海道
キノコ類	エノキタケ	104.1±3.4	18.2±2.5	10.3±2.1	17.5	9.9	7.6	冬	長野
	シイタケ	12.6±0.6	1.6±0.3	0.4±0.1	12.7	3.2	9.5	秋	北海道
	シメジ（ブナシメジ）	102.6±2.1	8.2±1.7	2.6±0.5	8.0	2.5	5.5	秋	長野
	マイタケ	100.9±0.9	2.4±1.4	0.0±0.0	2.4	0.0	2.4	秋	新潟
	マッシュルーム	62.2±1.3	15.3±1.5	6.8±2.5	24.6	10.9	13.7	秋	茨城

※表中の廃棄率は，小数点第2位を四捨五入した。削減率は通常法とエコ法廃棄率の差として算出した。

廃棄率を目安とした。

　通常の切り方は，中学・高等学校の家庭科教科書および大学の調理実習で実施している方法とした。エコクッキングによる切り方では，可食部分を出来る限り生かし，ヘタや根，種を除き，使用可能なものは丸ごと皮まで使用することを原則とし，エコ・クッキング推進委員会ホームページ「食彩辞典」[113]，エコ・クッキングノート[114]およびその教師用解説書[115]に掲載のある切り方を採用した。以後，通常の切り方およびエコクッキングによる切り方を「通常法」および「エコ法」と記載する。実験には1試料につき重量および廃棄量を3回以上実測し，平均重量，通常法の平均廃棄率，エコ法の平均廃棄率をそれぞれ算出した。さらに，通常法とエコ法の廃棄率の差から削減率を求め，エコ法を実践することで試料ごとに可食部分がどの程度増加し得るかを検討した。なお廃棄率は，廃棄される部分を食品全体あるいは購入形態に対する重量の割合（％）で示したものとし，下記の式で求めた。可食部分は，全体重量から廃棄重量を除いた部分とした。

　廃棄率（％）＝［（元の重量（g）－正味重量（g））／元の重量（g）］×100

　また，エコ法における部位ごとの活用法，調理の工夫についてもあわせて検討した。

1.2.3　実験室の環境

実験室：新渡戸文化短期大学食品学研究室

測定機器：新光電子㈱製　電子天秤（HJR-2200JS），実目量0.01g

実験時期：2010年5月〜2011年4月（各野菜の旬の時期に実施）

1.3　結果および考察

1.3.1　代表的な試料の切り方事例および廃棄率

　葉茎菜類（ネギ，ホウレンソウ），根菜類（ニンジン），花菜類（ブロッコリー），果菜類（ナス），キノコ類（ブナシメジ）の切り方事例ならびに廃棄率削減効果（％）を図1-3に示した。通常法による切り方は個人差も大きかったが，いずれの野菜も切り方の工夫による可食部分の増加が目視観察でも明らかである。

1.3.2　試料別廃棄率

　50種の野菜を葉茎菜類（18種），根菜類（6種），花菜類（3種），果菜類（14種），イモ類（4種），キノコ類（5種）の6群に分類し，それぞれの平均重量（g），通常法平均廃棄量（g），エコ法平均廃棄量（g）を計測し，通常法平均廃棄率（％），エコ法平均廃棄率（％），ならびに両者の差から削減率（％）を算出した。あわせて試料別の旬の時期と産地を表1-1に示した。

　エコ法では，通常法で廃棄の対象となる葉，茎，皮等の部分も使用すること，意識してヘタや根，種を取り除いたことから，削減率が1％未満のもの5種を除くと50種中45種で可食部分が明らかに増加し，廃棄量（率）の削減効果が認められた。

　野菜の分類ごとの傾向を見てみると，表1-1および表1-2に示したとおり，特に削減効果が

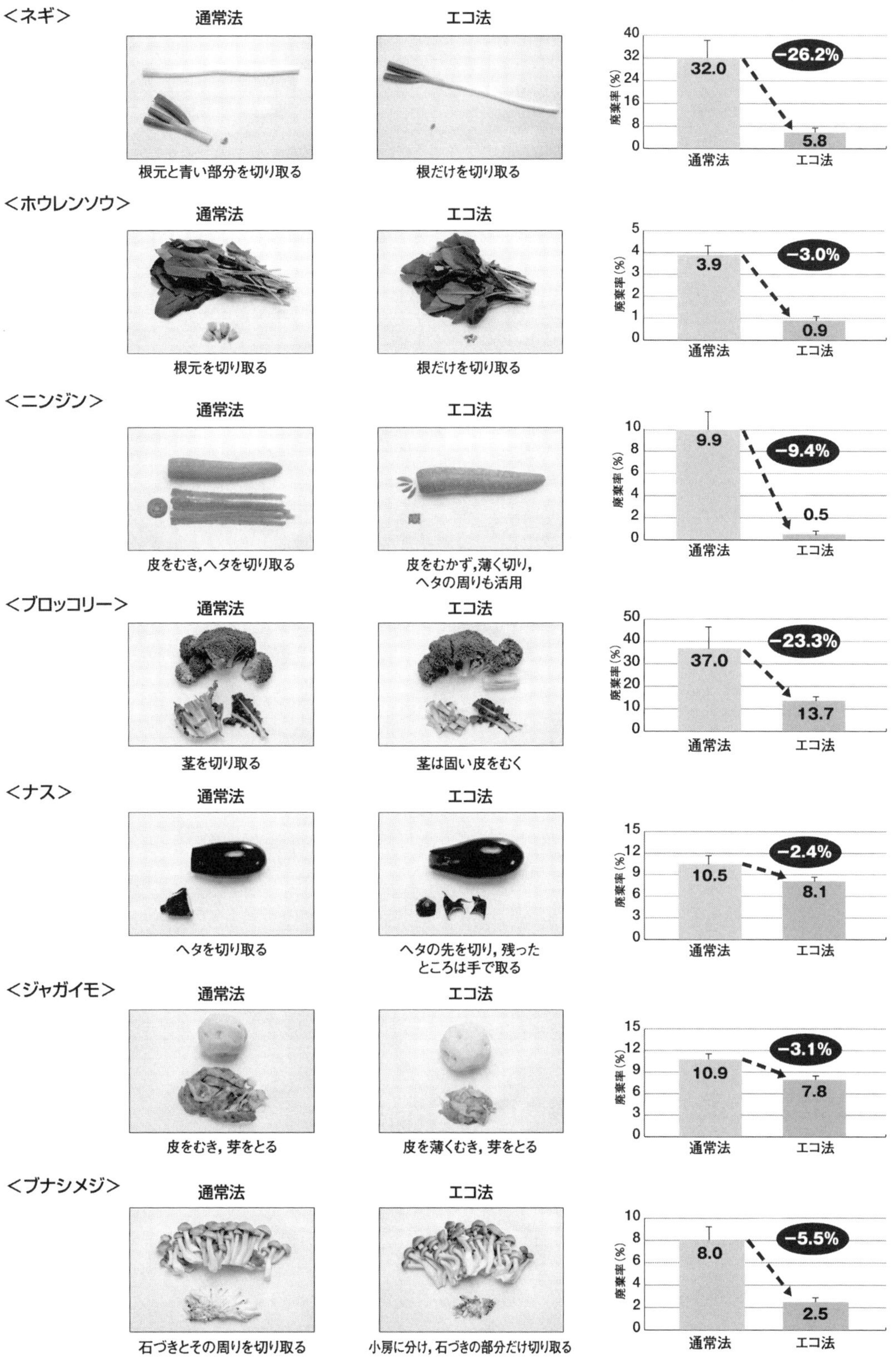

第3章　ごみ廃棄量削減効果　63

図1-3　通常法とエコ法による野菜の切り方事例および廃棄率

表1-2 野菜分類別の平均廃棄率および削減率

野菜	通常法廃棄率（%）	エコ法廃棄率（%）	削減率（%）
葉茎菜類	13.3	3.0	10.3
根菜類	11.6	4.1	7.5
花菜類	39.8	19.2	20.6
果菜類	19.7	16.0	3.7
イモ類	12.4	5.8	6.6
キノコ類	12.0	5.3	6.7
合計	17.2	8.1	9.1
計（合計から果菜類を除く）	16.5	5.8	10.7
計（葉茎菜類・花菜類のみ）	18.9	6.4	12.5

※表中の廃棄率は，分類ごとの傾向を見るために，分類ごとの総重量と通常法総廃棄量およびエコ法総廃棄量から算出したものである．削減率は通常法とエコ法廃棄率との差として算出した．

高かったのは，ブロッコリーやカリフラワー等の花菜類で，茎を使い切る工夫をすることで可食部分が平均20.6%増加した．次に，削減効果が高かったのは，アスパラガス，セロリー，ネギ，フキ等の葉茎菜類で，これらは外葉を可食部分とし，茎も固い部分を切り取りできる限り使うようにすることができ，切り方に工夫の余地があったことから平均10.3%の削減率となった．

続いて，根菜類，イモ類，キノコ類の平均削減率は7.5%，6.6%，6.7%となった．これらは根元やへた，石づき等の必要最小限を切り取る工夫を行ったため，削減率は類似傾向にあった．

平均削減率3.7%と最も低かった果菜類のうち特に低値なのがエダマメ，グリンピース，サヤインゲン，ソラマメ等の豆類であり，さや等の廃棄部分に工夫の余地がほとんどなかったものである．またその他のオクラやカボチャ，トマト等も，皮も含め基本的に全てが可食部分と考えられ，通常法とエコ法の廃棄率の差が小さい野菜類といえる．

以上より今回使用した野菜50種全体で平均9.1%，削減効果が低かった果菜類を除いた野菜36種で平均10.7%の削減率となった．全体を通して廃棄率の削減効果が高かった野菜上位5種は，カブ（葉つき，33.1%），セロリー（32.1%），フキ（27.6%），ネギ（26.2%），ブロッコリー（23.3%）で，これらは切り方や可食部位の活用に工夫の余地がある野菜であると考えられた．

1.3.3 部位ごとの活用法・調理の工夫

上記いずれの野菜も料理によっては可食部分全てを使うことが望ましいわけではない．そこでこれまでの研究およびエコクッキング講座で指導されている実際のレシピから，部位ごとの活用法および調理の工夫について抜粋し，以下にまとめた．

① ネギの青い部分：みじん切り，薄切り，小口切り等にして，チャーハンや味噌汁の具として加熱して使用できる．中華だし等を取るときの香味野菜としても使える．

② ホウレンソウ等の葉物類の根：根元ぎりぎりで切り取り，根元に十字に切り込みを入れよく泥を落とし，根元も葉とともに茹でておひたし等に使用する．

③　キャベツやレタスの葉の固い部分：加熱することでスープ等に使用できる。
④　ニンジン，レンコンの皮：みじん切りにすると，固い皮も気にならずに，ドライカレー等に使用できる。
⑤　ニンジン：すりおろすことでゼリーやクッキー等のデザートや菓子に皮ごと丸ごと使用できる。
⑥　ダイコンやニンジンの皮：厚くむき，せん切りにし，きんぴらや味噌汁の具に使用する。
⑦　ブロッコリーの芯：固い皮をむき，花部とともに茹でて温野菜サラダや炒め物等に使用できる。

　以上のように，みじん切りやすりおろし，もしくは部位ごとに使い分け，固い部分は加熱操作を加えるなどの下処理の工夫をすることで，これまでの研究からも3～4品程度の1食分の調理で30～70％の生ごみ削減効果が得られることを確認している[76, 77, 86, 88, 110]。

1.4　小　　括

　本実験で得られた結果を以下にまとめた[116, 117]。

①　エコ法の切り方では，通常廃棄の対象となる葉，茎，皮等の部分も使用し，意識してヘタや根，種のみを取り除くことで野菜50種中45種で可食部分を増加させることができた。なお，50種の通常法での平均廃棄率17.2％がエコ法により8.1％となり，可食部分が9.1％増加した。特に花菜類では平均20.6％，葉茎菜類で平均10.3％可食部分が増加した。

②　エコ法と通常法を比較して，エコ法による廃棄率の削減効果が高かった野菜として，カブ（葉つき）33.1％，セロリー32.1％，フキ27.6％，ネギ26.2％，ブロッコリー23.3％があげられた。一方，果菜類の平均削減率は3.7％と低く，中でも豆類の廃棄率が特に低く，ほとんど削減効果が認められなかった。これはさや等の廃棄部分に工夫の余地が少ないことが理由と考えられる。このように，野菜の種類や形態によって廃棄率の削減効果が大きく異なることが明らかとなった。

③　エコ法の場合，通常廃棄している皮や茎等も極力使用するが，通常の調理において可食部分全てを使うことが望ましいわけではない。そこで，部位ごとの活用法や調理の工夫により上手に活用することが望ましい。例として，みじん切りやすりおろし，もしくは部位ごとに使い分け，固い部分は加熱操作を加えるなどの工夫が有効であると考えられた。なお，これまでの調査からこういった工夫を用いることで3～4品程度1食分の調理時の生ごみ削減効果として約30～70％の効果が得られることを確認した。

第2節　容器包装類削減効果

2.1　はじめに

　高度経済成長期以降，我々の暮らしは，大量生産，大量消費，大量廃棄によって発展してきた。この経済活動の結果として，廃棄物が増加し，近い将来には埋立ての最終処分場が足りなくなる事態に直面している[118]。そのため，廃棄物の量を抑え，リサイクルする必要が生じている。家庭から出るごみの内訳を環境省による2010年度の容器包装廃棄物の使用・排出実態調査で見ると，家庭から出るごみの内，容積比率で約50％，湿重量比率で約18％を容器包装廃棄物が占めている（図2-1）。

　こういった現状に対応し，国は1995年「容器包装リサイクル法（正式名称：容器包装に係る分別収集及び再商品化の促進等に関する法律）」を制定し，家庭から出る容器包装廃棄物のリサイクルシステムを作り，1997年には一部が施行され，2000年には完全施行に至っている。

　施策が進む一方，我々の暮らしに容器包装は欠かせない存在となっており，例えば1人当たりが1年間に使う容器（2008年）の量はペットボトル189本，アルミ缶144本，スチール缶99本，ガラスびん58本となっている[108]。

　また，買い物の際に自分の買い物袋を持参し，レジ袋を使わない取り組みとして，全国でマイバッグ運動が盛んになっている。近年成果が上がってきているものの2006年の時点では，年間約470億枚のレジ袋を使っており，1人当たりの使用量は約390枚/年（2006年）となっている[108]。これらの容器包装類は主に石油などの資源から作られ，作るためにも，またごみになったレジ袋を処理するためにもエネルギーが使われている。

　こういった現状を鑑み，富山県では，他県に先駆けて2008年4月1日から県下全域で主要スー

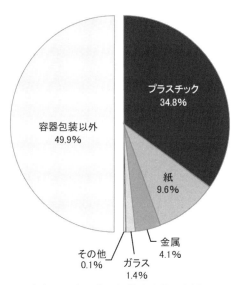

図2-1　家庭ごみ中の容器包装廃棄物の割合（容積比率）

パーマーケットおよびクリーニング店で，レジ袋の無料配布の取り止めを実施しており，94％のマイバッグ持参率（2010年度）を維持している。このように成果が出ている自治体がある一方，全国的に見ると成功事例は少ないのが現状である。また，地域全体で仕組みごと変えなければならないため，導入が進まないという現状がある。

　これまで，買い物時に食材の在庫管理を行うことで家庭ごみの量が半減する[109]ことやエコクッキングの考え方を取り入れることで調理時の生ごみの削減効果[76, 77, 86, 88, 110]が明らかになっている。さらに，家庭ごみ中の容器包装廃棄物の排出実態，食品購入時の容器包装材の実態調査やごみ処理に関する環境負荷の低減効果[119-123]が報告されている。しかし，買い物時に個人がエコクッキングに配慮することでどの程度容器包装類削減効果があるかは明らかになっていない。

　そこで，本調査では，買い物時の容器包装類の削減に焦点を当て，エコクッキングの考え方を取り入れ，意識して環境に配慮した買い物を行うことで，家庭でどの程度容器包装削減効果があるかを調べることとした。

2.2　実験方法

2.2.1　実験内容

　家庭での買い物の実態に合わせるため，これまでの研究[58]に基づき，現代の家庭での調理実態を反映した1日の献立の中から夕食献立（カレーライスを中心にした献立：他章とあわせ以後夕食Bと表記／図2-2参照）をモデル献立とし，東京家政大学栄養学専攻の4年生を対象に，同一人物が意識せずに買い物をした場合とエコクッキングに配慮して買い物を行った場合の食材量，産地や品種，容器包装種別，容器包装重量，買い物時のレジ袋やビニール袋の使用数と使用量を6回調査した。

　次に他の献立および他の調査員が行った場合にも同様の効果があるかどうかを調べるため，同上の調理実態調査で対象とした朝食，昼食，夕食献立（和食）を取り上げ，新渡戸文化短期大学2年生を対象に，献立ごとに5名ずつの被験者が買い物した結果を計量した。買い物は首都圏のチェーン店（スーパー）を対象とし，1回の買い物は1店舗内で行うこととした。

2.2.2　モデル献立および食材

　使用したモデル献立は，第Ⅰ部第1章第1節に準じ，東京ガス都市生活研究所で調査した「調理実態調査内容」（2005年）の一般家庭における上位頻出献立[58]の朝食，昼食，夕食A，夕食Bとした（図2-2）。レシピをもとに食材を洗い出し，買い物リストを作成した。1回に購入する量は4人分とした。調味料はその都度買うものではなく，家庭に常備していると考え，調査対象外とした。夕食Bの買い物リストを図2-3に示した。その他の買い物内容は結果の欄に合わせて記載した。

〔朝食献立〕	〔昼食献立〕

〔夕食A献立〕	〔夕食B献立〕

図2-2　モデル献立と盛り付け写真

≪買い物時の注意点≫

　これより，普段利用しているスーパーにて朝食・昼食・夕食の材料を購入して頂きます。買い物は，いつもどおりエコを意識しない【通常法】とエコを意識した【エコ法】と2パターンで行ってください。
　まず，お配りした表の材料を購入して頂き，容器包装類を含む全体量，中身のみの実測値を計測してください。その際，個数の記入もお願いします。
　次に，容器包装類のみの重量を測定してください。その際，種類別に重量の記入をして下さい。また，食材別に金額の記入もお願いします。

【通常法】
①購入目安量を参考にし，普段の買い物と同じように買い物をして下さい。
②数多く陳列され値段の安いものを重視して下さい。外国産でも構いません。
③目安量を参考にし，必要量は必ず購入して下さい。
④買い物はレジ袋をもらうようにして下さい。
　（レジ袋やビニール袋の重量も測定して下さい。）

【エコ法】
①購入目安量を参考にし，環境に配慮することを意識して買い物をして下さい。
②国産の物を購入するようにして下さい。
③目安量を参考にし，必要量は必ず購入してください。
④容器包装類の少ないものや，ばら売りを意識して下さい。
⑤ばら売りを購入した場合は産地のメモを忘れないようにして下さい。
⑥買い物に行く際はマイバッグを持参して下さい。

図2-4　買い物時の注意点

第3章 ごみ廃棄量削減効果 69

<通常法・エコ法>　　　月　日（　）　店名：＿＿＿＿＿　年代：＿＿代

食品名	自安量	購入量（全体量）(容器袋ごと) 全体量(g)	購入量（正味量）(中身のみ) 個数	実測値(g)	表示値(g)	容器包装の種類									容器包装の数	メーカー	産地商品名	1個ずつの重さ(g)	残量(g)	金額(円)
						ビニール袋	ラップ	フィルム	プラスチック(g)					小計					
									透明トレー	有色トレー	白色トレー	透明パック	ネット	とめ具						
豚角切り肉	200	1パック 200g以上																	
ショウガ	10	1片 1片以上																	
ニンニク	20	1片 1個以上																	
タマネギ	170	中1個 1袋(3-5個)																	
ジャガイモ	170	大1個 小1個 1袋(3-5個)																	
ニンジン	100	1/2本 1袋(2-3本)																	
レタス	100	1/4個 1個																	
キュウリ	50	1/2本 1個(3-5本)																	
ベビーリーフ	30	1袋 1袋(1パック)																	
プチトマト	100	8個 1パック(8個以上)																	
			種類別重量合計																
			種類別個数合計																

レジ袋重量(g)	大	枚
	中	枚
	小	枚
ビニール袋重量(g)		枚
合計(g)		枚

容器重量合計(g)

自給率(％)＝国産食材数／購入食材数

図2-3　買い物リスト（夕食B献立）

70　第Ⅰ部　エコクッキングの環境負荷削減効果

通常法（食材）　　　　　　　　　　エコ法（食材）

通常法（容器包装）　　　　　　　　エコ法（容器包装）

図2-5　容器包装事例（夕食B献立）

2.2.3　買い物時の注意点

被験者にはあらかじめ実験説明書および買い物リスト（図2-3）を渡し，実験の概要および下記に示した注意点を説明するとともに図2-4に示した内容を印刷して渡した。通常法では，レシピ分量に合わせ，家庭で一般的に購入していると考えられるものを選ぶこととし，その基準として売り場内にて一番多く陳列されているものを購入するよう伝えた。エコ法では，レシピ分量に最低限必要な分量とし，ばら売りや容器包装が少ないものを選ぶように指示した。

2.3　結果および考察

2.3.1　実験献立夕食B（カレーライス）の結果

本献立で使用した夕食Bの食材別容器包装の一例を図2-5に，容器包装の種類の平均値を表2-1に，食材別容器包装類重量比較を図2-6に，容器包装類削減効果を図2-7に示した。

通常法では，ビニール袋が圧倒的に多く，次いで透明パックとなっていたが，エコ法ではビニール袋は削減され，重量的には透明パックの重量の方が多くなっていた。意識をして減らすことができる包装材と選択肢のないものとで差が出た結果となった。食材ごとに見てみると，容器重量削減効果があった食材は，ショウガ，タマネギ，ジャガイモ，ニンジン，キュウリ，プチトマトであった。ショウガは必要量に近い使い切りパックを購入したことが効果があった。タマネギ，ジャガイモ，ニンジン，キュウリでは容器包装類がないバラ売りを購入したことが効果があった。プチトマトは通常法では透明パックであったが，エコ法では一部ビニール袋に変えたことにより重量に大きく差が出た。

表2-1 容器包装類の種類（夕食B献立）

通常法 （n = 6）											
食材	容器包装の種類（g）									小計(g)	小計(個)
	ビニール袋	ラップ	フィルム	透明トレー	有色トレー	白色トレー	透明パック	ネット	とめ具		
豚角切り肉		2.1			1.2	2.2				5.5	2.0
ショウガ	0.8	0.4		0.4	1.0			0.3		2.9	1.5
ニンニク	0.1							1.1	0.1	1.3	1.3
タマネギ	1.7							0.4		2.1	1.2
ジャガイモ	1.7							0.1		1.8	1.3
ニンジン	1.7							0.1		1.8	1.3
レタス	2.0		1.0							3.0	1.0
キュウリ	1.1	0.2								1.3	0.8
ベビーリーフ	2.1						3.0			5.1	1.3
プチトマト				1.5			6.4			7.9	1.0
レジ袋	11.2									11.2	1.0
小計（g）	22.4	2.7	1.0	1.9	2.2	2.2	9.4	1.8	0.3	43.9	13.7

エコ法 （n = 6）											
食材	容器包装の種類（g）									小計(g)	小計(個)
	ビニール袋	ラップ	フィルム	透明トレー	有色トレー	白色トレー	透明パック	ネット	とめ具		
豚角切り肉		2.0		0.6	0.6	2.2				5.4	2.0
ショウガ	0.9	0.2		0.4						1.5	1.2
ニンニク	0.2							1.3	0.1	1.6	1.7
タマネギ										0.0	0.0
ジャガイモ	0.3									0.3	0.2
ニンジン	0.7									0.7	0.8
レタス	1.3		1.5							2.8	1.0
キュウリ										0.0	0.0
ベビーリーフ	1.7						3.9			5.6	1.2
プチトマト	0.9						3.9			4.8	1.0
レジ袋										0.0	0.0
小計（g）	6.0	2.2	1.5	1.0	0.6	2.2	7.8	1.3	0.1	22.7	9.1

　一方，効果が出なかったものとして，豚角切り肉は，重量が決まっていたため容器に差異はなかった。トレー類を包んでいるラップの量が同じ商材でもその時々で変化していることから，スーパーでの人為的処理の違いによる差異が大きいと推察された。ニンニクは国産にこだわったため個別包装となり，逆に重量が増えてしまっていた。また，レタスも必要量のみを購入しようとすると少量パックのため，包装材が多くなるケースが見られた。また，ベビーリーフは仕入れ

72　第Ⅰ部　エコクッキングの環境負荷削減効果

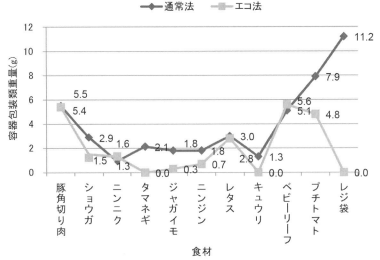

図2-6　食品別容器包装類重量比較（夕食B献立）

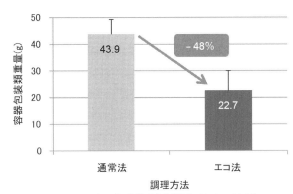

図2-7　容器包装類削減効果（夕食B献立）

の都合により同じスーパーであってもエコ法の実験を行った日は透明パックしか売られていなかったため選択の余地がなく，通常法よりも重くなってしまっていた。マイバッグの持参はいずれの場合も重量削減に大きな効果があることが分かった。

このように，指標として容器包装の削減を優先するのか，地産地消を優先するのか，購入量を優先するのかで，差異が出ることが明らかとなった。

しかし，前述の実験条件で提示したとおり，容器包装の少ないものを買うという意識を持ちつつも，地産地消あるいは国産の物を購入し，必要量以上を購入しないように心がけ，マイバッグを持参することで，約48%の容器包装重量の削減につながっている。

2.3.2　実験献立朝食，昼食，夕食A（和食）献立の結果
（1）朝食献立

表2-2に示したとおり，朝食献立は食材数が少なく，食パン，ベーコン，卵，バナナ，ヨーグルトのいずれの食材も容器包装に関しては選択の余地がないことから大きな差にはつながらな

表2-2 容器包装類の平均重量および削減率

種別	食材	通常法（g）	エコ法（g）	削減率（％）
朝食	食パン	5.3	5.3	0
	ベーコン	9.3	7.2	23
	卵	15.5	10.1	35
	バナナ	2.9	2.8	3
	ヨーグルト	25.6	25.6	0
	レジ袋	8.6	0.0	100
	小計	67.2	51.0	24
昼食	卵	16.0	9.1	43
	チャーシュー	8.2	6.8	17
	シイタケ	5.7	4.7	18
	長ネギ	1.6	0.2	88
	ショウガ	1.9	0.7	63
	グレープフルーツ	3.7	0.0	100
	レジ袋	6.9	0.0	100
	小計	44.0	21.5	51
夕食A（和食）	ダイコン	1.0	2.0	－100
	油揚げ	2.3	2.5	－9
	長ネギ	1.8	0.6	67
	ショウガ	4.7	1.4	70
	ニンニク	1.8	1.2	33
	シシトウガラシ	3.9	3.3	15
	タケノコ（茹で）	9.3	7.8	16
	ニンジン	1.8	1.1	39
	ゴボウ	3.1	1.7	45
	シイタケ	6.4	5.9	8
	絹サヤ	3.9	3.9	0
	ホウレンソウ	2.6	2.4	8
	レジ袋	10.3	0.0	100
	小計	52.9	33.8	36
夕食B（カレーライス）	豚角切り肉	5.5	5.4	2
	ショウガ	2.9	1.5	48
	ニンニク	1.3	1.6	－22
	タマネギ	2.1	0.0	100
	ジャガイモ	1.8	0.3	83
	ニンジン	1.8	0.7	61
	レタス	3.0	2.8	7
	キュウリ	1.3	0.0	100
	ベビーリーフ	5.1	5.6	－10
	プチトマト	7.9	4.8	39
	レジ袋	11.2	0.0	100
	小計	43.9	22.7	48
4人家族1日分平均	朝食＋昼食＋夕食Aの合計	164.1	106.3	35
	朝食＋昼食＋夕食Bの合計	155.1	95.2	39
	朝食＋昼食＋夕食A, B平均の合計	159.6	100.7	37

表中の削減率（％）の項において無印は減少率，－は増加率を示す。

かった。卵は必要量を購入するという前提のため，10個入りではなく6個入りを買っていた。しかし実際には卵は他の料理に使うこともできるため，このような買い方をすることが必ずしも望ましいとは限らない。ベーコン，バナナは，夕食B献立同様，容器や量，産地のいずれを優先するかでエコ法の方が容器包装重量が多い場合もある。被験者にかかわらずレジ袋の削減効果が最も大きい。以上の実験結果より約24％の削減効果となった。

（2）昼食献立

表2-2に示したとおり，昼食献立も食材数が少なく，卵，チャーシュー，シイタケ，長ネギ，ショウガ，グレープフルーツの6種類であったが，卵に関しては朝食同様に数量を重視したため，容器包装重量が削減されている結果となった。チャーシューはいずれのメーカーのものを選ぶかで大きく異なった。好みの問題もあるので一概にいえないが，容器包装という観点からだけ選ぶとすると削減の余地はあると考えられる。シイタケ，長ネギ，ショウガ，グレープフルーツは必要量のみを購入し，包装材のないものを選ぶことで効果があった。ただし，シイタケ，ショウガは，先程のニンニク同様に少量を個別包装にすると逆に容器包装重量が重くなるケースもあった。レジ袋の削減効果は大であった。以上の実験結果より約51％の削減効果につながった。

（3）夕食A（和食）献立

表2-2に示したとおり，夕食A献立は和食献立であり，食材数もかなり多い。肉や魚のトレーの削減効果は夕食B献立および予備実験より通常法，エコ法で変化が見られなかったことから今回の買い物リストから省いた。これもこれまで同様，野菜類は必要量に応じて容器包装のないばら売りを選ぶことや，できる限り容器包装の少ないものを心がけることで，削減効果が得られた。朝食，昼食献立と比べ食材数が多く，選択肢が多くなったこともあり，各人が何を優先したかで容器包装重量のばらつきが大きくなり，削減効果も16～52％と幅が大きく，平均約33％の削減効果となった。

2.3.3 実験献立1日分の買い物

4人家族1日分の食材の買い物を想定し，これまでの結果を表2-2にまとめた。

結果として，4人家族1日分の買い物をしたと想定した場合，朝食＋昼食＋夕食A（和食）の組み合わせで約35％の削減効果，朝食＋昼食＋夕食B（カレーライス）の組み合わせで約39％の削減効果，朝食＋昼食＋夕食AとBの平均の組み合わせで約37％の削減効果となった。

2.4 小　　括

以上の結果から，買い物時にエコクッキングの考え方を取り入れ，意識して環境に配慮した買い物を行うことで，4人家族の1日3食分の買い物で約37％の容器包装の削減につながることが明らかとなった[124]。ただし，買い物時には，おいしさや食の安全といった観点，旬の食材や地産地消の食材，栽培時や製造時の環境の負荷が少ない食材を選択することも重要な観点であることから，総合的な判断力が問われる。

今回の結果から，これまで意識せずに行ってきた買い物に容器包装削減の意識を持つことで削減の余地があることが明らかとなったのは朗報である。消費者自らが主体的に環境に配慮した商

品やサービスを選択し購入するグリーンコンシューマー[108]的行動をとることで，流通および製造業者への意思表示につながり，社会全体の改善へつながるきっかけとなるであろう。

今回の研究をとおして，買い物時に容器包装類を削減するためには下記3点が重要だと考える。①必要なものを必要な分だけ，②マイバッグの持参，③3R＋1R の実践（Reduce：減らす，Reuse：再利用，Recycle：再資源化，Rufuse：断る）。

最近ではリサイクルした素材を使用した商材も流通しており，こういった商品を心がけて購入することも取り組みを推進するためには必要である。ただし，リサイクルするには手間だけでなく費用やエネルギーを使用することから，リサイクルにかかる費用や環境負荷を最小化し，ごみをできる限り減らす社会的仕組みの構築が望まれる。

第Ⅱ部 エコクッキングの教育効果

第1章 大学生に対しての教育効果

第1節 家庭科教職課程履修生に対しての教育効果

1.1 はじめに

　地球環境問題への関心が高まる中で地球温暖化への取り組みが様々な分野で進められており，その1つとしてエコクッキングが注目されるようになった。エコクッキングは，「調理」に関するエネルギーだけでなく，「買い物」から「片付け」を通して広い視野で環境に配慮した食生活をおくることであり，先述のとおり国の施策に盛り込まれていることからも多くの教育現場で導入されるようになり，中学校や高等学校の教科書の中でも，調理と食生活の項の環境と，食生活の項ならびにホームプロジェクトや家庭クラブ活動の実践例として取り上げられている[125-133]。

　エコクッキングの環境負荷低減効果を明らかにするにあたり，最終的にこの考え方が各家庭で簡単に取り入れられるエコ活動となることで環境負荷の低減を図ることが重要であるとの認識から，まずエコクッキングの考え方を食教育の中で取り入れることでどの程度の環境負荷削減効果があるのかを明らかにした。

　幼児からの食教育が人生観や生き方にも関わる大切なものである[134]ことは周知のことであるが，エコクッキングに関する食教育が個人の意識下でどの程度，定着・実践されるかを調べるため，3年間にわたり，大学栄養学科家庭科教職課程履修生を対象に，「買い物」，「調理」，「片付け」に至るまでの食事作りに関するすべての場面でエコロジー的な考え方に基づいた食生活の実践方法を教育現場で教え，その教育がもたらす結果とその後の食生活における定着度を定量的に解析した。

1.2 調査方法

1.2.1 調査対象者，期間および実験場所

（1）調査対象者

　東京家政大学栄養学科3年生家庭科教職課程必修科目「食教育の研究」履修生，2004年度49名，2005年度48名，2006年度55名とした。実習には1班6名を基本とした。

（2）調査期間および実験場所

2004年度（2004年4月～2005年3月），2005年度（2005年4月～2006年3月），2006年度（2006年4月～2007年3月）の3カ年とし，各年度内に3回，同じ献立実習およびアンケート調査を行った。実験は，本学調理科学学生実験室にて実施した。

1.2.2 実習献立

各年度に実施した実習献立を図1-1，1-2に示した。献立内容は，中学・高等学校の検定済み教科書7社[125-133]を参考に和・洋の一般的な代表料理の中からエコロジー的な配慮や工夫が取り入れやすいメニューや食材を選定した。これらの献立は，家庭科教職課程履修生が将来教職に就いたときに中学，高等学校の生徒たちへの指導に反映できることを意図した。2004年度および2005年度は同じ和風献立のいわゆる惣菜料理の煮物と，味噌汁，ご飯であり，2006年度は洋風献立のドライカレー，野菜スープとした。なお，調理時の食材量は各6人分とした。

		作り方
ご飯		
米	400	①ご飯はコンロの自動炊飯機能を使って炊く。
水	600	
大根の味噌汁		作り方
ダイコンとダイコンの葉	250	①ダイコンはせん切りに，葉は細かく刻む。
水	800	②鍋に水を入れ，煮干しからだしを取る。
煮干し	20	③沸騰直前に煮干しを取り出し，ダイコンを入れる。
味噌	60	④ダイコンがやわらかくなったら，味噌を溶き入れ，ダイコンの葉を加えて火を止める。
大根と豚肉の味噌煮		作り方
ダイコン(イチョウ切り)	300	①鍋に湯を沸かし，インゲンを茹でて取り出す。ダイコンとニンジンを入れ，ある程度火が通ったら，タケノコとこんにゃくを加える。もう一度沸騰したら取り出し，最後にゴボウを茹でる。
ニンジン(半月切り)	100	
タケノコ(半月切り)	100	
こんにゃく(一口大に切る)	200	
ゴボウ(斜め薄切り)	100	②豚肉は1cm厚さに切り，ニンニクは薄切りにする。
インゲン(4cm長さ)	50	
豚バラ肉(ブロック)	300	③鍋にサラダ油を熱し，ニンニクと豚肉を入れて強火で炒め，豚肉の色が変わったら酒を入れて汁気がなくなるまで炒める。
ニンニク	10	
サラダ油	6	
酒	100	④③を鍋に入れ，水とチキンブイヨンを入れて煮立て，半量の味噌と黒砂糖を加えて弱めの中火で30分煮込む。
水	600	
チキンブイヨン(固形1個)	5.3	
赤味噌	70	⑤豚肉がやわらかくなったら，インゲン以外の①を加え，残りの味噌，黒砂糖，Aを入れて弱火で煮る。器に盛り，インゲンを散らす。
黒砂糖	15	
A：酒	15	
塩	4	

※分量は6人分とし，全てg表記

2005年度は同じ献立で作り方の指示を最低限として実施した。

図1-1　2004年度・2005年度実施メニュー（和風献立）

ドライカレー		作り方
米	480	①ご飯はコンロの自動炊飯機能で炊く。
水	720	②鍋にサラダ油を熱し，ショウガ，ニンニク，豚ひき肉を炒める。
タマネギ，ニンジン，セロリ，ピーマン 計	500	③みじん切りにした野菜を炒め，カレー粉をふり入れ，さっと炒める。
ニンニク	10	④②にAを加えて煮詰め，塩，コショウで味をととのえる。
ショウガ	10	⑤皿にご飯とドライカレーを盛る。
豚ひき肉	300	
サラダ油	24	
カレー粉	12	
塩	1	
コショウ	0.1	
トマトジュース	190	
水	200	
A：ブイヨン（固形1個）	5.3	
砂糖	9	
ウスターソース	36	
トマトケチャップ	15	

イタリアン卵スープ		作り方
セロリ	50	①トマトは角切りに，その他の野菜はせん切りにする。
トマト	180	②鍋にAと①の野菜を入れ，火にかける。
タマネギ	100	③野菜がやわらかくなったら，塩，コショウで味をつける。
A：水	800	④沸騰させて，卵と粉チーズを合わせたものを回し入れる。
ブイヨン（固形1個）	5.3	
卵（2個）	120	
粉チーズ	30	
塩	1.5	
コショウ	0.1	

※分量は6人分とし，全てg表記

図1-2　2006年度実施メニュー（洋風献立）

1.2.3　調理器具および測定機器

使用する調理器具および食器類は本学調理科学学生実験室に設置および用意されているものを自由に使用することとした。

測定機器として，ガスビルトインコンロ2台：㈱ハーマン製 C3W89RDTLTG，ならびに積算流量計（ガス・水・湯）2台：愛知時計電機㈱製 SP561，SP562を使用した。

1.2.4　実験・調査方法

調査対象者を6名ずつのグループ，8〜9班に分け，調理実習を行った。実習中の「調理」から「片付け」に至るまでの一連の行動を通して，環境に配慮した実践活動の様子と，食生活におけるエコロジー的意識の定着度を調べる方法として，次に示すステージ1からステージ4の内容を経時的に実施した。

（1）ステージ1（1回目の調理実習およびアンケート調査）

班ごとに規定の献立を各自が日常行っている方法で実習し，食材ならびに調理器具の扱い方や

80 第Ⅱ部 エコクッキングの教育効果

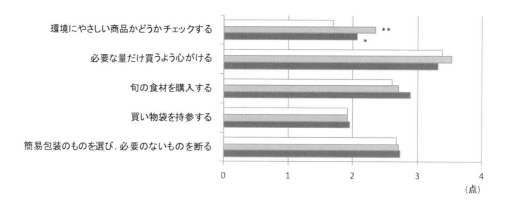

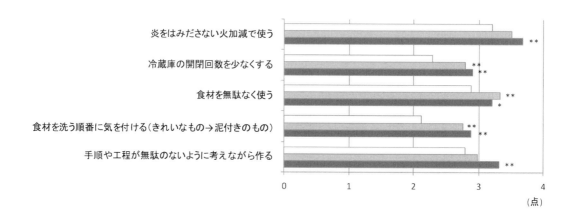

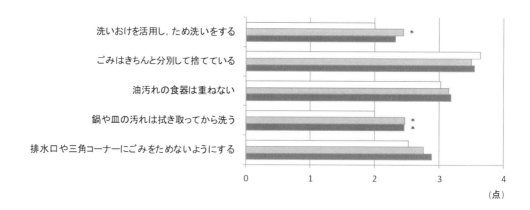

常に実践している4点,時々実践している3点,たまに実践している2点,実践していない1点,として集計し履修生の平均値を示した。

| 1回目(講義前) 2回目(講義後2〜3ヵ月) 3回目(講義後6〜12ヵ月)

1回目との間に $^*: p<0.05$, $^{**}: p<0.01$ の危険率で有意差あり。

図1-3　日常生活における実践度(2004年度)

加熱時間等については自主調理してもらった。実習→試食→片付けの終了後に，使用したガス使用量ならびに水使用量，湯使用量（調理台下に設置した計測器メーターの数字を読み取る），および生ごみ量（実習前に紙で作成したごみ箱を利用）を測定，記録した。同時に，普段の生活でどの程度環境に配慮しているかを知るために，各個人ごとのアンケート調査を行った。アンケート質問項目は，全期間共通の内容とし，「買い物」「調理」「片付け」のそれぞれの場面で留意すべき事柄について各々5項目ずつをあらかじめ設定し，それぞれの実践度を4段階評価で記入してもらった。アンケート内容の詳細は結果の項および図1-3に記述した。

（2）ステージ2（講義）

対象者全員に，エコクッキングの考え方と食生活を取り巻く環境問題についての授業（90分）を実施した。内容としては，環境問題の発生から現状，ならびに地球温暖化の仕組みとその取り組みを概説し，エコクッキングの目的と「買い物」，「調理」，「片付け」の場面でのエコポイントを，映像資料を用いて具体的に解説した。

例えば「買い物」に関しては，食材が生産され食卓に上るまでの流れと費やされるエネルギー量について，レジ袋や食材の容器包装について，食材の選び方すなわち旬や地産地消の食材についての話をした。「調理」に関しては，家庭ごみの種類別内訳と野菜の有効利用法，エネルギーを無駄にしないガス機器や電化製品の上手な使い方，同時調理法や火加減調節等の工夫を話した。「片付け」に関しては，使用水量を抑え，家庭排水からの水質汚濁を軽減する方法として，洗いおけを活用し汚れを拭き取ってから洗うこと，洗剤液を作って洗剤を使いすぎない工夫，チラシで作った生ごみ入れの活用による生ごみの削減方法等を紹介した。

講義終了後，ステージ1のガス・水使用量ならびに生ごみ量データを参考に，省エネにつながる調理の工夫と努力目標を班ごとでディスカッションし，その結果をレポートにまとめ提出させた。

（3）ステージ3（2回目の調理実習およびアンケート調査）

2～3カ月経過後に上記と同様の献立を実習した。第1回目実習時と同様に，ガス・水使用量および生ごみ量の測定と全員へのアンケート調査を行った。

（4）ステージ4（3回目の調理実習およびアンケート調査）

授業終了後も時間経過におけるエコロジー意識の定着度を確認するために，6～12カ月経過後に班全員に上記と同様の献立実習（3回目実習）およびアンケートを実施した。

最後にステージごとのガス・水使用量および生ごみ量について比較検討した。

1.3 結果および考察

各年度別に得られた結果を以下の3項目に分けて考察した。

1.3.1 エコクッキングに対する意識の変化と調理実習時におけるエコロジー効果

（1）アンケートの中で示された留意点

2004年度実施のアンケート調査の結果において，「買い物」，「調理」，「片付け」の場面における各留意点について，①エコロジー的考えで毎回実践している→4点，②時々実践している→3

点，③たまに実践している→2点，④実践していない→1点と点数化して集計し，履修生の平均値を図1-3に示した。この結果より，「買い物」，「調理」，「片付け」の場面ごとに実践度の高い項目順に記述すると下記のとおりとなった。

買い物：①必要な量だけ買うように心がける，②旬の食材を購入する，③簡易包装のものを選び，必要のないものを断る，④買い物袋を持参する，⑤環境にやさしい商品かどうかチェックする。

調理：①炎をはみ出さない火加減で使う，②手順や工程が無駄のないように考えながら作る，③食材を無駄なく使う，④冷蔵庫の開閉回数を少なくする，⑤食材を洗う順番に気を付ける（きれいなもの→泥付きのもの）。

片付け：①ごみはきちんと分別して捨てている，②油汚れの食器は重ねない，③排水口や三角コーナーにごみをためないようにする，④鍋や皿の汚れは拭き取ってから洗う，⑤洗いおけを活用し，ため水洗いする。

なお，図1-3では2004年度の結果のみを表示しているが，アンケート調査に見られる結果は，2005年度および2006年度と対象学生が異なっても同様の傾向が見られた。

また，1回目から2，3回目での特に改善効果が目立つ項目として，「買い物」では，環境に優しい商品かどうかチェックする，「調理」では，炎をはみ出さない火加減で使う，冷蔵庫の開閉を少なくする，食材を無駄なく使う，手順や工程が無駄のないように考えながら作る，食材を洗う順番に気を付ける（きれいなもの→泥付きのもの），「片付け」では，洗いおけを活用しため洗いをする，鍋や皿の汚れは拭き取ってから洗う等があげられる。これらは日常生活において誰もが容易に実践可能な項目である。

（2）エコクッキングについての講義を受ける前後のガス・水・生ごみ量の比較

2004年度（和風献立）の結果を図1-4（ガス使用量），図1-5（水使用量），および図1-6（生ごみ量）に示した。1回目の実習（ステージ1）と2回目の実習（ステージ3）のガス使用量を比較すると，平均で－41.9％，また，1回目の実習（ステージ1）から3回目の実習（ステージ4）においてもガス使用量は平均で－45.0％，同様に水使用量は－80.3～－77.7％，生ごみ量は－63.9～－58.9％と大きな削減効果が認められた。2回目の実習結果と3回目の実習結果に同等の削減効果が認められたことより，教育によるエコロジー意識の持続，向上効果が確認できた。

また，2005年度（和風献立），2006年度（洋風献立）の結果を見ると，程度の差はあるものの，ガス・水使用量，生ごみ量それぞれにおいて1回目実習に比べて著しい削減効果が認められた。

（3）学生の討論・レポートの中であげられた努力目標

特にガス使用時や水使用時での努力目標が多く見られた。主なものを表1-1に示した。レポート内であげられた項目，特に加熱調理の省エネ効果については，これまでの研究[58, 71]および香西らの研究[135]からもその効果が明らかになっており，大学での調理実習の際に指導している事柄でもある。生ごみ量や食器，食材を洗う時の水の使用量の削減については，調理の熟練度や実習回数により差が出やすい部分であるが，今回の結果からも講義の前後で大きな差が見られた。

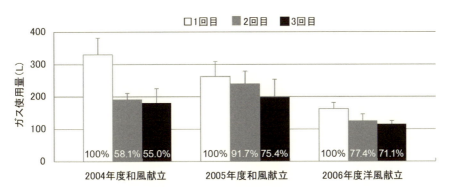

図中の数字は各年度の1回目を100%としたときの割合(%)を示す。

図1-4　ガス使用量の年度別・実習回数別の比較

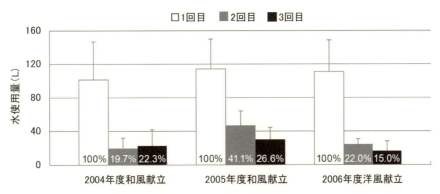

図中の数字は各年度の1回目を100%としたときの割合(%)を示す。

図1-5　水使用量の年度別・実習回数別の比較

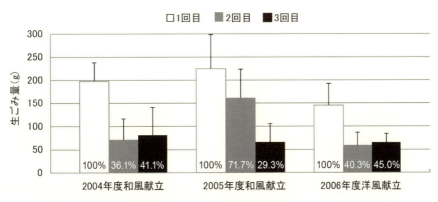

図中の数字は各年度の1回目を100%としたときの割合(%)を示す。

図1-6　生ごみ量の年度別・実習回数別の比較

1.3.2　献立の指示の方法による影響

　先述したように，2004年度と2005年度は同じ献立の調理実習を実施している。2004年度では，切り方や加熱の方法までの作り方の指示を，一般的な調理方法をもとに詳細に記述していたのに

表1-1　エコクッキングのポイント

ガス	・鍋から炎をはみ出さないようにする ・沸騰したら火は弱くする等，調理にあった火加減にする ・味噌汁は温めなおさないように，他の料理の出来上がりにあわせて作る ・野菜はまとめて下茹でする等調理の手順を考え，湯を無駄に使わない ・野菜を切る大きさをそろえ，味の浸透，火の通りをよくする ・煮物の水分量を減らす ・余熱も活用する ・蓋や落し蓋を利用し，エネルギーを無駄にしない ・鍋底の水滴を拭いてからコンロにかける
水	・水の出しすぎや，出しっぱなしに注意する ・野菜は洗いおけかボウルに入れ，ため洗いをする ・野菜を洗う順番を考え，きれいなものから洗う ・野菜を茹でた湯等は無駄にせず鍋や食器の下洗いに使う ・米は無駄に研がず，米の研ぎ汁は洗い物に利用する ・まな板を肉用，野菜用と分け，洗い物を減らす ・まな板は野菜を切ってから肉を切るようにして，洗う回数を減らす ・洗い物はつけ置き洗いをし，汚れを落としやすくする ・油の付いた食器は重ねないで，汚れを拭き取ってから最後に洗う ・必要以上に洗剤を使わない
生ごみ	・野菜はたわしでこすり洗いし，汚れがあるところだけ皮をむく ・野菜は皮付きのまま使う ・野菜の皮は，できるだけ薄くむく ・煮干しをミキサーにかけて粉砕してだしを取り，そのまま食べる ・生ごみの水分を切るために紙（チラシなど）で作ったごみ入れを使う ・生ごみを捨てるときは水気をよく切ってから捨てる ・食べ残しをしないようにする
調理台	・必要な器具だけ調理台においておき，作業しやすいようにする ・同時に入れる調味料は同じ皿に取ることで調理台のスペースを広くする

対し，2005年度は，各自が普段行っている方法で作るよう簡単な指示にとどめた。

その結果，図1-4のガス使用量を比較すると同じ献立で詳細に作り方の指示をした場合の2004年度ではガスの平均使用量は330L，簡単な指示にとどめた2005年度は262Lと大きな差が見られた。水の使用量（図1-5）では101Lから114Lと大差はなかった。簡単な指示にとどめた2005年度の方がガスの平均使用量が少なかったのは，煮物調理における炒め処理や茹で方の順番，煮込み時間などの詳細な作り方の指示の有無がその違いに出ていると思われる。

というのも対象の学生は，栄養学科にて基礎調理技術を習得し，同時加熱や火加減の調節等の基本的な調理法が身に付いているため，1回目から自然とエコクッキング的要領で実践されていたと考えられる。

講義を受ける前である1回目実習時使用量を基準の100として，2004年度と2005年度のガス・水使用量および生ごみ量の比較を図1-4～6の図中に数字で示した。2回目は講義を受けてから2～3カ月後，3回目は6～12カ月後の実習であるが，対象学生が異なるという因子を考慮しても，やはり授業で受けた教育効果は，指示の仕方にかかわらず大であることが認められた。そ

れは授業から6カ月以上経過しても持続していることが以上の結果から示唆されている。

1.3.3 献立の違いによる影響

2006年度の授業においては，前年度までの和風献立とは異なる洋風献立内容で実施して，献立の違いによる影響と教育持続効果を確認した（図1-4～6）。

2006年度は，学生たちが好むドライカレーを取り上げており，この献立は台所の残り物の食材を合理的に無駄なく使用できる工夫が随所に見られる点に特徴がある。エコクッキングについての授業を受ける前後の比較（1回目と2回目）と6カ月以上経過しての比較（1回目と3回目）でも，さらに献立が和風から洋風に異なっても，やはり前年度までの和風献立と同様に大きな削減効果が見られた。また，生ごみの減量と水使用量の削減効果は特に著しいものがある。この結果は，献立の指示の違い（2004年度と2005年度）でも実証されたが，生ごみと水のエコロジー効果は意識することで顕著な効果が見られることから，広く一般に周知すべき事柄であると強く感じた。

また，3年間とも献立実習の1回目の結果を踏まえて，エコロジー的な視点での調理法を検討しレポートとして提出させたことからも，2回目以降の実習は指示の違いや献立の違いよりも，エコロジーを意識するかどうかの違いによる削減効果が大であることを示唆するものである。3回目実習は，授業終了後に自主的に参加してもらった結果であるが，6～12カ月経過後もその意識が持続していることが確認できた。

本調査は先述したように，「食教育の研究」という中学，高等学校の家庭科教職希望者の演習科目の中で実験的に試みたものである。また，対象者が日頃より食の関心が深い栄養学科在籍者であることより，エコクッキングの定着度および意識が一般学生より高いのは当然といえるが，知識として理解していたことを実際に体得できた効果は大であったようで，受講後に提出されたレポートにもそのような感想が多く見られた。

以上の3年間の実験結果を通して，教育の現場にいる教師や調理指導に携わる者がエコロジー的配慮を繰り返し指導し，実践させることの教育効果の有用性，また，各個人が各家庭においてエコクッキングを実践することでのエコロジー効果が確認できた。

この結果は，日常生活の中で，1人ひとりがエネルギー資源や食材を大切に考え，環境に配慮した意識を持ち，各自のできる範囲の小さな事を実践することで，全体として大きな力になることを実感させるものである。

1.4 小　　括

本調査から得られた結果を以下に要約した。

① 日常生活における買い物，調理，片付けのそれぞれの場面での環境への配慮点の実践度は環境問題についての講義を受けた後の方が高くなる傾向が見られ，特に容易に実践できる項目で有意差が見られた。

② 献立の指示の方法が異なる2004年度と2005年度は，水使用量，生ごみ量はいずれも2回目，3回目で大きな削減効果が見られ，教育効果が大であった。

③ 献立の異なる2006年度も前年度までの結果と同様に,ガス,水使用量,生ごみ量に削減効果が見られた。
④ 献立の指示方法の違いや献立の違いに関わらず,環境についての講義を受けエコロジーを意識することの削減効果が大であり,教育効果につながることが示唆された。

　日常生活において使うエネルギーの大半は,石油,石炭,天然ガスといった化石燃料を燃焼することによって得られているが,これら化石燃料は有限である。また,化石燃料を大量燃焼することで排出されるCO_2は,地球温暖化の大きな要因となっている[4,136,137]。このことを踏まえ,学校教育の現場や家庭での折々の機会に,生活者としての環境に配慮した身近な実践,体験活動があらゆる機会をとらえてなされるべきである。そこで1つの実験的試みとして,本学栄養学科学生を対象に3年間エコクッキングの授業を行い,その意識の定着度を見た。対象学生の違い,献立の指示の仕方の違い,および和洋献立の違い等の因子にかかわらず,ガス・水使用量,廃棄される生ごみ量に大きな削減効果が見られた。教育の前後で水使用量と生ごみ量は特に大きく減少し,エコクッキング教育の大切さが実証された[76,138]。

　このような活動が数多く継続して行われる必要があることを,以上の実験的試みを通してさらに強く感じた。

第2節　教育効果の詳細項目分析

2.1　はじめに

　地球環境問題が深刻化する中，教育の分野においても，食材，水およびエネルギー資源の有効活用，ごみの削減化だけでなく，地球温暖化防止の観点から，環境に配慮した食生活としてエコクッキングの考え方が重要となってきている。先述したとおり，2004年に施行された環境教育推進法[23]，2005年に成立した食育基本法[24]および2006年改正の教育基本法[25]においても，"持続可能な社会における食と環境の関係の学習の充実"が示唆されている。

　第1節で，東京家政大学家庭科教職課程履修生に対し，代表的な和風献立および洋風献立の2種類を取り上げ，3年間を通してエコクッキング教育効果の測定を実施した結果のとおり，エコクッキングの教育を実施することで，ガス・水使用量および生ごみ量の約40～80％の削減効果，およびアンケートによる意識調査からエコクッキング意識の向上を確認している[76]。

　地球温暖化防止の観点から，この結果をCO_2排出量削減効果に換算したところ，図2-1のとおり，1回の調理で約50％のCO_2排出量削減効果があることが明らかとなった。第Ⅱ部第1章第1節の調査より，教育による効果として，水使用量および生ごみ量の削減が効果大であったが，CO_2排出量という観点から考えた場合，直接的にエネルギーを使用するガス使用量の削減が効果大であることが確認できる。

　このことからも，地球環境問題の改善を考えるときに1つの分野だけに注目するのではなく，

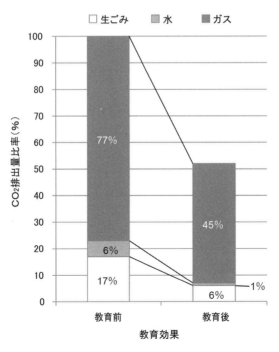

図2-1　エコクッキングによる1食分のCO_2排出量削減効果

全体としての削減を心がけることが大切だといえよう。

そこで，本研究ではこれらをさらに発展させ，調査項目を細分化しエコクッキングの教育効果の詳細分析を目的とした。分析を容易にするため1食分献立ではなく和・洋・中の単品料理とし，調査項目としては，第1章で取り上げたガス使用量，水使用量，生ごみ量，アンケートによる意識調査に，野菜の廃棄率，使用器具数，CO_2排出量，ならびにガスおよび水使用に伴う費用（使用金額）を追加した8項目を調査対象に選定した。

2.2 調査方法

調査対象者，調査期間，実習料理，調査方法は下記のとおりとし，調査終了後に上記8項目の視点から分析した。

2.2.1 調査対象者

東京家政大学栄養学科3年生家庭科教職課程必修科目「食教育の研究」履修生40名（2007年度）および42名（2008年度）を実験対象者とした。実習には1班4名を基本とし，1料理当たり3～4組のデータがとれるようにした。

2.2.2 調査期間および実験場所

2007年度（2007年4月～2008年2月），2008年度（2008年4月～2009年2月）の2カ年とし，東京家政大学調理科学学生実験室にて実施した。

2.2.3 実習料理

実習料理を図2-2に示した。料理選定にあたっては，誰もが理解できる和・洋・中の単品料理とし，中学・高等学校の検定済み教科書10冊[97-103, 139-141]を参考に料理の難易度および使用する食材や調理器具数等を勘案して，豚汁（和），シチュー（洋），八宝菜（中）とした。これら料理は，家庭科教職課程履修生が将来教職に就いたときに中学，高等学校の生徒たちへの指導に反映できることを意図した。なお，調理時の食材量は各4人分とした。

2.2.4 調理器具および測定機器

使用する調理器具および食器類を表2-1に示した。これまでの研究[76]同様に実験室設置のものとし，調理器具は常時使えるように調理台横のワゴン上に準備した。

測定機器として，ガスコンロ2台：㈱ハーマン製ガスビルトインコンロC3W89RDTLTG，ならびに積算流量計（ガス・水・湯）2台：愛知時計電機㈱製SP561，SP562を使用した。

豚汁（4人分）		シチュー（4人分）		八宝菜（4人分）	

豚薄切り肉	200	鶏モモ肉	250	豚薄切り肉	150
ニンジン	100	塩	2	塩	2
ダイコン	150	コショウ	0.04	コショウ	0.04
サツマイモ	150	ジャガイモ	200	エビ（無頭）	100
ゴボウ	50	ニンジン	150	酒	5
長ネギ	50	タマネギ	100	塩	2
生シイタケ	30	マッシュルーム	80	ハクサイ	200
油揚げ	20	ブロッコリー	150	ニンジン	50
サラダ油	24	サラダ油	12	茹でタケノコ	100
水	800	ブイヨン（固形）	10	干しシイタケ	8
味噌	54	水	400	長ネギ	50
		ローリエ	0.1	ショウガ	10
		バター	30	サラダ油	24
		薄力粉	30	水	200
		牛乳	400	鶏ガラスープの素	10
		塩	2	酒	15
		コショウ	0.04	醤油	6
		純生クリーム	50	塩	2
				コショウ	0.04
				片栗粉	18
				水	30

材料は全てg表記とする。

図2-2　実習料理材料および分量一覧

2.2.5　実験・調査方法

（1）ガスおよび水使用量の測定

これまでの研究同様に，各使用量を上記積算流量計にて随時計測した。

（2）生ごみ量の測定

これまでの研究同様，生ごみは条件を統一するため重量既知の折紙のごみ入れを使用し，実習終了後に紙重量を除いた生ごみ量を測定した。

（3）野菜の廃棄率の測定

各料理で使用した野菜ごとに廃棄した量を計量し，元重量との比から廃棄率を算出した。

（4）使用器具数

これまでの研究[76]同様，事前に用意した調理器具および食器（表2-1）をワゴン上に並べておき，調理後使用したものを確認した。

表2-1 調理器具および食器一覧

調理器具および食器	設置数	調理器具および食器	設置数
フライパン（24cm テフロン加工）	1	計量カップ	2
やかん（20cm アルミ）	1	菜箸	2
中華鍋（30cm 鉄）	1	フライ返し	1
片手鍋（20cm ステンレス）	1	おたま	2
両手鍋（21cm ステンレス）	1	木べら	2
雪平鍋（18cm アルミ）	1	竹串	1
大ボール（28cm ステンレス）	2	耐熱カップ	1
小ボール（18cm ステンレス）	2	アルミ皿	3
万能ざる（18cm ステンレス）	3	洗いおけ（30cm ステンレス）	1
まな板	2	椀（豚汁用）	4
包丁	2	スープ皿（シチュー用）	4
ピーラー	1	中華皿（八宝菜用）	4
大さじ	2	箸（豚汁・八宝菜用）	4
小さじ	2	スプーン（シチュー用）	4
		合計	57

（5）アンケート調査

なおアンケートの質問事項は第1節と同様の内容15項目で，「買い物」，「調理」，「片付け」のそれぞれの工程で留意すべき事項5項目ずつとし，実験期間に3回実施した。回答は項目ごとに4段階の尺度で評点してもらい，1回目と2回目，および1回目と3回目のデータ間でそれぞれt検定を行い有意差判定した。アンケート項目の内容は結果の項にあわせて記述した。

2.2.6 CO_2排出量の換算方法

上記実験で実測されたガスおよび水使用量や生ごみ量は，第Ⅰ部と同様に以下の換算式を用いてCO_2排出量（g）に換算した。

① ガスに起因するCO_2量（g）＝ガス使用量（L）×2.21（g/L）[59]
② 水に起因するCO_2量（g）＝水使用量（L）×0.909（g/L）[48]
③ 生ごみに起因するCO_2量（g）＝生ごみ量（g）×0.43（g/g）[82]

2.2.7 ガス・水の使用料金への換算方法

上記実験で計測されたガスおよび水使用量から，以下の料金換算式を用いて使用料金を算出した。

① ガス料金（円）＝ガス使用量（L）×0.1168（円/L）

1L当たりの料金0.1168円は，東京ガス供給約款（東京地区等／料金B／2009年10月現在の原料費調整後の単位料金）から引用した。

②　上下水道料金（円）＝水使用量（L）×0.2483（円/L）

　1L当たりの料金0.2483円は，東京都水道局上下水道合計（2009年10月現在／東京都23区／メーター口径25mm／上水11〜20m^3，下水9〜20m^3）から引用した。

2.2.8　実験・調査の実施
以下に示すステージ1からステージ4の内容を経時的に実施した。

（1）ステージ1（1回目の調理実習およびアンケート調査）
前述の中学および高等学校の検定教科書の記載例をもとに一般的な作り方のレシピを配布し，班ごとに既定の実習料理を各自が日常行っている方法で実習し，実習後に必要事項（事前にガス使用量，水使用量，生ごみ量，野菜ごとの廃棄率，使用器具および使用点数を記載する調査紙を配布）を記入してもらった。同時に，普段の生活でどの程度環境に配慮した食生活を行っているかを確認するために，アンケート調査を各人に実施した。

（2）ステージ2（講義）
ステージ1の実習後に，対象者全員に「エコクッキング」の考え方と食生活を取り巻く環境問題について講義（60分）を実施した。内容としては，環境問題の発生から現状，ならびに地球温暖化の仕組みとその取り組みを概説し，エコクッキングの目的と「買い物」，「調理」，「片付け」の場面でのエコポイントを，映像資料を用いて具体的に解説した。例えば「買い物」に関しては，食材が生産され食卓に上るまでの流れと費やされるエネルギー量について，レジ袋や食材の容器包装について，食材の選び方すなわち旬や地産地消の食材についての話をした。「調理」に関しては，家庭ごみの種類別内訳と野菜の有効利用法，エネルギーを無駄にしないガス機器や電化製品の上手な使い方，同時調理法や火加減調節等の工夫を話した。「片付け」に関しては，使用水量を抑え，家庭排水からの水質汚濁を軽減する方法として，洗いおけを活用し汚れを拭き取ってから洗うこと，洗剤液を作って洗剤を使いすぎない工夫，チラシで作った生ごみ入れの活用による生ごみの削減方法等を紹介した。

講義終了後，1回目の実習を振り返り，エコクッキングとしての工夫点および改善可能な調理操作について班で話し合いレポートにまとめさせた。

（3）ステージ3（2回目の調理実習およびアンケート調査）
エコクッキングの講義後1〜3カ月の間に，ステージ1と同じ料理を再度実習した。ステージ1と同様，必要事項を記入するとともに授業による意識の変化をアンケート調査した。

（4）ステージ4（3回目の調理実習およびアンケート調査）
時間経過に伴うエコクッキング教育による効果と意識変化を測定するため，9〜11カ月経過後にステージ3と同様の料理実習およびアンケートを実施した。なおステージ4での学生の参加は自主参加とした。

2.3　結果および考察
得られた結果を以下の9点に分けてまとめた。なお，2007年度と2008年度のデータは同じ傾向を示していたため，本報では2008年度のものを記載した。

2.3.1 エコクッキングの工夫点および改善ポイント

ステージ2（講義）終了直後に，エコクッキングとしての工夫点および改善ポイントを班ごとに話し合いまとめてもらった主な内容を表2-2に示した。学生たちはこれらに配慮して2回目の実習，さらに時間を置いてから3回目の実習を実施している。

2.3.2 ガス使用量の削減効果

ガス使用量の結果を表2-3に示した。ガス使用量の削減に大きく寄与したと思われるエコクッキングの工夫点は，表2-2に示したとおり，炎がはみ出さないようにする，蓋をする，具材ごとに切る厚さを考慮するあるいはそぎ切りにし表面積を大きくする，仕上がりの食材の火通りを均一にして加熱時間を短縮する，炒める順番を工夫する，炒めものは強火で短時間で一気に仕上げる等であった。これらを配慮した結果として，実習料理3種のガス使用量の平均削減率が約40％と大きくなったと考える。ただし，料理ごとに必要な加熱時間に違いがあることから，一定時間煮る必要のある「豚汁」や，ルーを作りさらに煮込む「シチュー」では削減にも限界があった。

2.3.3 水使用量の削減効果

実習料理ごとの水使用量を表2-3に示した。これまでの研究[76]からもエコクッキングの教育効果は持続し，3回目の実習でも2回目と大きな差がないことが実証されているが，今回も同様の傾向であった。削減効果の高かった工夫点としては，表2-2に示したように，野菜は洗いおけを使い汚れの少ないものから順に洗い最後に流水ですすぐ，野菜の後に肉を切るといった，衛生面に配慮しながらも手洗いの回数や調理器具の洗浄回数を減らす工夫や，洗い物をする前に皿や鍋の汚れを拭き取ってから洗いおけを活用し洗う，水を出しっぱなしにせずこまめに止める，適量の洗剤量を守るといった工夫があげられる。この結果として，実習料理3種の平均水使用量は，1回目44.2Lに対し，2回目13.4L（削減率約70％），3回目11.8L（削減率約73％）と大きな削減効果が得られた。第1章でも水を流しっぱなしにせずこまめに止めること，水量が多量に必要でないときは水量を絞ること，汚れを拭き取ってから洗うこと等で同様の削減効果が確認されている。

2.3.4 生ごみ量の削減効果

生ごみ量とその削減率を表2-3に示した。食材は原則として丸ごと，皮や茎，軸の部分も活用することにより，削減率が大となった。例えば，ニンジンは皮も使い，ヘタ周りの部分も切り取り廃棄部分を少なくする，ダイコン，サツマイモ，ゴボウ，ショウガは皮ごと使う，長ネギは根の部分を薄く切り取り，青い部分も使う，ブロッコリーは軸のやわらかい部分も使う，シイタケ，マッシュルームは石づきのみ切り取り軸も使うといった可食部分を多くする工夫や，チラシのごみ入れを使用して生ごみを濡らさずに処理することで調理全体の生ごみ量削減に大きく貢献できることを確認した。結果として，生ごみ削減率は，2回目，3回目ともに大差なく，料理3種の平均で約74％と高かった。

表2-2　エコクッキングの工夫点および改善ポイント一覧

工程	工夫点および改善ポイント
野菜の洗い方	・野菜を洗う時は，洗いおけを使い，汚れの少ないものから順に洗い，最後に流水ですすぐ
食材の切り方	・野菜はよく洗い，皮ごと使う（例：ニンジン，ダイコン，サツマイモ，ゴボウ，ショウガ） ・野菜は切り方を工夫し，丸ごと使う 　（例）ニンジン：ヘタの周りも切り取る 　　　　長ネギ：根の部分のみ薄く切り取り，青い部分も使う 　　　　ブロッコリー：軸の内側のやわらかい部分も使う 　　　　生シイタケ・マッシュルーム：石づきのみ切り取り，軸の部分も使う 　　　　タマネギ：茶色の皮の部分と根のみ切り取り，余分に切り取らない 　　　　ジャガイモ：芽と青い部分はしっかり取り，皮は薄くむく ・加熱時間をそろえるため，野菜は切り方（イチョウ切りや短冊切り）は変えずに，厚さを調節する 　（例）固いもの（ニンジン，ゴボウ）：薄めに切る，煮崩れしやすいもの（ジャガイモ）は厚めに切る ・野菜の切り方の工夫で表面積を大きくする 　（例）ゴボウ：斜め薄切りの斜めの角度を大きくする，ハクサイ：そぎ切りにする
段取りと加熱法	・段取りを工夫し，野菜の後に肉等（肉，油揚げ，エビ）を切り，手やまな板を洗う回数を減らす ・干しシイタケの戻し汁は捨てずに水分として使う（例）八宝菜 ・火加減を調節し鍋から炎がはみ出さない工夫をする ・煮ている間は，鍋に蓋をする（例）豚汁，シチュー ・1つの鍋を上手に使いまわす 　（例）シチュー：具材を炒めるフライパンとホワイトソースを1つの鍋で仕上げる 　　　　八宝菜：炒める順番を工夫し1つの中華鍋で仕上げる ・無駄なエネルギーを使わないようにする 　（例）シチュー：バターと小麦粉を合わせる時や牛乳を加える時は一度火を止めて混ぜ合わせる 　　　　八宝菜：材料を全て用意してから炒め，炒める順番を工夫し，強火で短時間で仕上げる
洗い方	・鍋や食器を洗う時は，古布や野菜くずで汚れを拭き取ってから洗う ・洗いおけを活用し，ため水を上手に使う ・水を出しっぱなしにせず，こまめに止める ・水量が多量に必要でないときは水量を絞る ・使用の目安に基づいた洗剤液を作り，使う洗剤の量を少なくする ・生ごみは紙で折ったごみ入れを使い，排水口や三角コーナーに入れて水で濡らさないようにする

火の入り具合は竹串を使って必ず確認し，味見をし仕上がり状態を通常とエコで同等にすること。
仕上がりは見本の写真を参考に切り方を統一し，エコの場合の野菜の切り方の工夫はあくまで仕上がり時間を同一にできる工夫にとどめるよう指示し，小さく切ったりすることのないようにした。

表2-3　ガス・水使用量および生ごみ量の計測値と削減率

	料理	計測値			削減率（％）	
		1回目	2回目	3回目	1→2	1→3
ガス使用量（L）	豚汁	64.4±10.8	38.0±1.9	39.2±6.7	41	39
	シチュー	84.3±7.8	55.2±17.6	47.2±14.7	34	44
	八宝菜	49.8±9.6	26.3±3.4	33.7±10.1	47	32
	3種平均	66.1±17.6	39.8±14.7	40.0±6.8	40	39
水使用量（L）	豚汁	45.4±20.9	12.2±3.7	12.2±2.4	73	73
	シチュー	45.6±21.2	14.7±6.7	14.8±10.4	68	68
	八宝菜	41.6±24.5	13.4±0.1	8.6±1.1	68	79
	3種平均	44.2±2.2	13.4±1.3	11.8±3.1	70	73
生ごみ量（g）	豚汁	56.0±6.2	2.6±1.7	3.1±1.5	95	94
	シチュー	189.9±28.8	47.7±28.8	44.8±19.5	75	76
	八宝菜	44.9±5.1	25.0±5.1	27.1±22.5	44	40
	3種平均	97.0±80.7	25.1±22.6	25.0±20.9	74	74

表中の計測値は平均値±S.D.を表す。

生ごみ量は表2-3の計測結果からも明らかなように，廃棄量および削減率が料理によって大きく異なった。「豚汁」では1回目の生ごみ量56gに対し，削減率は2回目，3回目ともに約95％（削減量約53g）と非常に大きな削減効果が得られた。これは，根菜類を皮ごと使用した効果によるものと考えられる。「シチュー」では1回目の生ごみ量約190gに対し，大きく廃棄していたマッシュルームやブロッコリー，ニンジン等の可食部分を無駄なく使うことにより，2回目以降の削減率が約75％（削減量140g以上）となった。一方「八宝菜」では，エビの殻など削減できない生ごみ量のため，2回目以降の削減率は40％台にとどまった。

2.3.5　野菜の廃棄率の比較実験

生ごみ量の削減には野菜の廃棄部分の処理の仕方が大きく寄与する。そこで今回実習毎に使用した各野菜の廃棄量を計測し，結果を表2-4に示した。参考として五訂増補日本食品標準成分表（以下，成分表）記載の廃棄量を併記したが，通常法で調理した1回目の野菜の廃棄率測定では類似した結果となった。ただし，生シイタケとブロッコリーは，成分表の値より極端に小さく，マッシュルームは極端に大きかった。これは今回のブロッコリーは茎の部分が短いものを使用したこと，生シイタケは軸が短かったこと，マッシュルームは根元に泥が付いた状態だったことから学生が大きく切り捨てたことによると考えられる。しかし表2-2に示したような可食部分を生かした切り方に工夫すると，廃棄率が格段に下がった。例えば，3種の実習料理全体での野菜使用量は1,520gであったが，1回目の廃棄量162g（廃棄率約11％）に対し，2回目の廃棄量は23g（廃棄率約2％），3回目は38g（廃棄率約3％）と大きく減少した。第Ⅰ部第3章第1節でも明らかなように，料理ごとに求められる切り方があり一概には結論づけられないが，このように実際の調理の中で切り方の工夫を行うことで生ごみ削減に直結することが確認できた。

表2-4 料理ごとの野菜の廃棄率

料理	食材	廃棄率（%）			
		成分表	1回目	2回目	3回目
豚汁	ニンジン	10	17	1	1
	ダイコン	15	7	0	0
	サツマイモ	10	12	1	1
	ゴボウ	10	9	0	0
	長ネギ	6	3	1	1
	生シイタケ	25	10	2	6
	合計	12	10	1	1
シチュー	ジャガイモ	10	8	6	5
	ニンジン	10	11	2	2
	タマネギ	6	5	2	7
	マッシュルーム	5	36	11	13
	ブロッコリー	50	18	1	0
	合計	18	14	4	4
八宝菜	ハクサイ	6	2	1	1
	ニンジン	10	15	0	1
	長ネギ	6	2	1	2
	ショウガ	20	23	4	8
	合計	6	4	1	1

2.3.6 使用器具数の削減効果

調理時に使用した器具数を図2-3に示した。いずれの実習料理とも，1回目の使用器具数は31～33個であるのに対し，2回目22～28個，3回目19～23個と使用数が減少した。3種の実習料理では，「豚汁」の削減率が他と比べるとやや大となった。この調理器具数の削減は片付け時の水使用量の削減にも影響すると考えられる。

2.3.7 調理全体でのCO_2排出量削減効果

ガス，水使用量および生ごみ量をもとにCO_2排出量に換算した結果を図2-4に示した。「シチュー」はガス使用量が多かったことからCO_2排出量削減効果が他の料理に比べやや低下した。実習料理3種平均のCO_2削減効果は2回目，3回目とも約50%となり，これまでの研究の内容[76, 86]と一致するものであった。また調理全体のCO_2排出量削減効果にはガス使用量の削減効果が大きく影響することを確認した。

2.3.8 ガス・水の使用金額と節約効果

それぞれの調理実習で消費されたガスおよび水の量から算出した使用金額と，2回目，3回目

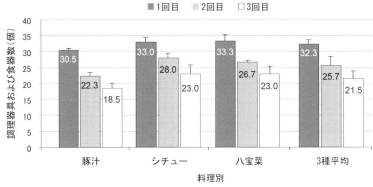

図2-3 調理器具および食器数の変化

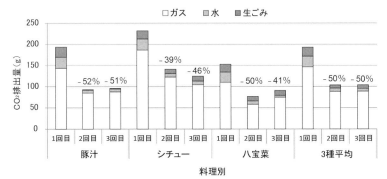

図中の数字は1回目に対しての削減率(%)である。

図2-4 CO_2排出量と削減率

のエコロジーに配慮した調理操作によって節約された金額を表2-5に示した。

実習料理ごとの1回目の通常調理法での使用金額に若干差があるものの，エコロジーに配慮して調理した2回目，3回目のガス・水の合計使用金額および節約金額は，実習料理ごとにほぼ同じ傾向を示した。節約金額を見るといずれのメニューもガスに比較し，水の節約金額が大であった。例えば，3種平均の1回目のガス料金7.6円に対し，上下水道料金は11.5円と約1.5倍の使用量がかかっていたが，2回目以降約3円と大幅に減少し，ガス料金の6割程度になって，逆転していた。このことからも調理全体の使用金額の節約には水使用量削減が大きく影響することを確認した。

今回はあくまで単品料理での調査結果であり，ガス料金と上下水道料金のみの合算としたが，上記のような節約効果を考えると，1食分あるいは1日分とした場合の積み重ねは大きな差となることが想定される。食材の可食部分の有効活用も考慮に入れると節約効果はさらに高いものになるであろう。これに関しては食教育，消費者教育の視点からの追加研究も必要だと考えられる。

2.3.9 アンケートによる意識変化の観察

日常生活における環境に配慮した行動についての実践度を，毎回実践している（4点），時々実践している（3点），たまに実践している（2点），実践していない（1点）とし，講義前と講義後9～11カ月後（実験参加率86％）の平均点を表2-6に示した。なお，2004年度調査[76]によ

表2-5 ガス・水の使用金額と節約金額

メニュー		使用金額（円）			節約金額（円）	
		1回目	2回目	3回目	1→2	1→3
豚汁	ガス	7.4	4.4	4.6	3.0	2.8
	水	12.9	3.0	3.0	9.9	9.9
	合計	20.3	7.4	7.6	12.9	12.7
シチュー	ガス	9.7	6.5	5.5	3.2	4.2
	水	11.3	3.6	3.7	7.7	7.6
	合計	21.0	10.1	9.2	10.9	11.8
八宝菜	ガス	5.7	3.1	3.9	2.6	1.8
	水	10.3	3.3	2.2	7.0	8.1
	合計	16.0	6.4	6.1	9.6	9.9
3種平均	ガス	7.6	4.7	4.7	2.9	2.9
	水	11.5	3.3	2.9	8.2	8.6
	合計	19.1	8.0	7.6	11.1	11.5

節約金額（1→2）＝使用金額（1回目）－使用金額（2回目）
節約金額（1→3）＝使用金額（1回目）－使用金額（3回目）

表2-6 アンケートによる日常生活における環境に配慮した行動についての実践度

設問		項目	平均値（4点満点）	
			講義前 ($n=42$)	講義後 ($n=36$)
買い物	1	環境にやさしい商品かどうかチェックする	2.0 (1.7)	2.4*
	2	必要な量だけ買うよう心がける	3.3 (3.4)	3.2
	3	旬の食材を購入する	2.7 (2.6)	3.1
	4	買い物袋を持参する	2.6 (1.9)**	2.8
	5	簡易包装のものを選び，必要のないものを断る	3.0 (2.7)	3.2
料理	6	炎をはみ出さない火加減で使う	3.3 (3.2)	3.6
	7	冷蔵庫の開閉回数を少なくする	2.7 (2.3)*	2.7
	8	食材を無駄なく使う	3.1 (2.9)	3.3
	9	食材を洗う順番に気をつける（きれいなもの→泥付き）	2.4 (2.1)	2.9*
	10	手順や工程が無駄のないように考えながら作る	2.9 (2.8)	3.2
片付け	11	洗いおけを活用し，ため水洗いをする	2.4 (2.0)	2.3
	12	ごみはきちんと分別して捨てている	3.5 (3.5)	3.2
	13	油汚れの食器は重ねない	2.7 (3.0)	3.2*
	14	鍋や皿の汚れは拭き取ってから洗う	2.2 (2.2)	2.6*
	15	排水口や三角コーナーにごみをためないようにする	2.6 (2.5)	2.5

（　）内は2004年度平均値，下線は講義後平均3点以上のもの．
講義前：2008年度と2004年度との間に *$p<0.05$, **$p<0.01$ の危険率で有意差あり．
講義後：講義前との間に *$p<0.05$, **$p<0.01$ の危険率で有意差あり．

る講義前の平均点をカッコ内に併記した。

　講義前について2004年度と2008年度を比較すると，「買い物袋を持参する」および，「冷蔵庫の開閉回数を少なくする」に1％および5％の有意差が見られた。特に，「買い物袋を持参する」に関しては前回の調査から4年の間に，各地方自治体，小売店やスーパーごとにマイバッグ運動が盛んになったこと，さらに大学生が良く利用するコンビニでもレジ袋に関する周知が進んでいることの影響も大きいと考えられる。それ以外では15項目中12項目で平均点は上がっているものの大きな経年変化は見られなかった。

　次に，今回の調査の講義前後を比較してみると，大きく4つに分類できる。まず講義前後で有意差があったものとして15項目中4項目，すなわち「環境に優しい商品かどうかチェックする」，「食材を洗う順番に気をつける」，「油汚れの食器は重ねない」，「鍋や皿の汚れは拭き取ってから洗う」で5％の有意差で平均点が高くなっていた。その中でも特に「油汚れの食器は重ねない」は，講義後3.2点となり，効果が高かった。一方，有意差はあったものの，「環境に優しい商品かどうかチェックする」，「鍋や皿の汚れは拭き取ってから洗う」は，講義後2.4点および2.6点と低かった。この2つは特に講義前の実施率が低かった項目であり，今後繰り返し周知させることで実践率を上げなければならない項目と考える。特に，「鍋や皿の汚れを拭き取ってから洗う」に関しては，古布等を必要とするものの，汚れの8割，使う水の3割を減らすことができるという報告[75]があることから，学生への日常の繰り返しの指導と共に講義の中での指導法を検討する必要があると考える。

　次に，有意差はないが，授業前が2点台で授業後3点台に上がったものに，「旬の食材を購入する」と「手順や工程が無駄のないように考えながら作る」の2項目があった。これら2項目は，調理実習の中でも直接指導できる項目であり，継続して指導することで今後さらに実践率をあげていくことができると考えられる。

　授業前後3点台と変化の少ないものに，「必要な量だけ買うよう心がける」，「炎をはみ出さない火加減で使う」，「食材を無駄なく使う」，「ごみはきちんと分別して捨てている」の4項目があったが，これらはすでに日頃からかなりの率で実践されていることが分かった。

　最後に，授業の前後ともに2点台と低かった項目に，「買い物袋を持参する」，「冷蔵庫の開閉回数を少なくする」，「洗いおけを活用し，ため洗いをする」，「排水口や三角コーナーにごみをためないようにする」の4項目があった。「買い物袋を持参する」に関しては前回の調査[3]から大きく改善されている点であり，周知徹底が進むことで効果がさらに上がると考えられる。すでに全国的には13都道府県がレジ袋の無料配布の取りやめを実施し効果をあげている。例えば最初に実施（2008年）した富山県では，初年度でもマイバック持参率が約92％（2008年）と高い。このことからも個々人の意識の変革と合わせて，社会的な取り組みが重要だと考えられる。なお，「冷蔵庫の開閉回数を少なくする」は，教育の現場で体験させていない項目であることが平均点の低かった要因の1つかもしれない。また，「洗いおけの活用」に関しては，家庭に洗いおけがない場合や，水を出しっぱなしで洗うのが習慣となっていることから取り入れるのが難しい項目だと考えられた。これには洗いおけを使用することの効果を授業の中で確認していくことで教育効果をあげていきたい。さらに，「排水口や三角コーナーにごみをためないようにする」を実践

させるためにはチラシのごみ入れの作製が必要であるが、その操作のひと手間ができなかったことが、効果が上がらなかった要因と推察される。これには、チラシのごみ入れの作り方を教えるだけでなく、家庭や授業内で使用する機会を増やし習慣化していくことも有効だと考える。

平均点が3点以上、すなわち「時々実践している～毎日実践している」の項目は、講義前が5項目、講義後8項目であった。中でも「炎をはみ出さない火加減で使う」や「食材を無駄なく使う」といった目で見て確認できる項目や効果がすぐにわかる項目は実践率も高く、具体的であり継続しやすいと考えられる。以上の結果からより具体的にわかりやすく指導することが大切であり、取り入れやすさなどから一度の教育で効果が上がる項目と、習慣化しないと効果が上がらない項目や必要とする道具を持っていない場合に効果が上がりにくい項目があることが示唆された。

2.4 小　　　括

家庭科教職課程履修生に対し、和・洋・中の単品料理を取り上げた実験実習を実施し、エコクッキングの教育効果を詳細に分析した。得られた結果は以下のようにまとめられる。

① ガス使用量は、実習料理ごとの使用量は異なるものの削減率は類似し、3種平均で約40%の削減効果が得られた。炎をはみ出さないこと、蓋の活用、食材の切り方や加熱の順番等の工夫が有効であった。

② 水使用量は、実習料理に関わらず使用量および削減効果は類似していた。1回目の水使用量は3種平均44.2Lであり、2回目、3回目で平均約70%の削減効果が見られた。洗いおけの活用、鍋や皿の汚れを拭き取る、水を出しっぱなしにしないこと等の効果が大であった。

③ 生ごみ量は、料理ごとに差があり、また削減率も約40～95%と差があった。根菜を皮ごと使用した豚汁に比べ八宝菜ではエビの殻といった減らすことのできない生ごみがあったこともこの差につながった。全体としては、切り方の工夫による可食部分の有効利用や紙のごみ入れを使用して生ごみを濡らさない指導が功を奏したと考えられる。

④ 野菜の廃棄率実験では、通常の調理法では成分表記載の廃棄量とほぼ類似していたが、エコクッキングを意識した切り方で、2回目および3回目の廃棄率が顕著に低下した。

⑤ 各料理の使用器具数は平均20～30%の削減効果があり、5～10個の調理器具を削減できた。

⑥ ガス、水、生ごみ量をあわせた調理全体でのCO_2削減率は約50%となり、その中でもガス使用量の削減効果が大であることが明らかとなった。

⑦ ガスや水の使用料金の節約効果は高く、今回の単品料理で約11円（節約率約60%）となった。中でも水の節約効果が大であることが明らかとなった。

⑧ アンケートによる意識調査から、意識が継続しやすい項目と継続しにくい項目があるため、一度の教育で効果が上がるものと継続して行った方がいいもの、教育法を工夫する余地あるものが明らかになった。また、社会のエコに関する意識の高まりの影響で、「買い物袋を持参する」といった特定の項目の実践度が4年前の同様の調査に比べて有意に向上していた。

以上，エコクッキングの教育は，ガス・水・生ごみの削減効果だけでなく，家庭科教育に包含される食教育，環境教育，消費者教育等の多面的な視点からの行動改善が促せることが示唆された[88, 142]。

　先述のように，本実験の対象は家庭科の教員資格取得希望者であり，学生自身が自主的に実験や実習に参加していたこともあり，エコクッキングとは料理の味を損ねない工夫とともに環境に配慮した意識を持ち食事作りをすることで容易に結果が現れやすいことを体感できた教育効果は大きい。これを起点に各自が今後視点を広げ環境問題改善へとつなげていければと期待している。

第3節　調理の習熟度効果と教育効果の違いおよびおいしさの評価

3.1　はじめに

　第Ⅱ部第1章第1節および第2節にて，本学栄養学科学生を対象に大学生に対する教育の中にエコクッキング教育を導入することで，対象学生や献立の違いにかかわらず，ガスや水使用量，生ごみ量およびCO_2排出量に大きな削減効果があることを確認した[76, 88]。また，食生活における環境保全の取り組みである「エコクッキング」の教育の効果は高く，持続することを確認した[76, 88]。

　そこで次の段階として，実際の家庭科教育現場へのエコクッキング教育への導入を目指し，本報では中学校家庭科調理実習献立を用いてエコクッキングの教育効果を実証するとともに，今回初めての試みとして出来上がった調理品が通常の調理法とエコクッキングとで同じようにおいしくできあがっているかを総合的なおいしさを官能評価により検証した。

　なお，これまでの研究では通常法での調理を実施後，エコクッキング教育を行い，再度同じ献立についてエコクッキングの考え方を取り入れた実習を実施してきた。しかしこの場合に何らかの習熟度効果が影響している可能性が推察された。さらに，エコクッキングの教育効果が高いからといって通常の学校教育現場では同じ調理を2度体験させることはカリキュラム上困難である。以上の問題点を勘案して，教育を行わずに同じ調理を2度行った場合の習熟度効果を確認すること，そしてエコクッキング教育（座学のみ）実施後に調理を行った場合教育効果を確認するため，ガス・水使用量および生ごみ量を実測し，それらからCO_2排出量および使用料金に換算することで比較・検討することとした。

3.2　調査方法

　中学校家庭科教科書[39, 140]に準拠したモデル献立2種を選択し，大学家庭科教職課程3年生を対象に実験を2段階に分けて実施した。最初の段階である1年目は献立について，エコクッキングのポイントを取り入れた調理実習を行う方法が，通常の調理法と比べてどの程度ガス，水，生ごみ，CO_2排出量の削減効果が見られるかを確認することにした。加えて，それぞれの方法で仕上げた調理品について官能評価を実施した。これは，エコクッキングが環境に配慮されたものであると同時に，おいしく調理されていることを検証するために今回初めて取り入れた。

　次の段階である2年目は，異なる対象者に1年目と同じ献立実習をし，その習熟度効果とエコクッキング教育効果の違いを確認する比較実験を行った。

　なお，本実験では教科書に掲載されている方法を通常の調理法（以下，通常法）とし，環境への配慮や工夫を行い実習する方法をエコクッキング法（以下，エコ法）とした。調査対象者，調査期間，実習献立，調査方法を以下に示した。

3.2.1　調査対象者

　1年目の実験は2009年度東京家政大学栄養学科家庭科教職課程必修科目「食教育の研究」履修

の3年生47名（4～5名/班で10班）とし，2年目の実験は2010年度同大学同科目履修生の3年生25名（3名/班で8班）を実験対象者とした。年度によって履修生およびその人数が異なるが，各年とも1献立当たり4～5組のデータがとれるように配慮した。

3.2.2 調査期間および実験場所

調査期間は2009年度（2009年4月～2010年7月），および2010年度（2010年4月～2010年7月）の2カ年にわたって実施した。実験場所は東京家政大学調理科学学生実験室（室温25±2℃，水温27±1℃）とした。

3.2.3 モデル献立

実際に学校の授業でよく活用されている献立2種を取り上げた。献立Aは，鮭のムニエルを中心に，付け合わせ2種（サヤインゲンのソテー，ニンジンのバター煮）と野菜入りコンソメスープとした。献立Bは，ミートスパゲッティとポテトサラダの組み合わせとした。実習献立の材料および配膳写真を図3-1に示した。

3.2.4 調理器具および測定機器

使用する調理器具および食器類は第Ⅱ部第1章第1節，第2節同様に実験室設置のものとし，調理器具は常時使えるように調理台横のワゴン上に準備し，使用した器具数を配布シートに記入することとした。

測定機器として，ガスコンロ2台：㈱ハーマン製 ガスビルトインコンロ C3W89RDTLTG，ならびに積算流量計（ガス・水・湯）2台：愛知時計電機㈱製 SP561，SP562を使用した。

3.2.5 CO_2排出量の換算方法

上記実験で実測されたガスおよび水使用量や生ごみ量は，これまで同様に以下の換算式を用いてCO_2排出量（g）に換算した。

① ガスに起因するCO_2量（g）＝ガス使用量（L）×2.21（g/L）[59]
② 水に起因するCO_2量（g）＝水使用量（L）×0.909（g/L）[48]
③ 生ごみに起因するCO_2量（g）＝生ごみ量（g）×0.43（g/g）[82]

3.2.6 使用料金の換算方法

上記実験で計測されたガスおよび水使用量から，第Ⅱ部第1章第2節同様に以下の料金換算式を用いて使用料金を算出した。

① ガス料金（円）＝ガス使用量（L）×0.1168（円/L）

1L当たりの料金0.1168円は，東京ガス供給約款（東京地区等／料金B／平成21年10月現在の原料費調整後の単位料金）から引用した。

② 上下水道料金（円）＝水使用量（L）×0.2483（円/L）

1L当たりの料金0.2483円は，東京都水道局上下水道合計（平成21年度10月現在／東京都23

献立A： 鮭のムニエル・サヤインゲンのソテー・ニンジンのバター煮
野菜入りコンソメスープ

（4人分）
【鮭のムニエル】
- 鮭の切り身　　　320g(4切れ/1切れ80g)
- 塩　　　　　　　3g（魚の重量の1%）
- コショウ　　　　0.4g
- 小麦粉　　　　　16g（魚の重量5%）
- バター　　　　　10g
- 油　　　　　　　10g
- レモン　　　　　1/2個

【サヤインゲンのソテー】
- サヤインゲン　　100g
- 油　　　　　　　5g
- 塩　　　　　　　1g
- コショウ　　　　0.4g

【ニンジンのバター煮】
- ニンジン　　　　120g
- ニンジン　　　　120g
- バター　　　　　10g
- 砂糖　　　　　　4g
- 塩　　　　　　　1g
- 水　　　　　　　80g

【野菜入りコンソメスープ】
- ニンジン　　　　50g
- タマネギ　　　　50g
- サヤインゲン　　30g
- ベーコン　　　　20g
- コンソメ（固形）　2個
- 水　　　　　　　800g
- 塩　　　　　　　1g
- コショウ　　　　0.4g

献立B： ミートスパゲッティ・ポテトサラダ

（4人分）
【ミートスパゲッティ】
- スパゲッティ　　320g
- ひき肉　　　　　200g
- ニンニク　　　　5g
- タマネギ　　　　200g
- ニンジン　　　　40g
- 油　　　　　　　10g
- トマト水煮缶　　400g
- 水　　　　　　　100g
- コンソメ（固形）　2個
- 塩　　　　　　　2g
- コショウ　　　　0.4g
- 粉チーズ　　　　20g

【ポテトサラダ】
- キュウリ　　　　80g
- ジャガイモ　　　240g
- ニンジン　　　　40g
- ハム　　　　　　20g
- サラダ菜　　　　4枚
- マヨネーズ　　　30g
- 塩　　　　　　　1g
- コショウ　　　　0.4g

図3-1　献立AおよびBの材料（分量）および盛り付け写真

区／メーター口径25mm／上水11～20m^3，下水9～20m^3）から引用した。

3.2.7 エコクッキングの教育効果の検証と官能評価

これまで同様に同一調理について，通常法およびエコ法での実習を実施し，ガス・水使用量および生ごみ量を計測し，CO_2排出量ならびに使用料金を算出した。エコ法で取り入れたエコポイント（表3-1）はエコクッキングの授業で示した。さらにA・B献立の実習に使用した道具や調理時の行動項目のチェックシートを記入した。

なお，エコ法で作られた料理が通常法と同じ程度においしく仕上がっているかを検証するために，調理品の総合的なおいしさについて5段階評点法による官能検査を実施した。これは通常法を基準（0）とした場合のエコ法の調理品について－2～＋2の5段階で点数化する方法である。このようにしてエコクッキング実施による教育効果を総合的に検証した。

学生による実験終了後に，学校現場で教育プログラムとして実際に使用できるかどうかを確認するため，同じ方法で8月の教員研修（参加者34名）の場で本献立でのエコクッキング実習を実施し，終了後に，自由記述方式によるアンケートを行った。

3.2.8 調理の習熟度効果とエコクッキング教育効果の違いの検証方法

図3-2に示した実験計画に基づき，調理実習の経験を積むことによる上達効果を検証するために，教科書に記載されている通常法のレシピで1カ月の間をおき班ごとに同じ献立を繰り返し実習させ，ガス，水使用量および生ごみ量を計測した。実習は，同一献立実習班2班ずつ実験室にて実施した。次に，エコクッキングの教育効果を検証するために，エコクッキングの教育を座学形式で対象者全員に1回のみ実施した。内容は既報[88]に準じ，「エコクッキング」の考え方と

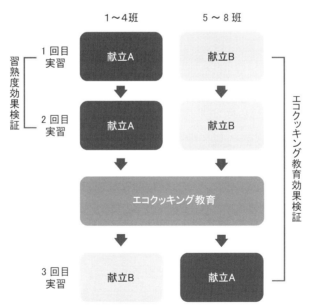

図3-2 実験計画（調理の習熟度効果とエコクッキング教育効果の違い）

表3-1 エコ法で取り入れたエコポイント

調理工程	エコポイント		
	実験献立A・B 共通行動項目	実験献立A	実験献立B
調理中	手を洗う時は，まず手を濡らし，一度水を止めてから石鹸をつける	サヤインゲンの下茹では，少量の水で蒸し茹でにすることで水とエネルギーを減らす	分量の水でトマト缶の中をすすぎミートソースの材料として全て使い切り，缶を洗う水を節水する
	食材は，洗いおけを活用し，ため水で汚れの少ないものから順に洗い，最後に流水ですすぐ	サヤインゲンのソテーを作ったフライパンで鮭のムニエルを作り，洗い物を減らす	ミートスパゲッティのソースを作るときは，火加減に気をつけエネルギーを上手に使う
	野菜は切り方を工夫し，皮ごと丸ごと使うことでごみを減らす	鮭のムニエルは小麦粉を薄くむらなくまぶし，余分な粉を使わない	スパゲッティを茹でるときには，ポテトサラダ用の茹で野菜を同時調理する
	包丁，まな板は，野菜の後に肉や魚を切るようにし，途中でまな板を洗わずにすむように使う	鮭のムニエルは，バターと油をフライパンに入れてから火をつけエネルギーを節約する	茹でる時の水量は3～5倍とし，通常の5～10倍より少ない水量で水とエネルギーを節約する
	チラシのごみ入れを使い，生ごみをできるだけぬらさないようにする	鮭のムニエル，ニンジンのバター煮は，蓋を活用し，火加減を調整しエネルギーを節約する	キュウリの塩もみは適量の塩で行い，水洗いせずそのまま使う
	排水口や三角コーナーにごみをためず，ごみをぬらさずに捨てる	野菜コンソメスープは沸騰したら弱火にし，蓋をして野菜がやわらかくなるまで煮る	
	鍋に付いた水滴は拭き取ってから火にかけ，火加減を調節し無駄に使わない		
	水を出す量に気をつけ，水はこまめに止める		
片付け	洗いおけにため水をし，調理器具や食器の下洗いに活用する		スパゲティの茹で汁は湯温があり，小麦粉の粒子が溶け出しているので，洗い物（下洗い）に使う
	使った食器は重ねない		
	汚れを古布やスクレーパーで拭き取ってから洗う		
	水を出す量に気をつけ，水はこまめに止める		
	台布巾は4つ折りにして面を上手に使い，洗う回数を減らす		

食生活を取り巻く環境問題についての講義（60分）とした。具体的には，環境問題の発生から現状，ならびに地球温暖化の仕組みとその取り組みを概説した後に，エコクッキングの目的と買い物，調理，片付けの場面でのエコポイントを，パワーポイントを用いて具体的に解説した。あわせて今回の実習献立に関するエコポイント（表3-1）を示した。

次にエコポイントを記載したレシピを配布し，これまで献立Aを2度実習している班は，実習していない献立Bを，献立Bを2度実習している班は献立Aを，同条件で2班ずつ実習し，ガス，水使用量および生ごみ量の計測を行い，CO_2排出量に換算し比較した。

3.3 結果および考察
3.3.1 エコクッキングの教育効果の検証と官能評価
（1）ガス・水使用量および生ごみ量削減効果

ガス・水使用量，生ごみ量，ガス・水使用料金，CO_2排出量の結果を表3-2に示した。A・B献立間に差があるものの，削減率（％）は献立の違いに関わらず同様の傾向を示した。エコ法実施の場合，通常法に比べてA・B平均削減率は，ガス使用量－40.5％（約82L減），水使用量－76.7％（約76L減），生ごみ量約－28.3％（18g減），使用料金－61.5％（約33円減），CO_2排出量－43.7％（約239g減）となった。

（2）官能評価結果

表3-3に示したとおり，通常法とエコ法とによるそれぞれの調理品の総合的なおいしさについて官能評価を行ったところ，いずれの献立でも大差がなく，有意差は見られなかった。また，

表3-2　ガス・水使用量，生ごみ量，使用料金，CO_2排出量の計測値と削減率

		通常法 ($n=5$)	エコ法 ($n=5$)	削減率（％）
ガス使用量（L）± S.D.	献立A	145.5 ± 28.6	85.8 ± 5.5	41.0
	献立B	256.7 ± 30.4	153.4 ± 5.6	40.2
	平均	－	－	40.5
水使用量（L）± S.D.	献立A	92.0 ± 25.4	22.9 ± 8.4	75.1
	献立B	105.9 ± 26.8	23.2 ± 4.9	78.1
	平均	－	－	76.7
生ごみ量（g）± S.D.	献立A	63.4 ± 14.1	44.4 ± 28.6	30.0
	献立B	66.8 ± 16.2	49.0 ± 13.6	26.6
	平均	－	－	28.3
使用料金（円）± S.D.	献立A	45.0 ± 11.2	16.7 ± 3.3	62.9
	献立B	61.6 ± 11.8	24.2 ± 2.2	60.7
	平均	－	－	61.5
CO_2排出量（g）± S.D.	献立A	413.7 ± 86.3	228.9 ± 29.8	44.7
	献立B	678.0 ± 92.2	385.7 ± 21.6	43.1
	平均	－	－	43.7

表3-3　官能評価（5段階評点法による各料理の総合的なおいしさの評価）

		通常法を基準（0）とした場合のエコ法の評価（$n=48$）
献立A	鮭のムニエル	0 ± 1.0
	インゲンのソテー	-0.3 ± 1.0
	ニンジンのバター煮	0.5 ± 1.0
	野菜入りコンソメスープ	0 ± 0.0
献立B	ミートスパゲッティ	-0.2 ± 0.8
	ポテトサラダ	-0.4 ± 0.5

表3-4　教育研修アンケートの授業導入に関するコメントの抜粋

◆ 調理は家庭科の授業の中でも生徒の関心が高く，一番理解させやすいと思う
◆ 授業の中でも簡単にすぐに取り入れられる
◆ 水，エネルギー，資源など，家庭科の教科の中でいろいろな場面で取り上げることが大切
◆ 食生活分野の新しい取り組みだと思う
◆ 今回の実習は中学生でもできる内容である
◆ エコクッキングを指導することは経済問題，環境問題，エネルギー問題と多方面から意識付けができる
◆ 水やガス，ごみの量など目に見えるもので学習をすると競争意識が出てより学習効果が深まる
◆ 環境に意識を持たせるべくエコクッキングを体験させたい
◆ 記憶に残る学習なので実習に少しずつでも取り入れていきたい

これまでも予備実験として本学研究室研究員ら専門家6名により味だけでなく外観についても差がないことを確認している。このことからも外観およびおいしさの評価は通常法とエコ法のどちらにおいても同程度で差がないと判断した。

（3）教員研修アンケートの授業導入に関するコメント

実験後に，本プログラムを実際に教員研修で採用し，自由記述方式でアンケートを記述してもらった。主なコメントを表3-4に示したが，中学生でもできる内容であるという評価や，経済問題，環境問題，エネルギー問題といった多方面から意識付けができるといった評価等，実際の授業での導入に関し積極的な意見が多く見られた。

3.3.2　調理の習熟効果とエコクッキング教育効果の違いの検証結果

教科書に記載のある作り方をもとに同じ献立実習を2度体験させた場合のガス・水使用量および生ごみ量の実測値をCO_2排出量に換算した結果を図3-3に示した。

2回目の実習時には手慣れた行動が実習中も観察されたものの，エコロジー的配慮ができるようになるかどうかといった観点から見ると，結果からも明らかなとおり，エコクッキングの指導を行わずに同じ調理を2度実施しても，ガス・水使用量および生ごみ量の削減には習熟度の影響は全く見られなかった。

一方，エコクッキングの教育後，はじめて実習する献立（1，2回目に献立Aの班は献立Bを実施）で，エコ法で調理を実施した結果を図3-4に示した。エコクッキング教育後の実習では，

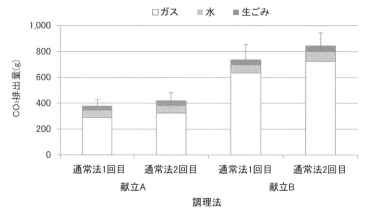

図3-3 献立別のCO₂排出量におよぼす習熟度の影響
―通常法で同じ献立を2回繰り返した場合―

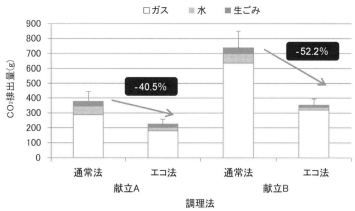

図3-4 献立別のCO₂排出量におよぼすエコクッキング教育効果
―エコクッキング教育後に実習した場合の削減率（％）―

いずれも顕著な削減効果が見られ，CO₂排出量では，モデル献立Aが40.5％，モデル献立Bは52.2％（モデル献立A・B平均48.2％）の削減効果となった。

1年目の実験と違う点は通常法とエコ法を同じ被験者が行っていない点と調理実習班の人数である。しかし，表3-2の献立A・B平均削減率43.7％と比較してみても教育後のCO₂排出量はいずれの献立においても40％以上の削減効果が得られており，ここからも明らかなとおりエコクッキング教育後エコロジーを意識して調理を行うことで，ガス・水使用量および生ごみ量の大幅な削減ができることが明らかとなった。

これまでに，教職課程の学生を対象に食教育の授業の中で自らの実践を通してエコクッキングの効果を学ばせるため，エコクッキング教育前後で同じ調理を2度体験させてきた。しかし，実際の学校教育の現場においては，同じ調理を2度体験させることはカリキュラム上困難である。しかし，CO₂排出量の削減には，調理の習熟度効果ではなくエコクッキングの教育効果が著しく高いとが今回の実験から明らかになった。これまでの研究から教育効果が持続することが確認されていることから，環境に配慮した食生活を実践するためには調理実習を行う前にエコクッキ

ング教育を行うことの重要性が示唆された。

3.4 小　　括

　エコクッキング教育を実際の家庭科教育の現場に導入することを目指し，中学校家庭科調理実習献立を用いて教科書に指示された方法とエコクッキングに留意した方法とで比較を行い，加えて調理品の総合なおいしさの官能評価を行った。あわせて調理の習熟度による影響と事前のエコクッキング教育による効果を検証した。得られた結果を以下に示す[143-145]。

① エコクッキングの効果として，2献立の平均でガス使用量約41％，水使用量77％，生ごみ量約28％，使用料金約62％，CO_2排出量約44％といういずれも高い削減効果が得られた。あわせて出来上がった両調理法の料理の総合的なおいしさについて官能評価を実施したところ，有意差は見られず同等の評価を得ていることが確認できた。

② 現場教員対象の教員研修に本献立でのエコクッキング実習を取り入れアンケートをとったところ，エコクッキング教育を授業へ活用することへの積極的な意見が多く見られた。

③ 同じ調理を2度行うことで得られる習熟度効果とエコクッキング教育を行うことの教育効果を比較検証したところ，習熟による環境に配慮した削減効果は得られず，エコクッキングの顕著な教育効果とその重要性が確認された。

　以上より，中学教科書に準拠した内容の調理実習の中でエコクッキング教育を行う効果は大で，環境に配慮した食生活を指導する上で1度の教育でも十分に教育効果が得られることが示唆された。

第2章 小学生に対しての教育効果

1.1 はじめに

近年,社会情勢や生活スタイルの変化に伴い,「食」に関する様々な問題が表面化してきた。2005年に「食育基本法」[24]が成立し,学校教育での環境と調和した食の在り方,食育における教育の役割が明記された。一方,地球環境問題の深刻化に伴い,2004年には「環境の保全のための意欲の増進及び環境教育の推進に関する法律」[23]が施行され,各教科における環境教育について児童生徒の発達段階に応じた取り組みが求められている。さらに2006年に59年ぶりに改正された教育基本法[25]では,生命の尊重,自然環境が人々の生活に与える影響,持続可能な社会の構築のための環境保全の取り組み,家庭生活と環境との関係などの学習の充実が新しく明記された。

このような流れを受けて2009年に,環境問題対策を食教育と関連付けて学ぶことが小学校学習指導要領[26]に盛り込まれたことは,これからの家庭科教育を考える上で留意すべき点である。本調査実施時点の検定済み小学校教科書[146]にも一部記述が見られるが,調理技術および栄養指導に加え,食材,水およびエネルギー資源の有効活用,ごみの削減,そして地球温暖化防止の観点からも,環境に配慮した調理法,すなわちエコクッキングの視点がさらに大切になってくると考える。

第Ⅱ部第1章で,大学生に対してのエコクッキング授業の教育効果を明らかにしてきた[76, 88, 145]。しかしながら,家庭科教育をはじめて学ぶ初等教育の大切な時期である小学生に対してエコクッキングについての教育効果を定量的に分析した報告は著者らの知る限りこれまで見られない。そこで,本研究では,西東京市小学校食育推進事業[147]の一環に協力して,西東京市立小学校の5年生を対象に,エコ・クッキング指導者教本[148]をもとに作成した講義と調理実習を一体としたモデル授業を行い,その教育効果の検証を試みたものである。

1.2 調査方法

1.2.1 調査対象者,調査期間および調査計画

西東京市立15小学校5年生,計36クラス,1,152名の児童を対象とした(調査全期間アンケート回収率99.8%)。調査期間は,2008年6月〜2009年2月とし,授業は各小学校にて実施した。アンケート調査計画を図1-1に示した。

1.2.2 授業の実施要領

下記(1)〜(4)の要領でモデル授業を実施した。保護者は希望すれば授業を見学できるようにした。

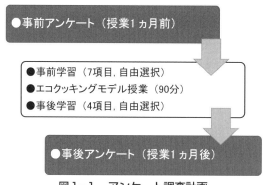

図1-1 アンケート調査計画

(1) 到達目標

モデル授業による児童の到達目標を下記のように設定した。
・環境のことを考え,「買い物」,「調理」,「片付け」をしようという意識を持てるようになる。
・エコクッキングに関心を持ち,炒める調理もしくは味噌汁の調理ができるようになる。
・調理時に使用するガス・水,生ごみ量を意識して減らせるようになる。
・調理実習での経験をもとに家庭で実践しようとする意欲が持てるようになる。

(2) 授業構成

1クラス2時間授業(45分×2時限)とし,モデル授業は講義と調理実習とのセットで構成した。

① 講義(15分)

講師はエコクッキングの目的,買い物,調理,片付けについて,『エコ・クッキングで地球を救え(書籍)』[149]とその内容をもとにして作成したパワーポイントの画像を使用し,具体的な指導内容を統一するとともに,以下のポイントを中心に解説した。

「買い物」に関して:食材が生産され食卓に上るまでの流れと費やされるエネルギーについて,レジ袋や食材の容器包装について,食材の選び方として旬や地産地消の意味について。

「調理」に関して:家庭ごみの種類別内訳と野菜を無駄なく使う方法,ガス器具や電化製品のエネルギーを無駄にしない上手な使い方について。

「片付け」に関して:家庭排水による水質汚濁と水を汚さない片付けの方法,チラシで作った生ごみ入れの活用によるごみの削減方法について。

② 調理実習(75分)

事前に,児童が調理実習を行う料理を講師が実際に作って見せ,調理時の配慮すべきポイントを説明した(約20分)。

続いて,班ごとに児童による実習を実施し,実習中講師による机間指導を行った(約30分)。実習班の人数は6人/班を基本とした。実習終了後,児童が自分たちで作った料理を味わい,講義に基づき環境に配慮した片付けを行った(約20分)。片付け終了後,食べ物,水,エネルギーを大切にすること,ごみを減らすこと,およびおいしい料理を作ることの大切さを,講師が再度口頭で説明した(約5分)。

（3）講師の要件

授業のレベルをそろえるため，講師はエコ・クッキングの指導資格保持者とし，さらに事前に研修会を実施し，内容および授業レベルを統一した。1回の授業につき，講義担当者1名と調理指導担当者2名の計3名を配置した。

（4）実習内容

実習料理は，小学校家庭科の教科書[146, 150)]に準拠したものとし，料理の難易度および使用する食材や調理器具等を鑑み，「エコ・クッキングノート」[151)]の中から図1-2のとおり，「エコ・野菜炒め」と「エコ・味噌汁」を選択した。実習は1品のみとし，学校ごとにいずれかを選択できるようにした。

＜エコ・野菜炒め　春夏バージョン＞	＜エコ・味噌汁　秋冬バージョン＞
～材料(6人分)～	～材料(6人分)～
キャベツ　　　　　　　　200g	サツマイモ　　　　　　　150g
ピーマン　　　　　　　　1個	ニンジン　　　　　　　　1/2本
ニンジン　　　　　　　　1/4本	シメジ　　　　　　　　　1パック
タマネギ　　　　　　　　1/2個	長ネギ　　　　　　　　　1本
ニラ　　　　　　　　　　1/2束	油揚げ　　　　　　　　　1枚
ウインナーソーセージ　　6本	ゴマ油　　　　　　　　　大さじ1
ゴマ油　　　　　　　　　大さじ2	だし　　　　　　　　　　5カップ
オイスターソース　　　　大さじ1・1/2	（かつお節20g，水6カップ）
塩　　　　　　　　　　　少々	味噌　　　　　　　　　　60g
コショウ　　　　　　　　少々	
～作り方～	～作り方～
①野菜は薄く同じくらいの大きさに切る。ウインナーソーセージは1本を3〜4つの斜め切りにする。	①サツマイモ，ニンジンは皮付きのまま食べやすい大きさに切る。シメジは石づきを除いてほぐす。長ネギは小口切りにし，油揚げは短冊切りにする。
②フライパンを強火で温め，ゴマ油を入れる。	②鍋にゴマ油を入れて，サツマイモ，ニンジン，シメジをさっと炒め，だしを入れて野菜がやわらかくなるまで煮る。
③火の通りにくい順番に材料を入れて手早く炒める。（ニンジン→タマネギ→ウインナー→ピーマン→キャベツ→ニラ）	③②に油揚げと長ネギを加え，味噌を溶き入れる。
④オイスターソースを加え，塩，コショウで味をととのえる。	※春夏にはサツマイモ，シメジ，長ネギの代わりにタマネギ(1個)，ナス(1本)，インゲン(6本)を使用。
※秋冬にはピーマン，ニラの代わりにホウレンソウ(3株)，シメジ(1/2パック)を使用。	
＜エコポイント＞	＜エコポイント＞
・キャベツの外葉やしん，ニンジンの皮も使う。	・サツマイモ，ニンジン等の根菜は皮ごと使い，長ネギは青い部分も使う。
・旬の野菜を使う。	・旬の野菜を使う。
・ガスは，炎をはみ出さないようにする。	・ガスは，炎をはみ出さないようにする。
・火のとおりにくい順に手早く炒める。	・煮る時は鍋に蓋をする。
	・だしで使ったかつお節はふりかけにする。

図1-2　「エコ・野菜炒め」「エコ・味噌汁」の材料および作り方

1.2.3　事前・事後学習

授業の効果を高めるため，各小学校の教師が担当する事前・事後学習用の教材を統一した。事前学習用には，調理実習を初めて行う5年生であったことから，「料理の身支度チェック」，「包丁の使い方」，「野菜の上手な切り方」，「計量カップ・スプーンの使い方」，「ガスコンロの使い方」，「上手な火加減」，「エコ・アイテムの作り方」の7項目を設定し，『エコ・クッキングで地球を救え（書籍）』[149]，『エンジョイ！　エコ・クッキング（DVD）』[152]のそれぞれの教材での該当個所を提示した。

事後学習用には，授業で学んだことのまとめと，自分の取り組むエコ項目を宣言させるプリント「エコ・クッキングワークシート1」，家庭学習として調理を行い，その結果をまとめ保護者からのコメントをもらうプリント「エコ・クッキングワークシート2」，「読書（エコ・クッキングで地球を救え）」，「次回以降の調理計画」の4種類の教材を用意した。

両学習ともに導入は学校側の自由選択とした。

1.2.4　アンケート調査

（1）事前アンケート

授業約1カ月前に児童に対し無記名アンケートを実施した。アンケート設問内容は表1-1のとおりとし，表中右端に略記方法を示した。なおアンケートは，対象の特性を知るための基本項目，生活習慣に関する項目，エコクッキングに関する項目の3大項目で全27設問とし，回答は全て3択方式とした。さらに，後半に授業を行った2校のみ，授業の理解度をはかるためのエコ・クイズ（3択方式）を計6設問追加した。

（2）事後アンケート

授業1カ月後に，事前アンケートと同内容の調査を実施した。

（3）その他の調査

児童に対する事後アンケートと同時に5年生家庭科担当教師による実施報告調査を行った。実施報告書の内容は，授業に対する評価3項目と，事前学習7項目・事後学習4項目の実施の有無である。また，自由記述欄を設け，授業の印象等を自由に記述してもらった。

（4）統計処理

アンケートデータは単純集計し，さらに設問ごと，事前と事後で分割表を作成し，分割表の検定にはピアソンの χ^2 検定またはフィッシャーの直接確率検定を用いた。さらにエコクッキング全体の理解度を見るために，各設問の3択の導入度合いまたは習熟度合いとして1～3点に点数化し，その度数分布および平均点を求め，事前および事後間データそれぞれの平均点の差について t 検定を実施した。

これらの統計処理には，統計処理ソフトSPSS 11.0J（エス・ピー・エス・エス㈱）を用いた。

表1-1 アンケート設問内容

項目	No.	設問内容	略記方法
基本項目	設問1	性別	男または女
	設問2	食育という言葉を知っていますか？	食育
	設問3	エコ・クッキングという言葉を知っていますか？	エコ・クッキング
	設問4	地球温暖化という言葉を知っていますか？	地球温暖化
	設問5	1人や家族と一緒に買い物に行きますか？	買い物する
	設問6	1人や家族と一緒に料理をしますか？	料理する
	設問7	1人や家族と一緒にかたづけをしますか？	片付けする
生活習慣に関する項目	設問8	食事の前に手を洗う	手洗いする
	設問9	「いただきます」と「ごちそうさま」を言う	食事前後の挨拶
	設問10	好き嫌いなく食べる	好き嫌い
	設問11	残さず食べる	残さず食べる
	設問12	ごみをきちんと分けて捨てる	ごみ分別する
	設問13	はみがきの時は水を流しっぱなしにしない	歯磨き水止める
	設問14	テレビはつけっぱなしにしない	テレビ消す
	設問15	お風呂でシャワーをこまめにとめる	シャワー止める
エコ・クッキングに関する項目	設問16	自分（の家）の買い物ぶくろを持って行く	買い物袋持参
	設問17	簡単な包装のものを選ぶ（トレーやビニールなどの少ないものを選ぶ）	簡易包装
	設問18	旬（野菜や魚がたくさん取れて一番おいしくなる時期）の食材を選ぶ	旬の食材
	設問19	近くでとれた食材を選ぶ	近くの食材
	設問20	野菜は捨てる部分を少なくする	野菜切り方の工夫
	設問21	コンロの火が，やかんやなべからはみ出さないようにする	コンロの火加減
	設問22	なべで湯をわかす時は，ふたをする	鍋蓋使用
	設問23	やかんやなべの水てきをふいてから火にかける	鍋水滴拭く
	設問24	汚れたお皿を重ねない	汚れた皿重ねない
	設問25	なべや皿の汚れは洗う前にいらない布などでふきとる	汚れを布で拭く
	設問26	水をこまめに止め，流しっぱなしにしない	節水
	設問27	生ごみはチラシのごみ入れに捨てる	チラシのごみ入れ
エコ・クイズ（※）	設問28	1年間に1人が使うペットボトルの数は？（答150本）	ペットボトル数
	設問29	1年間に1人が使うレジぶくろの数は？（答：300枚）	レジ袋数
	設問30	トマトの旬はいつ？（答：夏）	トマトの旬
	設問31	やかんでお湯を沸かすときに，コンロを上手に使っているのはどれ？（答：中火）	湯火加減
	設問32	牛乳をコップ1杯捨ててしまうと，よごれた水を魚がすめるくらいきれいな水にするためにお風呂何杯分の水が必要？（答：約13杯）	水汚濁度合
	設問33	次のうち正しいのはいくつある？（答：3つ）①汚れたお皿は重ねない／②お皿の汚れはふき取る／③洗剤を使いすぎない	正解数

※後半に授業を行った2校に対し，実施した授業の理解度をみるために実施したもの。

1.3 結果および考察

1.3.1 授業実績報告から見る授業効果

授業実施報告書をもとに，授業の評価および事前・事後学習実施状況の結果を表1-2にまとめた。

(1) 教師による授業評価

授業に対する教師の評点（3：わかりやすい，2：普通，1：わかりにくい，の3段階評価）は「講義」が平均2.9，「調理実演」が平均2.8，「机間調理指導」が平均2.7で，高い評価を得た。

「講義」に関しては，パワーポイントで作成した画像を使った分かりやすい解説とクイズを盛り込んだことで児童の関心および興味をひきつけたことが高く評価されており，「調理実演」では，調理の方法を実際に見て覚えることができる効果が高く評価された。

(2) 事前・事後学習の導入率と導入数

事前事後学習の導入率と平均導入数を表1-2に示した。調理の基礎学習を行う目的で実施を促した事前学習は，7項目中平均導入数は5.1項目であった。特に「料理の前の身支度チェック」93％，「包丁の使い方」82％，「ガスコンロの使い方」77％等が高い導入率であった。特に調理前に知っておくと望ましいこれら3項目に関しては，ほぼ事前に実施されたことが確認できた。

エコクッキング授業による教育効果を高め持続させることを目的とした事後学習は，4項目中平均導入数は1.9項目と少なかった。ただし，「エコ・クッキングワークシート1」は84％と高い実施率であり，授業の復習に寄与したと考えられる。次いで「読書」は，読書の時間に利用できることから54％の実施率であった。

一方，「エコ・クッキングワークシート2」は家庭での復習を目的としているため36％と低く，

表1-2 事前事後学習の導入率と導入数

内容	項目	導入率（％）
事前学習の実施状況 平均導入数：5.1項目	料理の前の身支度チェック	93
	包丁の使い方	82
	野菜の上手な切り方	63
	計量カップ・スプーンの使い方	59
	ガスコンロの使い方	77
	上手な火加減	68
	エコ・アイテムの作り方	70
	平均導入率	73
事後学習の実施状況 平均導入数：1.9項目	ワークシート1	84
	ワークシート2	36
	読書	54
	次回以降の調理計画	16
	平均導入率	48

さらに進んだ学習となる「次回以降の調理計画」については16％と低い実施率であった。

1.3.2 児童へのアンケートから見る授業効果
表1-1のアンケートから得られた結果を以下の項目ごとに分けて考察した。
（1）全体の特徴
全体を通した特徴として，「意味を知っている／よく○○する／いつもする」が授業前から70％以上だった設問は，『地球温暖化』，『食事前後の挨拶』，『ごみ分別する』，『歯磨き水止める』であり，一方，30％以下と少なかったものは『食育』，『エコ・クッキング』，『料理する』，『簡易包装』，『近くの食材』，『汚れを布で拭く』，『チラシのごみ入れ』であった。5年生は，家庭科教育の開始学年であることからまだ食に関する知識が少ないものの，一般的な生活習慣の知識はあると考えられた。

（2）基本項目および生活習慣に関する項目についての授業後の変化
授業の効果が有意に見られたものを，図1-3に示した。

『食育』は，「意味を知っている」者が授業前15.2％から授業後29.4％と有意に増加し，その分「聞いたことがある」と「知らない」と回答した者は有意に減少した。

『エコ・クッキング』は，授業前「意味を知っている」と回答した者が24.2％であったが，授業後は83.2％と有意に増加し，他の2つの選択肢が著しく減少したことから，言葉とその意味については十分に浸透したといえよう。

『地球温暖化』は，授業前後の変化は少なかったものの，「意味を知っている」者が授業前74.9％から授業後80.0％と有意に増加した。その分「聞いたことがある」と回答した者が有意に減少した。授業前から「意味を知っている」と答えた児童が74.9％と多い点は，5年生の時点でこの言葉を既に学んでいる，あるいは日常生活の中で知識として習得しているからと考えられた。本授業では環境に配慮した調理として，「買い物」，「調理」，「片付け」のそれぞれの場面での意識した配慮ができるようになることが1つの目標であることから，地球環境問題に関して基礎知識を持っている小学校5年生は，エコクッキング授業を導入するのに適した時期だと考えられた。

基本項目（表1-1）のアンケート設問5～7の『買い物する』，『料理する』，『片付けする』の家庭での実践度は授業前後で大きく変化しなかった。授業後，「買い物」，「調理」，「片付け」を身近なこととしてとらえられるようになり，実践度が上がるのではと想定したが，家庭での調理主担当者でない児童にとって，大きな変化とならなかったと考えられた。

生活習慣に関する項目（表1-1）のアンケート設問8～15のうち，『好き嫌い』のみ有意差があった。小さな変化であるが，好き嫌いすると答えた児童が授業前12.5％から授業後8.7％と有意に減少していた。これには今回の授業体験が影響した可能性があると考えられる。表1-3にもあるように，調理実習時には嫌いなものが入っていたが食べられたと申告する子供がどの学校でも見受けられたからである。理由を聞くと，「自分で作ったらおいしかった」等と答える児童が多かった。

なお，今回は野菜を基本的に皮ごと使う調理を実施したが，はじめ皮ごと使うことに抵抗を示

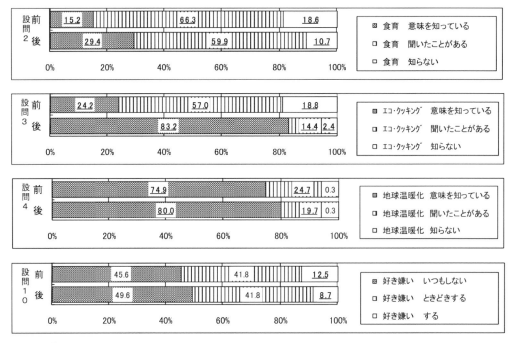

数字に下線あり，$p<0.01$

図1-3　基本項目と生活習慣項目のうち授業前後で有意差のあった設問とその結果

した児童も，実際に調理して食べてみることでおいしく食べられることを理解し，「最初は嫌だったが食べてみたらおいしかった」などのコメントが見られた。

　その他の生活習慣に関する項目（表1-1）は授業の前後で有意な変化が見られなかった。『好き嫌い』以外の項目は「いつもする」と「ときどきする」を合わせるといずれも授業前で9割以上の実践率であったことも，大きな変化が現れなかった要因と考えられた。一部『残さず食べる』，『ごみを分別する』等のエコクッキングに関連する質問があったが，上記の理由に加え，単品料理でほとんど残す児童がいなかったこと，ごみの分別指導は本授業内で行っていないことも変化として現れなかった要因と考えられた。

（3）エコクッキングに関する項目の授業後の変化

　設問16～27（表1-1）についての授業の前後の変化を図1-4に示した。全設問12のうち7設問，すなわち『買い物袋持参』，『簡易包装』，『近くの食材』，『コンロの火加減』，『鍋蓋使用』，『鍋水滴拭く』，『チラシのごみ入れ』において，「いつもする」が有意に増加，もしくは「しない」が有意に減少した。

　残りの『野菜の切り方の工夫』，『汚れを布で拭く』において，「いつもする」が有意に減少し，その分「ときどきする」が有意に増加していた。授業前には皮を薄くむくことや，汚れをティッシュペーパー等で拭き取ることを実践しているので「いつもする」と答えていた児童が，授業後，皮や茎も活用し可食部分を使い切ることが切り方を工夫することであり，汚れをいらない野菜くずや古布等で拭き取ることが大切だと知ったことにより，授業前に「いつもする」と答えていた児童が減ったのではないかと児童が記入したワークシート内容から推察した。

表1-3　教師・保護者・児童のコメント

教師のコメント	授業形式・内容について	・環境についてのパワーポイントの学習もクイズを交え興味深く児童が参加できた ・講義はパワーポイントを用い、テンポよく説明され、クイズも入っていてよかった ・実際の調理を目で見て確認したためスムーズに調理実習ができた ・本プログラムは、5年生の調理の初めの時期に導入するのが望ましい ・エコクッキングのポイントが重点的に学べた ・環境教育は地球にも教育的にも大切なことだと認識した ・大人も子供もエコについての取り組みや意識が高まるよう身近なところから実践することが大切だと認識 ・継続するために教師や保護者が引き続き、児童へ声かけを行うことが大切だと実感した
	児童および保護者からの意見	・児童から「楽しかった」「おいしかった」「エコクッキングをしたい」等のポジティブな感想が見られた ・児童の感想文に「エコクッキングの意味がわかった」「エコに気を付けたい」等の積極的なコメントが多くみられた ・環境について考えるとてもいい機会になり、保護者にも好評だった
保護者のコメント	授業内容について	・節約にもつながり、環境にもよい取り組みだと思う ・エネルギーを無駄なく使う等、家庭でもすぐに役立つと思う ・子供の将来のためにもエコを意識して暮らすことは大切だと認識した ・家庭でも取り組みたいと思う
	授業後の児童の変化	・エコクッキングの授業をきっかけに、親子での会話が広がった ・学校で学んできたことを早速家でも実践した ・帰宅後、エコクッキング授業で学んだことを早速報告した ・自分で作りたいとのことで実践させた。家族に解説付きで進め、味も申し分ない出来栄えだった ・授業後、エネルギーや水、食材について考えられるようになった ・工夫することでエコが実践できる楽しさを学べた ・自分でできるエコが身についた
児童のコメント	授業内容について	・嫌いなものも、自分で作ったらおいしく食べられた ・班のみんなで協力して、おいしくできたのがよかった ・自分でエコクッキングができてよかった。とてもおいしかった ・授業前は難しそうだと思ったが、やってみたら簡単に楽しくできた
	エコクッキングについて	・皮まで食べるのは最初は嫌だと思ったけれど、作って食べてみたらおいしかった ・エコクッキングはおいしくて、地球にやさしくてとてもよいと思う ・普通に作ったものと味の違いがあると思った。作って食べてみたらエコクッキングはおいしいと思った ・エコクッキングにしたらごみが半分くらいに減った ・指一本分の太さで水を出して出しすぎないようにしたい ・料理でエコができると知らなかった。火や水を上手に使いたい ・今まであまりエコのことは考えていなかったが、野菜の皮も食べれることや固いものから順番に炒めていくといいことをはじめて知った ・普段の料理でもエコができることが初めて分かった
	今後の抱負	・これからもエコクッキングでいろいろな料理に挑戦したい ・家や給食でもエコクッキングができるといいと思う ・エコは料理だけでなく、生活の中でも取り組みたい ・エコクッキングを家族みんなに教えたいと思う ・今回勉強したことをみんなに広めたいと思った

120 第Ⅱ部 エコクッキングの教育効果

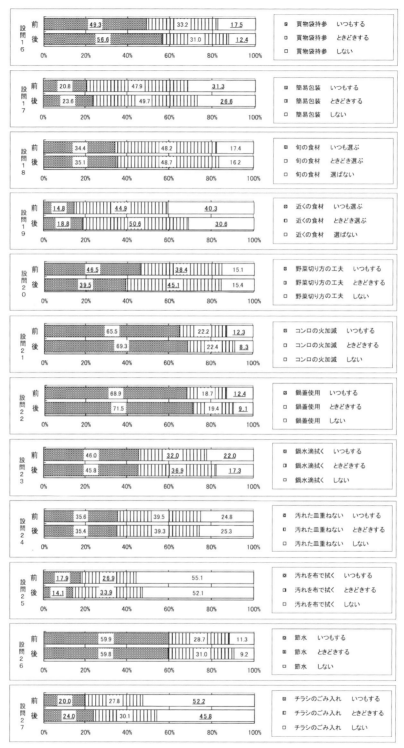

数字に下線あり，$p<0.01$

図1-4 エコクッキング項目の設問に見る授業前後の変化

表1-4 エコ・クイズの正解率の変化

設問 No.	クイズ項目	前（％）	後（％）	有意差
28	ペットボトル数	56.1	78.4	**
29	レジ袋数	50.0	68.7	**
30	トマトの旬	86.4	87.2	
31	湯火加減	78.0	92.5	**
32	水汚濁度合	45.5	62.4	**
33	正解数	51.1	83.5	**

** $p<0.01$

　その他の『旬の食材』,『汚れた皿重ねない』,『節水』においては有意差が見られなかった。『節水』について授業前後の変化が見られなかったのは，設問は「水をこまめに止め，流しっぱなしにしない」であるのに対し，授業では使うときの適切な水量を具体的に指導し，両者にずれがあったことが原因と考えられた。このことからも直接指導しなくても，児童自身が考えて応用実践できる力を養う指導法を再考することが今後の検討課題と考えられる。

（4）エコ・クイズから授業の理解度を測る

　設問28～33に設けたエコ・クイズは授業で実際に説明した内容である。表1-4に授業前後の正解率の変化を示す。『トマトの旬』の正解率は授業前でも約86％と高く，授業前後の変化は少なかった（授業後約87％）。それ以外の設問は，授業後有意に正解者が増加した。しかし，『水質汚濁度合』は約38％が，『レジ袋数』は約31％が授業後でも不正解であった。この設問は具体的な数字を問うものであり，1回の授業で完全に記憶するのは難しかったからと考えられた。

1.3.3　エコクッキング授業の教育効果の分析

　『エコ・クッキング』項目での授業の教育効果を全体として把握するため，「意味を知っている／よく○○する」を3点，「聞いたことがある／ときどき○○する」を2点，「知らない／しない」を1点とし合計点を求め，3点ごとでグループ化して，それぞれについて授業前後で比較し，図1-5に示した。合計点12～24点の得点の低いグループは，特に22～24点台が大きく減少し，25～36点の得点の高いグループはどのグループも増加したことが明らかとなった。前後の合計点の平均は，授業前25.7点，授業後26.3点と，授業前後での有意差（$p<0.01$）が認められた。

1.3.4　教師・保護者・児童の評価

　西東京市小学校対象食育推進事業最終報告書[147]より，教師，保護者，児童のコメントを抜粋し，表1-3に示した。教師からは，授業後児童から積極的な感想が多く見られたという意見が多く，保護者からは，本授業をきっかけに親子での会話が広がり，学校で学んできたことを早速家でも実践した等の意見が多く見られた。児童からは，授業での気付きに関する意見だけでなくエコクッキングをみんなに広めたい等のコメントが見られた。これらの感想からもエコクッキングについて教師，保護者，児童から一定の評価を受けていること，児童への教育が保護者，ひいては家庭にも好影響を与えていることがうかがえる。

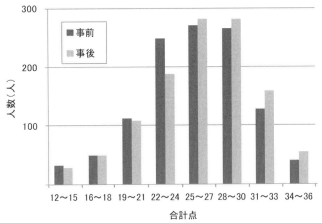

図1-5 『エコ・クッキング』項目の設問得点の度数分布

1.4 小　　括

　西東京市の小学校5年生にエコクッキング授業を導入する実験的試みを行った。その結果，授業の効果としては，アンケートでの基本項目のうち，『食育』，『エコ・クッキング』，『地球温暖化』の3設問については，いずれも「意味を知っている」が有意に増え，特に『エコ・クッキング』に関しては授業前24.2％だったものが83.2％まで増加した。また，授業内容の最も主要な部分となるエコクッキングに沿った「買い物」，「調理」，「片付け」に関する具体的行動の実践度については，12設問中7設問で「いつもする」が有意に増加，もしくは「しない」が有意に減少した。

　授業の到達目標に揚げた，「環境のことを考え，買い物，料理，片付けをしようという意識を持てるようになる」は，アンケート結果からも効果があったことがうかがえた。また，講義後すぐに調理実習を行う本授業の構成は，理解したことをすぐに実践に移すことができるため，「エコ・クッキングに関心を持ち，炒める調理もしくは味噌汁の調理ができるようになる」や「調理時に使用するガス・水・生ごみ量を意識して減らせるようになる」が直接実践できると考えられる。

　さらに，教師，保護者，児童のコメントを通して「調理実習での経験をもとに家庭で実践しようとする意欲が持てるようになる」という目標まで達成できている児童も一部見られた。一方，直接指導していないことについての実践率は低いという結果も得られたことから，授業後，児童自身が考えて応用ができるような力を養う教授法の検討が課題だと考える。また，今回は1授業に講師を3名配置したが，実際の授業に生かす場合の方法論の確立も必要だと考える。小学校5年生に対しての食と環境を結び付ける本授業で，上述のような教育効果が見られたことは，今後の教育指導法を考える上で特筆すべき点であると考える。

　今回の調査から，初めて調理実習を行う学年である5年生の時点でのエコクッキング授業の導入は，大きな影響力を持って児童に受け入れられたことが確認できた。合わせて，これからの家庭科教育の課題である環境問題対策を食教育の中で関連付けて学ばせる1つの有効な手段であることが示唆された[147, 153)]。

第3章 家庭における調理主担当者（主婦層）に対しての教育効果

1.1 はじめに

　第Ⅱ部第1章，第2章で報告したとおり，これまで大学栄養学科の家庭科教職課程履修生および小学5年生を対象にした実験研究の結果，エコクッキングの教育効果が大であることを確認した。しかし，学生が社会に出るまでには長く時間もかかることから，このような1人ひとりのエコクッキングについての意識行動が広がれば，結果として日本全体のCO_2削減に大きく寄与できると考え，各家庭での調理主担当者である主婦層を対象とした教育効果について調べ，各家庭でのCO_2削減量と日本全体として見た場合にどの程度削減可能であるのかを明らかにすることとした。

　そこで本研究では，エコクッキングを日本の各家庭で実践することを想定し，日常よく作られている献立を選択し，20代から50代の主婦19名を対象に，1世帯4人家族の1日分の献立実習をとおして，エコクッキングの教育前と教育後でどの程度変化が出るかをガス・電気・水使用量および生ごみ量の計測から明らかにした。また，年代ごとに差があるかどうか，朝食，昼食，夕食ごとに差があるかどうか，調理で取り入れられた工夫等を明らかにした。

　なお，一度の教育で取り入れられる効果と徹底してエコクッキングを導入することの削減効果を比較検討し，広く普及していくための方策を検討した。

1.2 調査方法

　エコクッキングの実施対象献立は，第Ⅰ部と同様の2005年東京ガス都市生活研究所で調査した「調理実態調査内容」の結果に基づき，現在の家庭での食実態（献立および品数等）を反映させた年間上位頻出献立[58]から，以下に示す朝食，昼食とA，Bの2パターンの夕食献立とした。献立のもとにしたデータベースは，㈱NTTデータライフスケープマーケティングが行っている「食MAP®」である。

1.2.1 実習献立

　朝食はトースト，ベーコンエッグ，バナナヨーグルト，ホットコーヒー，牛乳（冷）の計5品，昼食はチャーハン，グレープフルーツ，麦茶（温）の計3品，夕食は様式の異なるA，Bの2献立を設定した。すなわちA献立は和風で，ご飯，味噌汁，魚の焼き物，野菜の煮物，青葉のおひたし，日本茶（温），ビールの計7品とし，B献立は洋風で，カレーライス，ミックス野菜サラダ，漬物，麦茶（冷），ビールの計5品とした。図1-1に対象としたそれぞれの献立と盛りつけ例を示す。これを実習時の各調理台にはレシピとともに盛りつけ例を参考として配布した。

図1-1 食事別実習献立名と盛り付け写真

1.2.2 調査対象者

エコクッキングの実験に参加する被験者主婦を20～50代の年代別主婦19名（20代：4名，30代：5名，40代：5名，50代：5名）とした。

1.2.3 実験期間

2006年7月～9月（水温の影響を考慮して実験時期を限定）とした。

1.2.4 実験室の環境

実験は本学調理科学研究室とし，室温25±2℃（空調設定25℃），水温26.5±1.2℃，湯温40.2±0.9℃とした。

1.2.5 調理器具および測定器具

使用する調理機器および食器類は，これまでの研究同様に実験室設置のものとし，調理器具は常時使えるように調理台横のワゴン上に準備し，使用したものの数を観察者が記録した。

測定機器として，ガスコンロ2台：㈱ハーマン製ガスビルトインコンロ C3W89RDTLTG，ならびに積算流量計（ガス・水・湯）2台：愛知時計電機㈱製 SP561，SP562，電力計：日置電機㈱製 HIOKI 3168 CLAP ON POWER HiTESTER（個々の電気器具使用時に接続），温度計測記録機：安立計器㈱製データコレクタ AM-8000を使用した。

1.2.6 実験手順

以下の①～⑤の順に行った。

① 1回目の実験として，既定のレシピと盛り付け写真を提示し，実験中の留意点を指示した上で，普段家庭で行う方法で調理してもらった。使用する調理機器も自由選択とした。1被

験者に観察者が1名つき，食材を洗うところから，調理台での作業，ガス台での加熱，食事後の片付け，食器や調理機器の洗い物までの一連の行動，調理手順を観察記録した。

② 調理中に使用したガスおよび水・湯使用量は，各調理台下に設置した上記積算流量計で測定した。今回使用した電気機器であるトースター（三菱電機㈱製 SK-PSZ1），コーヒーメーカー（象印マホービン㈱製 EC-FA60）および電気炊飯器（象印マホービン㈱製 NH-VD10）の電気使用量は，上記電力計を個別に接続して計測した。なお，調理中のガス・電気・水使用量のデータは，5秒ごとに積算流量計に接続したパソコン内に記録され，実習中の行動別の変動が追跡できるようにした。生ごみは規定の紙を利用して折ったごみ箱（空箱計量）に入れ，終了後に計量した。

③ エコクッキングの講義実施時期は1回目実習後に設定し，被験者を2グループに分け実施した。内容は，現在の地球温暖化や化石燃料であるガスや石油等，さらには水資源の浪費といった地球全体の環境問題に始まり，身近な家庭生活での台所の排水やごみ問題，そして簡単に実践できるエコクッキングの方法とこれまでの一連の実験から得られた効果実証までをビデオ映像や配布資料を用いて90分程度講義した。その後で，CO_2排出量削減面で努力できる調理行動を各自で見直してもらった。

④ 2回目の実験として，講義から1カ月以内に①と同様の献立を各自が考えたエコロジー的な工夫点を取り入れて調理してもらった。測定方法および実習中の行動観察記録も前回と同様に実施した。

⑤ 2回目の実験観察記録を参考にして，我々研究グループ（学生を含む7名）でさらなる改善工夫点を行動別に検討し，それらを踏まえたエコクッキングを実施した。その結果を以降「徹底エコ」として提示した。

1.2.7 CO_2排出量換算方法

このようにして実測されたガス，電気は，これまで同様に一次エネルギー量に換算するための換算式①，②およびガス・電気および水使用量（湯使用量を含む），生ごみ量はCO_2排出量として換算するための換算式③〜⑥の式を用いこれまで同様に算出した。

① ガスの消費一次エネルギー量（kWh）＝［ガス使用量（L）/1,000］（m^3）× 45（MJ/m^3）×1,000/3,600（s）

② 電力の消費一次エネルギー量（kWh）＝［電力使用量（Wh）/1,000］（kWh）/0.361

③ ガスに起因するCO_2量（g）＝ガス使用量（L）×2.21（g/L）[59]

④ 電力に起因するCO_2量（g）＝電力使用量（Wh）×0.69（g/Wh）[60]

⑤ 水に起因するCO_2量（g）＝水使用量（L）×0.909（g/L）[48]

⑥ 生ごみに起因するCO_2量（g）＝生ごみ量（g）×0.43（g/g）[82]

1.3 結果および考察

1.3.1 エコクッキングによる1日分のCO_2削減効果

上記のようにして実験した時の献立別のガス・電気・水使用量および生ごみ量の実測データを表1-1に示した。その結果、2回目の実験においてほとんど全ての使用量に削減効果が認められた。これは被験者らがエコロジーを意識して調理した結果と考えられる。20代において昼食時の生ごみ量の2回目が増加しているのは、調理時に出る生ごみのほとんどがグレープフルーツの皮によるものとみなされ、グレープフルーツの個体差とその食べ方が影響したと考えられる。第2部第1章第1節で示したとおり、大学の家庭科教職課程履修生を対象に行ったエコクッキング実験結果では、ガス使用量で約45%、水使用量で約85%、生ごみ量で約64%と高い削減率であった[76)]が、今回の主婦グループは日常的に調理を行っていることから、学生たちに比べて調理技術や調理手順に習熟しており、1回目の実習から既に手際がよく行動に無駄が少ないことが削減率の差に表れたと考察した。

以上の実測値をもとに、朝、昼、夕（A、B）の食事ごとにガス・電気・水使用量および生ごみ量の実測値をCO_2排出量として換算、算出した合計値を図1-2に示した。ここからも明らかなように、朝食に比べて和食の夕食Aは多量のCO_2を排出していた。それに比べて、夕食Bのカレーライスのような一皿盛り献立は、食事に使用される皿数も品数も少ないことから同じ夕食であってもCO_2排出量は昼食献立並みであった。朝、昼、夕食のいずれの食事も2回目にはエコ的配慮が実践されており、朝食21%、昼食15%、夕食A36%、夕食B25%の削減効果が認められた。

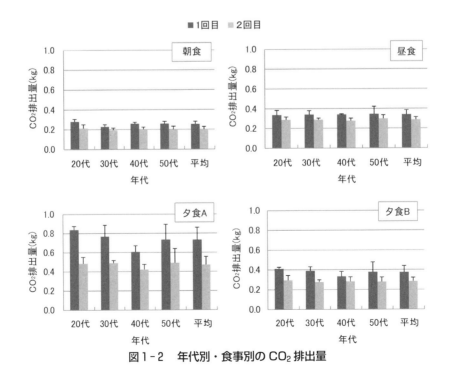

図1-2　年代別・食事別のCO_2排出量

表1-1 ガス・電力・水使用量および生ごみ量と削減率（年代別・食事別）

			20代	30代	40代	50代	平均
朝食	消費一次エネルギー量【ガス＋電力】(kWh)	1回目	0.73±0.13	0.53±0.13	0.63±0.03	0.65±0.09	0.63±0.12
		2回目	0.51±0.11	0.48±0.08	0.51±0.06	0.48±0.08	0.50±0.08
		削減率（％）	30.1	9.4	19.0	26.2	20.6
	水使用量【水＋湯】(L)	1回目	35.8±17.6	29.5±11.2	30.4±4.8	40.8±17.8	34.1±13.3
		2回目	21.7±10.7	15.6±0.4	15.8±5.2	14.5±12.4	16.5±8.1
		削減率（％）	39.4	47.1	48.0	64.5	51.6
	生ごみ量（g）	1回目	208.9±36.1	209.4±23.4	222.8±19.3	198.8±19.3	210.0±24.2
		2回目	189.2±23.1	177.6±12.1	183.2±13.5	195.4±22.8	186.2±18.0
		削減率（％）	9.4	15.2	17.8	1.7	11.3
昼食	消費一次エネルギー量【ガス＋電力】(kWh)	1回目	0.67±0.08	0.58±0.11	0.56±0.07	0.64±0.13	0.61±0.10
		2回目	0.42±0.12	0.44±0.08	0.40±0.05	0.52±0.15	0.44±0.11
		削減率（％）	37.3	24.1	28.6	18.8	27.9
	水使用量【水＋湯】(L)	1回目	45.3±21.4	29.4±1.7	33.0±12.4	38.3±25.9	36.0±17.2
		2回目	30.2±12.0	21.7±5.5	28.0±9.5	23.5±14.8	25.6±10.5
		削減率（％）	33.3	26.2	15.2	38.6	28.9
	生ごみ量（g）	1回目	414.0±58.2	492.6±60.1	491.6±39.8	462.2±81.0	467.8±64.5
		2回目	434.1±3.4	447.0±12.8	425.5±34.6	435.0±20.0	435.5±21.4
		削減率（％）	＋4.8	9.3	13.4	5.9	6.9
夕食A	消費一次エネルギー量【ガス＋電力】(kWh)	1回目	3.35±0.26	3.18±0.53	2.33±0.19	2.90±0.50	2.92±0.54
		2回目	2.04±0.28	2.13±0.09	1.88±0.17	2.12±0.55	2.04±0.31
		削減率（％）	39.1	33.0	19.3	26.9	30.1
	水使用量【水＋湯】(L)	1回目	107.3±41.8	93.9±22.8	92.3±38.3	124.3±61.3	104.3±41.8
		2回目	76.2±39.9	62.1±5.1	58.2±17.4	66.6±44.6	65.2±28.7
		削減率（％）	29.0	33.9	36.9	46.4	37.5
	生ごみ量（g）	1回目	232.5±62.3	193.4±42.9	178.3±13.5	166.3±45.2	190.5±46.3
		2回目	69.8±30.8	69.8±20.1	43.1±18.7	58.6±34.3	59.8±26.8
		削減率（％）	70.0	63.9	75.8	64.7	68.6
夕食B	消費一次エネルギー量【ガス＋電力】(kWh)	1回目	1.45±0.15	1.29±0.19	1.10±0.12	1.24±0.29	1.26±0.22
		2回目	1.13±0.20	1.03±0.07	1.07±0.13	1.07±0.11	1.07±0.13
		削減率（％）	22.1	20.2	2.7	13.7	15.1
	水使用量【水＋湯】(L)	1回目	73.4±35.2	60.8±3.8	66.0±20.8	77.9±33.9	69.3±24.7
		2回目	43.8±17.6	37.3±2.8	37.9±11.5	34.9±27.9	38.2±16.3
		削減率（％）	40.3	38.7	42.6	55.2	44.9
	生ごみ量（g）	1回目	115.0±28.9	160.0±38.4	103.4±27.2	119.8±46.3	125.1±40.1
		2回目	69.3±7.6	79.8±8.7	76.2±17.4	76.3±15.5	75.7±12.7
		削減率（％）	39.7	50.1	26.3	36.3	39.5

表中の削減率（％）の項において無印は減少率，＋は増加率を示す。

表1-2 1世帯（4人分）での夕食A，B献立別1日分の食事作りでのCO_2排出量（kg）と削減率（%）

		20代	30代	40代	50代	平均	徹底エコ
夕食Aパターン 平均±標準偏差	1回目	1.45±0.09	1.34±0.12	1.21±0.07	1.34±0.24	1.33±0.16	―
	2回目	0.98±0.13	0.97±0.03	0.90±0.07	0.99±0.19	0.96±0.12	0.82
削減率（%）[※1]		32.4	27.6	25.6	26.1	27.8	38.3[※2]
夕食Bパターン 平均±標準偏差	1回目	1.03±0.05	0.96±0.09	0.93±0.06	0.98±0.19	0.97±0.11	―
	2回目	0.80±0.11	0.76±0.03	0.76±0.07	0.78±0.09	0.77±0.07	0.72
削減率（%）[※1]		22.3	20.8	18.3	20.4	20.6	25.8[※2]

[※1] 削減率：1回目の食事づくりで排出したCO_2量に対しての2回目の削減率（%）。
[※2] 徹底エコの削減率の算出は1回目平均値に対しての削減率（%）として算出した。

　表1-2には，朝食，昼食，夕食A献立と，朝食，昼食，夕食B献立の2パターンを1日分の食事として考えて，1家族4人の食事作りに使用したエネルギー・水使用量および生ごみ量のデータを元に環境に排出されるCO_2排出量と2回目のエコクッキング実施によりCO_2排出量をどの程度削減できる効果があるかを年代別に示した。また，主婦データの平均値と我々グループが実施した徹底エコ結果も併記した。ここでも明らかなように，A，Bの食事様式にかかわらず，20代の主婦のCO_2排出削減率が32.4%および22.3%と特に大であった。30代，40代，50代の主婦が上述したように削減の効果が少なかったのは，調理の習熟度が影響しているものと考えられる。また，徹底エコの実施により主婦らの1回目の平均値に比べて38.3%および25.8%削減の可能性も示唆された。

　表1-3には行動観察結果から見られる1回目と2回目の調理手順の違いを示した。これらの行動観察記録から抽出されてきたものは，これまでの一連の実験から裏付けられた結果でもあり，エコクッキングに効果的な行動項目としてあげられよう。そこで，CO_2排出量削減に効果的な主な調理手段を以下にまとめてみた。

① 引き続き調理する場合は機器の余熱を利用することで加熱時間が短縮され消費エネルギーが削減できる。
② 1人分ずつ仕上げるのでなく同時調理することで加熱時間と消費エネルギーが節約できる。
③ 無駄な保温をしないことで消費電力量が少なくてすむ。
④ 必要量を計量して使用すると，無駄な水や湯量が節約できる。
⑤ 野菜は廃棄量を少なくする使い方を工夫すればごみ量が削減できる。
⑥ 切り方を小さくすると加熱時間と消費エネルギーが節約できる。
⑦ 野菜の茹で汁を捨てないで洗うための水に利用すると水使用量が少なくなる。少ない洗剤で上手に洗うと水も洗剤の使用量も少なくてすむ。
⑧ まな板をきれいな食材から上手に使いまわすことで洗う回数が少なくなり水使用量が少なくてすむ。

　以上のような行動項目の中で，特に削減率の高かった項目は水と生ごみへの配慮であり，60～80%の削減効果[76]が期待できることは実証ずみである。

表1-3 献立別1回目と2回目における主な調理手順の違いとエコポイント

		1回目	2回目	エコポイント
朝食	トースト	・焼きあがった後，時間を置いてから次のパンを焼く	・焼きあがった後，すぐに次のパンを焼く	加熱時間の短縮（ガス使用量の削減）
	ベーコンエッグ	・1人分ずつ調理する	・4人分を1度に蒸し焼き法で調理する	加熱時間の短縮（ガス使用量の削減）
	バナナヨーグルト	・まな板上で包丁を使いバナナを切る	・バナナを皮上でスプーンを使い切る	洗い回数の削減（水使用量の削減）
	コーヒー	・コーヒーメーカー：抽出後も保温を続ける	・コーヒーメーカー：抽出後は保温を切る	保温電力量，水使用量，ガス使用量，生ごみ量の削減
		・ドリップ式：水の量を目分量で計量する	・ドリップ：水の必要量を計量する	
		・コーヒーかすはそのまま廃棄する	・コーヒーかすは，乾燥させた後に廃棄する	
昼食	チャーハン	・熱した卵に飯を加える方法，炒めた卵を後から加える方法	・溶いた卵と飯を混ぜ合わせて一緒に炒める	加熱時間の短縮（ガス使用量の削減）
			・材料は細かく切る	
	麦茶	・水量は目分量で計量する	・必要量の水量を計量する	ガス使用量，水使用量，生ごみ量の削減
		・やかんの底面に適さない大きな火力で湯を沸かす	・やかんの底面に合った火力で湯を沸かす	
		・麦茶パックはそのまま廃棄する	・麦茶パックは乾燥させてから廃棄する	
夕食A	ご飯	・炊飯が完了した後も炊飯器の保温を続ける	・炊飯完了後は炊飯器の保温を切る	保温電力量の削減
	大根の味噌汁	・煮干しの頭とはらわたを取り，だしを取った後は廃棄する	・煮干しはミルにかける	生ごみ量の削減，だしを取る加熱の省略
	魚の和風焼き物	・切り身をそのまま使用する	・切り身を半分に切り使用する	加熱時間の短縮（ガス使用量の削減）
			・魚と同時に，たれも容器に入れて加熱する	
	野菜の和風煮物	・野菜の皮は廃棄する	・野菜はよく洗い，皮ごと使用する	ガス使用量，生ごみ量の削減
		・蓋をせずに加熱する	・落し蓋を利用し加熱する	
	青葉のおひたし	・水から火にかけ湯を沸かす	・給湯器の湯を火にかけ湯を沸かす	ガス使用量，水使用量の削減
		・茹で汁は捨てる	・茹で汁は洗い物に利用する	
	日本茶	・水量は目分量で計量する	・必要量の水量を計量する	ガス使用量，水使用量，加熱時間の削減
		・やかんの底面に適さない大きな火力で湯を沸かす	・やかんの底面に合った火力で湯を沸かす	
夕食B	カレーライス	・煮込み用の水量を目分量で計量する	・煮込み用の水量は計量する	保温電力量，水使用量，加熱時間（ガス使用量），生ごみ量の削減
		・炊飯が完了した後も炊飯器の保温を続ける	・炊飯完了後は炊飯器の保温を切る	
		・野菜の皮は廃棄する	・野菜は皮ごと利用し，大きさを均一にする	

表1-4 食事作りにおける日本全体での1年当たりのCO_2排出量およびエコクッキング効果(試算)

	1世帯 (4人分)(kg)	1人(kg)	日本全体(t)[※1]	削減率(%)[※2]
1回目(教育前)	419.7	104.9	13,407,035	-
2回目(教育後)	316.4	79.1	10,107,749	24.6
徹底エコ	280.6	70.2	8,964,153	33.1

[※1] 日本の人口127,767,994人(2005年)を乗じて算出した値。
[※2] エコクッキング実施前の1回目を基準とした削減率。

1.3.2 日本全国における食事にかかわるCO_2排出量削減効果

図1-2に示したCO_2排出量の削減量から,朝食・昼食・夕食平均(夕食Aと夕食Bの平均)の1人分の食事における削減量を算出し,エコクッキングの考え方で日本の全家庭(2005年度の全人口127,767,994人,世帯数49,062,530)で食事が作られたとみなすと1年間にどの程度のCO_2排出量削減効果(t)が期待できるかを試算し表1-4に示した。ここには徹底エコにより実施した結果も併記している。

主婦らが日常家庭で行っている方法での1回目のデータを基準に,エコロジーを意識して行った2回目のデータを比較してみると,ガスおよび電気の消費エネルギー,水使用量および生ごみ量を合わせた合計でCO_2排出量を約25%削減できたことになる。これはエコクッキングの講義を受講後,食材の廃棄量を減らす工夫や調理の加熱時間を短縮する調理法,それぞれの調理に適した火加減,生ごみの処理の仕方,同時調理といったエコロジー的な配慮で調理することの重要性が理解されて,実践へと結びついたものだと考えられる。

以上の結果は,個々人が,深刻化が進む地球環境問題を家庭の食事に関連付けた身近な問題としてとらえ,エコロジーの意識下で調理することが地球温暖化の抑制に大きく貢献することを示唆するものである。

1.4 小　　括

日頃から家庭での食事作りに携わっている調理主担当者である20代から50代の主婦19名を対象にして,日本の一般家庭の食事調査結果より得られた上位頻出メニューを調理してもらった場合の電気・ガス・水の使用量および生ごみ量を測定記録した。同時に調理中の全工程の動作を観察記録した。その後,生活環境問題やエコクッキングの重要性と効果的な調理法についての講義を受講後,同じ献立を再度調理してもらった。この結果,エコクッキングの意識を持つことで,電気やガス,水および生ごみのいずれにも大きな削減効果が認められた。この実験結果をもとに,日本の全家庭において同じようなエコクッキングに配慮した食事作りをしたと仮定した場合にどの程度のCO_2削減効果が得られるかを試算した。結果として一度の教育で約25%のCO_2排出量の削減が見込まれ,さらに徹底したエコクッキングを実施することで最大約33%の削減の可能性も期待できた。このことからエコクッキングが深刻化する地球温暖化をはじめとする環境問題改善への一助になることが示唆された[77, 154]。

第Ⅲ部 エコクッキングの汎用性と社会的影響力

第1章 商業施設におけるエコクッキングの導入効果

1.1 はじめに

　これまで，エコクッキングのエネルギー・水使用量およびごみ量の削減効果およびエコクッキング教育効果の高さを確認し，教育および各家庭で導入することで大きな効果が出ることを確認してきた。

　そこで本研究では，エコクッキングの考え方を商業施設に適用することで，さらに大きな効果につながると考え，商業施設としては初めてのエコクッキングの導入を計画し，その効果検証を行うこととした。環境省の施設である東京都の「新宿御苑レストラン」の協力を得て，店舗販売メニューを調理した時のガス・水使用量，生ごみ量を計測し，さらにそれらをCO_2排出量に換算し，それぞれの削減効果明らかにすることとした。さらに，これまでの研究から明らかになった導入すべき「エコクッキングポイント」を25項目洗い出し，当該レストラン店舗全体での導入を図り，エコクッキング導入前と導入後とで，店舗で使用したガス・水使用量，生ごみ量の比較を行い，年間のCO_2排出量削減効果を明らかにすることで，商業施設での行動改善における環境負荷低減の事例として提案するものである。

1.2 実験方法

　エコクッキングの効果を明らかにするため，まず店舗で販売しているメニューをもとにエコクッキングの効果を調べることとした。さらに，レストラン全体でのエコクッキング導入効果を調べるため，これまでの研究から明らかになった導入すべき「エコクッキングポイント」を25項目洗い出し，店舗全体のメニューで導入を図り，導入前後でのガス・水使用量，生ごみ量の比較をもとに効果を測定した。

1.2.1　店舗販売メニューにおけるエコクッキングの効果
（1）実験に用いた店舗販売3メニュー

　図1-1に示したとおり，本研究に先立ち開発を行った「エコドライカレー」，店舗での売り上げ総数が1，2位である「カレーライス」，「ハヤシライス」に，それぞれドリンクをセットした

図1-1　実験メニューと盛り付け写真

3メニューを対象とした。各メニューは4人分とした。

エコロジーの意識をせずに通常の方法で調理したもの（以後通常法）とエコクッキングに留意しながら調理したもの（以後エコ法）とで，それぞれガス・水使用量および生ごみ量の測定を行い，CO_2排出量に換算した。

（2）実験環境および実験日

東京ガス㈱新宿ショールームクッキングスタジオにて，2009年8月19日および9月16日の両日に実施した。

（3）調査対象者

同レストランシェフ立ち会いのもとで実験を実施し，通常法は東京文化短期大学学生3名（計3回），エコ法は，エコ・クッキング指導者3名（計3回）が行った。

（4）調理機器および測定機器

調理機器および食器類はスタジオ設置のものとし，測定機器は以下のものを使用した。

ガスコンロは，リンナイ㈱製 RN-P873A-AUL，㈱ハーマン製 HR-P873C-VXDBH，㈱ハーマン製 HR-P873C-VXBBHL のものを使用し，測定機器として，積算流量計（ガス・水・湯）は，愛知時計電機㈱製 SP561，SP562のものを使用した。調理器具および食器類はショールーム設置のものを使用した。

（5）実 験 手 順

① 調査対象3メニューのレシピを提示し，通常法として通常行っている調理方法で実施した。次に，エコ法として，エコクッキングに留意しながら調理した。

② それぞれガス・水使用量，生ごみ量を測定し，これまで同様に下記換算式を用いてCO_2排出量に換算した。

・ガスに起因するCO_2量（g）＝ガス使用量（L）×2.21（g/L）[59]
・水に起因するCO_2量（g）＝水使用量（L）×0.909（g/L）[48]

・生ごみに起因する CO_2 量（g）＝生ごみ量（g）×$0.43^{82)}$

1.2.2 店舗全体でのエコクッキング導入効果

次に，レストラン全体をエコ化するため，今回実験を行わなかった他のメニューに関しても，エコクッキングを導入するため，これまでの研究から明らかになったエコクッキングのポイントを洗い出し，守るべき25項目を設定した。表1-1に示したエコクッキングチェック項目25をもとに，レストランにて販売している全メニューについて，食材や調理方法，提供の仕方について，改善の余地があるのがどうか検討を行い，最終的には全25項目について改善を図り，販売総点数や季節変動を考慮し，エコクッキング導入以前の同月（2008年11～12月と2009年11～12月）でのガス・水使用量および生ごみ量を比較し，年間での概算 CO_2 削減量を算出した。

なお，エコクッキング導入お披露目イベントにて，エコクッキングメニューについてアンケートを実施した。

1.3 結果および考察

1.3.1 店舗販売3メニューにおけるエコクッキングの効果

実験に用いた店舗販売メニュー（4人分）ごとのガス・水使用量，生ごみおよび CO_2 排出量削減量の結果および3種類のセットメニューの平均を表1-2に示した。

エコドライカレーのセットでは，エコ法により，ガス・水使用量，生ごみ量の順に，約31％，86％，81％の削減効果が見られた。カレーライスのセットでは，約46％，84％，19％となった。ハヤシライスのセットでは，約34％，81％，49％となった。3種メニューを平均すると，約38％，84％，47％となった。

ガス使用量は，煮込み時間等でメニューごとに差があるものの，エコ法によりいずれのメニューでも削減効果が見られた。特に，鍋底に合った火加減の調節や鍋蓋の活用が共通して効果的な方法であった。水使用量は，これまでの実験からもメニューにかかわらず効果が高いことが認められているが，今回取り上げたいずれのメニューでも80％以上の高い削減効果があり，平均して50L以上の水の削減につながった。必要に応じて水を使用することや調理器具や食器についた汚れをスクレーパーで取るあるいは古布で拭き取ってから洗う等の工夫が効果があった。

生ごみは，使用する食材の種類や量により削減率が異なる。野菜を11種類使用したエコドライカレーで最も効果があり80％以上の削減効果となったが，野菜を4種類しか使用していなかったカレーライスでは約19％の削減効果にとどまった。可食部分を最大限に生かす切り方の工夫や皮や茎等も使用する等のアイデアが生ごみ削減に効果があったと考えられる。

次に，ガス・水使用量および生ごみ量から実験に用いた店舗販売メニューごとに，CO_2 排出量を算出した。結果，表1-2に示したとおりいずれのメニューでもエコ法により約50％の CO_2 排出量を削減できることが明らかとなった。それぞれの削減率では水の削減が最も効果があったが，調理全体の CO_2 排出量削減効果として見ると，ガス使用量，ついで生ごみ量の削減が CO_2 排出量削減効果に大きく影響することを確認した。

表1-1　エコクッキングポイント25

No.	分類	項目	詳細
1	買い物	食材にこだわる	安心・安全な食材を生産および流通段階から吟味し選ぶことで，環境負荷の少ない物を選ぶ
2		旬のものを使う	旬のものは，温室栽培等を行わないため，栽培時のエネルギーが1/2～1/10と少なくてすむ
3		地産地消に取り組む	遠くから運ばなくてよいため運送のためのエネルギー負荷を格段に減らすことができる
4		米を無洗米にする	生産段階の環境負荷が少なく，研ぎ汁で環境を汚さない無洗米を使用するか，環境負荷の少ない米を選び，研ぎ汁は植物にやる等の工夫をする
5		調味料を厳選する	塩，砂糖，味噌，醤油等の基本の調味料を見直し，国産のものを選ぶとともに製法も環境負荷が少なく，安心・安全なものを選ぶ
6		容器包装の少ない食材を購入する	容器包装の少ない食材，容器包装に環境負荷を減らす容器を使った食材，分別しやすくリサイクルしやすい素材，単一素材のものを選ぶ
7	調理	段取りを考えて調理する	調理をする前に段取りを考えから行う。使う道具が少なくてすみ，エネルギーも効率的に使うことができる
8		使う道具は少なく	使用する道具は少なくてすむように心がける。洗う手間を省き，節水することができる
9		ため水で汚れの少ないものから洗う	野菜は流水ではなくため水で洗う。順番は，汚れの少ない食材から洗いはじめ，泥付きのものへと洗っていく。最後に流水ですすぐ
10		丸ごと・皮ごと使う	野菜の皮や，皮に近いところにも栄養があるので，きれいに洗った野菜は皮ごと・丸ごと使う。ヘタや根の取り方も工夫して，可食部分を生かす
11		食材の有効活用	だしをとった昆布やかつお節等も上手に活用する。茹で湯をスープに使う等工夫をする
12		同じ鍋を使いまわす	使った鍋やフライパンを，洗わずそのまま別の調理に。例えば油だけの炒め物から，調味料の少ない料理，たれをからませる料理へ
13		炎をはみ出さない	鍋底からはみ出してしまった炎は無駄になってしまうため，鍋底に合った火加減，料理にあった火加減を心がけ，使うエネルギーを節約する
14		同時調理をする	オーブンは2段活用，グリルはメインの食材と同時に野菜を焼く等の隙間活用，コンロはパスタと野菜を同時に茹でる等の同時調理を行う
15		蓋・落とし蓋をする	湯を沸かすときや，煮物をするときは蓋や落し蓋をする。エネルギーも節約でき，食材に味もしみ込みやすくなる
16		必要なときに，必要な量だけ調理する	長時間の保温等を改め，必要なときに必要な量を調理することでエネルギーの無駄を防ぐ
17		盛り付けに工夫をする	皿が油で汚れがちなものにはサラダ菜を敷くなど，盛り付けの工夫で見た目をおいしくするとともに環境負荷を減らす工夫をする
18		食器・什器および消耗品も環境配慮型に	使い捨てではなく，長く使える食器や什器を使用する。消耗品は極力使せず，使用する場合には，再生紙やリサイクル商品を厳選する
19	片付け	チラシのごみ入れを使う	広告チラシでチラシのごみ入れを作って活用するとともに，生ごみは乾燥した状態で捨てる。排水口や三角コーナーにごみをためない
20		古布で拭いてから洗う	調理器具の汚れや使った後の食器は，洗う前にエコウエス（古布）で汚れを拭き取るか，スクレーパーで汚れをかき落とす
21		洗う順番を考える	油分の少ないものから，多いものへと，順番に洗う。グラス・コップから，茶碗・汁椀へ，そして油汚れのある皿や鍋，調理器具へと洗っていく
22		茹で湯は下洗いに	茹で湯や米の研ぎ汁は，食器等の下洗いに使う。湯温や，食材から溶け出た成分の粒子で，汚れも落としやすくなる
23		水を出す量に気をつけこまめに止める	1分間水を出しっぱなしにすると12リットルになるため，水量が必要ではないときは指の太さ程度に水量を絞り，こまめに止める
24		食器洗い乾燥機の活用	水の使用量を減らせる食器洗い乾燥機を使用し，使う水の量を減らす。機器を導入する際は給湯接続タイプを使用し，省エネに心がける
25		ごみの分別や生ごみの堆肥化	資源となるものは再資源化できるよう，きちんと分別する。さらに，生ごみ等は堆肥化することで循環型の食生活を送ることができる

表1-2 ガス・水使用量および生ごみ量の削減効果

セットメニュー	ガス使用量（L）			水使用量（L）			生ごみ量（g）			CO_2排出量		
	通常法 ($n=3$)	エコ法 ($n=3$)	削減率 (％)	通常法 ($n=3$)	エコ法 ($n=3$)	削減率 (％)	通常法 ($n=3$)	エコ法 ($n=3$)	削減率 (％)	通常法 ($n=3$)	エコ法 ($n=3$)	削減率 (％)
エコドライカレー	84.7	58.7	31	61.5	8.4	86	100.0	18.6	81	286.0	145.3	49
御苑カレーライス	100.3	54.3	46	75.5	12.2	84	135.3	109.0	19	348.5	178.0	49
御苑ハヤシライス	84.3	55.3	34	61.6	11.7	81	86.6	44.3	49	279.7	152.0	46
3セットメニューの平均	89.8	56.1	38	66.2	10.8	84	107.3	57.3	47	304.7	158.4	48

以上より，エコクッキング用に開発された特別のメニューでなくても，エコクッキングの手法を取り入れることで，削減効果が得られることが明らかとなった。

さらに，店舗での1カ月の平均販売点数9,000点の内，単品とドリンクの比率を見ると6：4であることから，単純にこのメニューだけを年間通して提供していたと仮定して試算してみると，1年間で約2 t のCO_2排出量削減効果が見込まれることになることが確認できた。

1.3.2 店舗全体でのエコクッキング導入効果

これまでの研究から店舗全体で導入した場合に効果が大と考えられるエコクッキングのポイントを洗い出した結果，25項目にまとめることができた。「買い物」では，①食材にこだわる，②旬のものを使う，③地産地消に取り組む，④米を無洗米にする，⑤調味料を厳選する，⑥容器包装の少ない食材を購入する，の6項目があげられた。「調理」では，①段取りを考えて調理する，②使う道具は少なく，③ため水で汚れの少ないものから洗う，④丸ごと・皮ごと使う，⑤食材の有効活用，⑥同じ鍋を使いまわす，⑦炎を鍋からはみ出さない，⑧同時調理をする，⑨蓋・落し蓋をする，⑩必要なときに，必要な量だけ調理する，⑪盛り付けに工夫をする，の11項目があげられた。「片付け」では，①チラシのごみ入れを使う，②古布で拭いてから洗う，③洗う順番を考える，④茹で水は下洗いに，⑤水を出す量に気をつけこまめに止める，⑥食器洗い乾燥機の活用，⑦生ごみの堆肥化，⑧食器・什器および消耗品は環境に配慮し長く使えるものを選ぶ，の8項目があげられた。

上記のポイント25項目を店舗全体で導入したところ，図1-2～5に示したとおり，2008年および2009年10・11月の2カ月間の平均で，1点当たりのガス使用量が約16％減，水使用量が約22％減，生ごみ量が約37％減，CO_2排出量が約20％減となった。この店舗での1カ月の平均販売点数9,000点をもとに1点当たりのCO_2排出量を出し，年間のCO_2排出量に換算したところ年間で約2.4t のCO_2排出量削減につながることが明らかとなった。この数字は，本章で実測したデータから試算した値の約2 t に近いことから，実際の調理の工夫が店舗で生かされ，店舗全体で効果が上がっていることが確認できた。

また，レストランへのアンケート調査「味はいかがでしたか？」の設問に対し，大変満足29件，満足16件，やや不満1件，不満0件，未回答3件の結果となり，大変満足と満足を合わせる

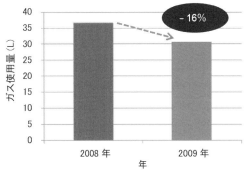
図1-2　ガス使用量削減効果（販売点数当たり）

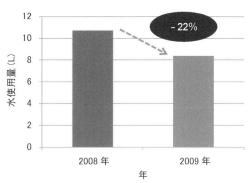
図1-3　水使用量削減効果（販売点数当たり）

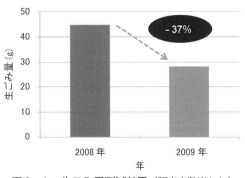
図1-4　生ごみ量削減効果（販売点数当たり）

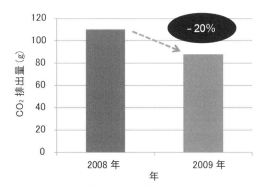
図1-5　CO_2排出量削減効果（販売点数当たり）

と92％となり，おいしいというだけでなく店舗での取り組み事態を評価するコメントが数多くみられた。これまでも通常法とエコ法とに味の差がないことを確認しているが，調理を担当しているシェフが味に満足しているだけでなく，実際に店舗でもお客様に受け入れられていることを確認した。

なお，総務省の統計によると日本にはホテル等の宿泊施設を除く一般飲食店が44.8万店（2006年データ）存在することから，店舗規模数はそれぞれ異なるもののこれらの店舗での導入が進めばさらに大きな効果につながると考えられる。

1.4　小　　括

エコクッキングの手法を商業施設に導入することでの環境負荷低減効果について実験した結果，下記のような効果が得られた[155, 156]。

（1）店舗販売メニューにおけるエコクッキングの効果

エコ法により，3種類の店舗販売メニューにおけるガス使用量は31〜46％，水使用量は81〜86％，生ごみ量は19〜81％の削減効果があった。3種類のメニューを平均すると，削減率は38％，84％，47％となった。このことから，エコクッキングの手法を取り入れることで，エコクッキング用に開発したメニューのみならずどのようなメニューでも削減効果が得られることが明らかとなった。

さらに、いずれのメニューでも約50％の CO_2 排出量を削減できることが明らかとなった。ガス、水、生ごみそれぞれの削減率で見ると水が最も効果的であったが、調理全体の CO_2 排出量削減効果として見ると、ガス使用量、ついで生ごみ量の削減効果が大きく影響することを確認した。

（2）店舗全体でのエコクッキング導入効果

店舗で導入した場合の効果が高いと考えられるエコクッキングのポイントを洗い出した結果、25項目にまとめられた。「買い物」では、旬のものを使う、地産地消に取り組む等の6項目、「調理」では、食材の有効活用や同時調理等の11項目、「片付け」では、チラシのごみ入れを使う、水を出す量に気をつけこまめに止める等の8項目があげられた。

これらのポイントを店舗全体で導入したところ、エコクッキングの導入前後で、ガス使用量が約16％減、水使用量が約22％減、生ごみ量が約37％減、CO_2 排出量が約20％減となった。合わせて、月間の平均販売点数9,000点をもとに試算した結果、1店舗で年間約2ｔの CO_2 排出量削減につながることが明らかとなった。日本にはホテル等の宿泊施設等を除く一般飲食店が大小あわせて44.8万店存在することから、これらの店舗での導入が進めばさらに大きな効果につながると考えられる。また、レストランを訪れた人への意識啓発を行うことで、エコクッキングの考え方を広く普及することにも寄与できると考えられる。

以上より、エコクッキングの考え方が一般家庭だけでなく、大量調理を行っている商業施設を中心に導入が進めば、食糧・水・エネルギー不足や地球環境問題の大きな改善の一助になると考えられる。

第2章　江戸時代との比較によるエコクッキングの効果検証

1.1　はじめに

　これまでの大量生産・大量消費型の経済活動は大量廃棄型の社会を生み出し，地球環境へ様々な弊害をもたらしている。これらの課題を改善するため，日本では持続可能な社会に向けた循環型社会の形成が喫緊の課題となっている。2000年に循環型社会形成推進基本法が成立して以来10年以上が経ち，循環利用率（経済社会に投入されるものの全体量のうち循環利用量の占める割合）は向上してきているものの，いまだその対策は万全とはいえない状況である[157]。

　古来日本には循環型社会の知恵が息づいており，中でも江戸時代は循環型社会のお手本といわれ，現代社会との比較対象としてよく引き合いに出される。食生活を見ても，地域でとれた旬のものを必要な量だけ買い，食材は皮ごと丸ごと無駄なく使用し，身の回りにあるものを活用し，効率よく無駄なく調理する工夫を取り入れ，最後の灰や排泄物さえも畑へ戻し循環する暮らしであった[4]。暮らしの知恵として必然的に取り入れられていたこれら調理システムには学ぶべき点が多々あると考えられる。

　地球温暖化をはじめとした地球環境が問題となり，さらに2011年3月11日の東日本大震災後，省エネ，節水，食を無駄なく使うエコクッキングの知恵は全国的に求められ，エコ・クッキング推進委員会[158]によるエコ・クッキングナビゲーターへの問い合わせ等が増えた。

　また，放射能の問題を抱える原子力発電所の再稼動問題は，国のエネルギー需給問題に発展し，今後の国のエネルギー政策が問われていると同時に，原子力に依存しないためには国民の生活のあり方が問われる結果となっている。

　我々は，これまでの研究を通して環境に配慮したエコクッキングの手法を取り入れることで，調理時の環境負荷が低減することを確認しているが，その手法には昔から伝わるものも多い。

　そこで，本研究では江戸時代の調理法を明らかにするため，江戸時代と現代の調理との比較を文献調査から行い，それをもとに一汁三菜のモデル献立を組み立て，通常の調理法，エコクッキング，江戸時代の調理法で調理を行い，エネルギー・水使用量，生ごみ量等を実測し，そこからCO_2排出量を算出し，食生活における江戸時代の循環型社会の知恵を明らかにするとともに，その知恵を現代に取り入れる方法を検討した。

1.2　調査方法

　江戸時代と現代との調理手法の比較から，江戸時代の調理法を明らかにし，次に，モデル献立をもとに現代における通常の調理法，エコクッキング，江戸時代の調理法で調理を行い（以後，通常調理，エコ調理，江戸調理），エネルギー・水使用量，生ごみ量等を実測し，そこからCO_2排出量を算出した。なお，本報では実験を行った2010年前後を便宜上「現代」と記す。

表1-1 モデル献立調理を想定した江戸時代および現代との比較

		江戸時代	現代
主な熱源		薪,木炭,火口(ほくち/蒲の穂綿,アオイ科の草の茎),付け木	ガス,電気
主な水資源	上水	掘り抜き井戸,上水井戸,溜枡(上水道:神田上水,玉川上水),湧水,水船,溜水(雨水)	上水道
	下水	水路,川(下水に流れる生活排水は少ない)	下水道
主な調理に伴うごみ		食べ物の残りかす(肥料に使用),木灰(洗剤・あく抜き・肥料に使用)	野菜の皮や茎,食べ残し,賞味期限切れの加工食品(ごみに)
主な調理機器・調理道具	調理 / 調理機器	かまど,七輪,火鉢,火かき棒,火吹き竹,火箸,火打ち石,火打ち金,うちわ,焼き網	ガスコンロ,グリル,炊飯器,電子レンジ
	調理 / 調理道具	羽釜,鉄鍋,土鍋,鍋蓋,落とし蓋,焼き網,升,包丁,まな板,おろし金,菜箸,しゃもじ,木べら,おたま,すり鉢,おけ,ザル	鍋,フライパン,鍋蓋,落し蓋,計量カップ・スプーン,包丁,まな板,おろし金,菜箸,しゃもじ,木べら,おたま,ボウル,ザル
	調理 / 道具素材	金属,木,竹,藁	金属,プラスチック,テフロン,セラミック,ガラス,ゴム,木,竹
	洗浄 / 道具	水がめ,ひしゃく,洗いおけ,おけ,たわし(わら等)	スポンジ(※ただしエコ・クッキング時は洗いおけ,アクリル毛糸スポンジを使用)
	洗浄 / 洗剤	米の研ぎ汁,灰,灰汁	合成洗剤,石鹸(※ただしエコ・クッキング時は洗剤の使用量の目安に沿って薄めた洗剤液を使用)

1.2.1 各種文献およびデータ調査

江戸時代の食生活を明らかにし,モデル献立での調理実験実施を鑑み,通常調理,エコ調理,江戸調理の差異を明らかにするため,文献[159-167]から現代と江戸時代との調理の比較を行った。調査項目は結果と合わせ表1-1に記載し,江戸時代は江戸を,現代は東京都を想定し表記した。

1.2.2 モデル献立の設定

図1-1に示したとおり,「おかず番付(日用倹約料理仕方角力番付)」[159]に見る江戸庶民の日常食をもとに,現代にも通じるメニューを取り上げ一汁三菜のモデル献立を組み立てた。ご飯,味噌汁(汁物),鮭の塩焼き(焼き物),のっぺい(煮物),小松菜浸し(おひたし),大根の当座漬け(漬物)とした。調理方法には,炊く,煮る,焼く,茹でる,漬けるが含まれる。

なお,本献立作成にあたり文献[160]から江戸時代のエネルギー摂取量を2,500kcalと仮定した。

1人分エネルギー：628kcal　脂質7.9g　塩分3.4g
※材料は4人分とし，分量は全てg表示とする。

ご飯（飯）		小松菜浸し	
精白米	450	コマツナ	200
水	675	塩	2
大根の味噌汁		削り節	2
だし	700	醤油	12
ダイコン	100	だし	15
油揚げ	15	のっぺい	
味噌	36	ニンジン	60
魚の塩焼き		ダイコン	120
鮭切り身(4切れ)	200	レンコン	80
ダイコン	60	ゴボウ	40
大根の当座漬け		干しシイタケ	10
ダイコン	100	焼き豆腐	200
ダイコンの葉	10	油揚げ	15
塩	1.5	だし	400
ユズ（皮）	1	みりん	36
赤唐辛子	0.5	醤油	12
		塩	3
		酒	15
		片栗粉	9
		水	15

図1-1　モデル献立の材料および分量

これを1日3食として単純に3で割ると833kcalとなった。一方，現代のエネルギー摂取量1,883kcal（厚生労働省平成21年度国民健康・栄養調査）を同様に3で割ると628kcalとなった。

モデル献立の分量を決めるにあたり，江戸時代の料理書には材料表記はあるものの分量表記がないものがほとんどであることから，各料理の分量に関しては，郷土料理の本[168]および東京ガス㈱レシピデータベースをもとに，現代のエネルギー摂取量に合わせて分量を決定した。

1.2.3　モデル献立をもとにした通常・エコ・江戸調理実験および計測

モデル献立をもとに，通常調理，エコ調理，江戸調理それぞれの方法で調理を行い，エネルギー使用量（kWh），水使用量（L），生ごみ量（g）を実施し，さらにそれを，CO_2排出量（g）に換算し比較した。また，考察を深めるにあたり，調理道具数（個），食器洗い洗剤量（g），調理時間（時：分）の実測と，食料自給率（％）の算出を行った。

（1）調理実験方法

モデル献立のレシピを提示し，実験中の留意点を指示し，通常調理は普段家庭および大学の調理実習で実施しているとおりに調理した。エコ調理は，これまでの研究から明らかとなっているエコクッキングのポイントに留意しながら調理した。江戸調理は当時の調理方法を参考に調理した。

通常およびエコ調理は，エネルギー使用量をガス使用量から，江戸調理は，薪・木炭の投入量からそれぞれ算出した。

なお，水使用量に関しては，調理工程ごとに計測した。調理時の水量と調理器具洗浄時の水量の区別を明らかにするため，調理中に調理器具を洗う必要が出てきた場合には，同じ道具を追加して使用した。生ごみはいずれの方法においても廃棄量の重量計測を行った。

（2）通常およびエコ調理条件設定

現代およびエコ調理は，東京ガス新宿ショールーム（東京都新宿区）にて下記の機器を使用し測定した。測定機器および調理機器は，ガスコンロ RN-P873A-AUL リンナイ㈱製，HR-P873C-VXDBH ㈱ハーマン製，HR-P873C-VXBBHL ㈱ハーマン製，積算流量計（ガス，水，湯）愛知時計㈱製とした。調理器具および食器類は施設設置のものを使用し，調理終了後に使用した調理道具を記録した。通常調理は東京家政学院大学4年生6名，エコ調理はエコ・クッキング指導者資格保持者6名が各1回ずつ計6回ずつ実施し結果を平均した。実験日は2010年4月5，6日とした。

なお，通常調理では精白米を使用したが，エコ調理では研ぎ汁で排水を汚さない無洗米を使用した。

（3）江戸調理条件設定

江戸調理は，江戸時代後期に建てられた建物を移築・復原した北区ふるさと農家体験館（東京都北区）にて，下記の機器を使用し測定した。測定機器および調理機器は，かまど（径34cm），七輪（大：径32cm，小：径28cm），計量機器：上皿天秤 SDX-20大和製衡㈱製とした。調理器具および食器類は施設設置のものを使用し，調理終了後に使用した調理道具を記録した。調理は，エコ・クッキング指導者資格保持者3名が各1回ずつ3回実施し結果を平均した。実験日は2010年4月13日とした。

熱源とした薪および木炭は，一度の調理に投入した全量を測定した。実際には全てを一度の調理で消費するわけではなく，残った薪や木炭は再利用されるが，ここでは考慮しないこととし，投入した量を計測した。投入量は，北区ふるさと農家体験館運営協議会より指導を受け，釜のサイズに合った量とした。米は調理上必要な量は450gであったが，江戸時代の調理では釜で1日量を一度に炊くこと，釜では少量は炊けないこと，文献[160]等によると1人が1日4合程度の米を摂取していたことに鑑み，4～6人の家族分を全部一度に炊いたと仮定し，今回は釜のサイズに合わせて3kgを一度に炊くこととした。なお，米は精白米を使用した。水は，水道水を使用したものの，バケツに汲み置いたものからひしゃくを使い使用し，汲み置いた量から残量を計測することで使用量を算出した。

（4）エネルギー使用量および CO_2 排出量換算方法

エネルギー使用量および CO_2 排出量はこれまで同様下記の換算式を用いて算出した。

① ガスの消費一次エネルギー（kWh）＝［ガス使用量（L）/1,000］（m^3）×45（MJ/m^3）×1,000/3,600（s）

② 薪の消費一次エネルギー（kWh）＝薪使用量（kg）×14.4（MJ/kg）×0.278（kWh/MJ）：木材の発熱量14.4MJ/kg[169]

③ 木炭の消費一次エネルギー（kWh）＝木炭使用量（kg）×30.5（MJ/kg）×0.278（kWh/MJ）：木炭の発熱量30.5MJ/kg[169]

④ ガスに起因する CO_2 量（g）＝ガス使用量（L）×2.21（g/L）[59]

⑤ 水に起因する CO_2 量（g）＝水使用量（L）×0.909（g/L）[48]

⑥ 生ごみに起因する CO_2 量（g）＝生ごみ量（g）×0.43（g/g）[82]

ただし，江戸時代の熱源である薪や木炭は木の成長過程で CO_2 を吸収しているため，燃焼させて CO_2 を発生させても相殺されると仮定し，ここでは CO_2 排出量を考慮しないこととした。同様に，江戸時代の水・生ごみ処理には人力以外の化石燃料を主体としたエネルギーを使用していないと仮定し CO_2 排出量は考慮しないこととした。

1.3 結果および考察

1.3.1 文献およびデータ調査に基づく江戸時代と現代の比較

今回のモデル献立での調理実験を想定し，江戸時代と現代との調理の比較を表1-2に示した。ここからも分かるとおり，調理に関してエネルギー，水，調理機器および道具類はいつの時代であっても必要なことに変わりないが，その形態は大きく変化している。

特に熱源は，現代では化石燃料を主体とする都市ガスおよび電気といったエネルギーを使用しているが，江戸時代は薪および木炭を主に使用している。これに伴い，加熱のための調理機器も異なってくる。

水は現代では上下水道が発達し，いつでもレバー操作のみで使用することができるのに対し，江戸時代は必要に応じて汲み置き，使用する形式である。

ごみに関しては，江戸時代は，食べられる部分は無駄なく使用し，野菜くずは堆肥に，さらに再利用できないものだけが埋め立てられていたが，現代では可食部分が大量に廃棄され焼却処

表1-2 通常調理，エコ調理，江戸調理実測値一覧

	通常調理（$n=6$）	エコ調理（$n=6$）	江戸調理（$n=3$）	通常調理に対するエコ調理の削減効果（%）	通常調理に対する江戸調理の削減効果（%）
エネルギー使用量（kWh）	2.9	1.6	22.7	45	－
水使用量（L）	104.8	22.2	34.0	79	68
生ごみ量（g）	121.0	20.5	17.0	83	86
CO_2 排出量（g）	658.7	308.4	0.0	53	100

分，焼却できないものは埋め立て処分となっている。

調理道具はいずれの調理においても必要とするものはほぼ同じであるがその素材や材質は大きく異なっており，江戸時代は自然に存在する単一素材がほとんどであるのに対し，現代では合金や複合素材，プラスチック製品等のリサイクルに向かないものが多いのが特徴である。

洗浄に関しては，江戸時代は洗剤等の代わりに米の研ぎ汁や灰，灰汁が使用されていた。現代では合成洗剤が主流である。

なお，合わせて収支に対する食生活および光熱費は，江戸時代の大工の3人家族で70％（「大江戸八百八町」江戸東京博物館図録「文政年間漫録」文政1818～1830）に対し，現代では東京都内のサラリーマン3人世帯で29％（「都民のくらしむき」東京都生計分析調査報告年報平成21年）とその比率が逆転している。このように現代では食は生活の一部分であるのに対し，江戸時代においては食が生活そのものであったことがうかがわれる。

以後の実験においては本調査をもとにできるだけ忠実に再現することとした。

1.3.2 モデル献立をもとにした通常・江戸・エコ調理実験および計測

（1）エネルギー使用量

表1-2に示したとおり，多い順に江戸調理22.7kWh（薪使用量3.2kg，木炭使用量1.2kg），通常調理2.9kWh（ガス使用量231.4L），エコ調理1.6kWh（ガス使用量126.4L）となった。江戸調理は通常調理と比べて7.8倍，最も省エネであったエコ調理に比べて14.2倍にも達した。ただし，今回の江戸調理では米を炊く量が通常調理，エコ調理での450gに対し，6.7倍の3kgであった。そこで，単純比較は難しいものの，通常調理およびエコ調理でも同じ量を炊いたと仮定し試算すると，第Ⅰ部第1章第1節[58]からガスで米を炊くエネルギー使用量は450g当たり0.36kWhであることから，残りの2,550gの米を炊くエネルギー消費量は2.0kWhとなる。これを単純に加えると通常調理4.9kWh，エコ調理3.6kWhとなる。また，今回の実験では残った薪や木炭は再利用しない前提となっているが，仮に一部が二次使用可能であったとしてもやはり江戸調理では圧倒的に消費エネルギー量が多いと推察される。

調理機器の開発の歴史はすなわち省エネや簡便さの歴史でもあり，江戸時代に使用していたかまどや七輪といった開放系の燃焼機器の効率の悪さが明らかとなった。しかし，CO_2排出量に換算して比較して見ると，江戸調理が0gなのに対し，通常調理が511.4g，エコ調理が279.3gと順序が逆転する。CO_2排出量が少ないからといって，現代において薪や木炭を主原料とした調理を行うことは難しい。そこで現代においては通常調理と比べ約45％のエネルギー，CO_2排出量削減につながるエコ調理が省エネを考える上で重要であると考えられる。

（2）水使用量

水使用量は，表1-2からも明らかなとおり，多い順に通常調理104.8L，江戸調理34.0L，エコ調理22.2Lとなった。通常調理と比べ，エコ調理では，水をこまめに止め，水量が必要でないときには水量を絞り，段取りを工夫することでまな板や包丁，手を洗う回数を減らし，洗いおけを活用しため水を使うなどの工夫がされていた。このような水を大切に無駄なく使う工夫は，江戸時代でも同様に行われていたと考えられ，図1-2からも，調理時および食器洗浄時にはエコ

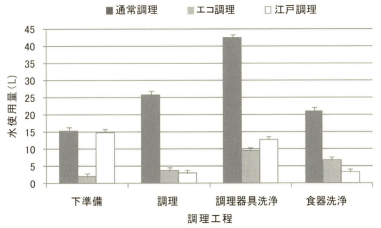

図1-2 通常・エコ・江戸調理における調理工程別水使用量の比較

調理と江戸調理にそれほど差異はなく，どちらかといえば江戸調理の方が，水使用量が少ないことが分かる。

しかし，下準備と調理器具洗浄においては明らかに江戸調理の方が水使用量が多くなっている。

下準備に関しては，洗米と野菜の洗浄とを分けて計測を行わなかったが，エコ調理と江戸調理の下準備での差は主に江戸調理では，精白米を研いだことによる差と考えられる。精白米を研ぐ水量は，第Ⅰ部第1章第1節[58]から450gの米を研ぐのに10回洗米で6.7L，5回洗米で3.3L，3回洗米で2.0Lを確認している。今回の江戸調理では，3回洗米としたため，ここから算出すると450gの米を研ぐのに1回当たり約0.67L/回の水量が必要であると考えられる。量が違うため，比較は難しいが，単純に計算してみると3Kgの米を3回研ぐのに約13.4Lの水を要することとなり，今回の実測値である14.8Lと比べてみると，かなり近い値ではないかと考察した。その差が1.4Lであるが，江戸調理の実測値14.8Lには，野菜の洗浄も含まれる。野菜の洗浄も江戸時代は，ため水を利用して洗浄した後，すすいでいると考えられ，無洗米を使用し，米を研いでいないエコ調理での米を研いだ水量は約13L程度と推察される。

また，調理器具洗浄時の差は，調理器具洗浄時の江戸調理12.7Lに対し，エコ調理では，9.5Lであることから，その差3.2Lとなった。これは，江戸調理では，米を炊くために羽釜を使用したが，サイズ大きいこともあり，洗浄にそれなりに水を使用したからと考えられる。

（3）生ごみ量

生ごみ量は，表1-2からも明らかなとおり，多い順に通常調理121.0g，エコ調理20.5g，江戸調理17.0gとなった。通常調理に比べ，エコ調理および江戸調理では，野菜の皮や茎等も可食部分ととらえ，皮やへたを取る場合も薄く，ぎりぎりで切り取る工夫をしたことから，通常調理と比べいずれも80％以上の削減効果が得られた。

（4）CO_2排出量

エネルギー・水使用量，生ごみ量からCO_2排出量を算出した結果，表1-2に示したとおり，

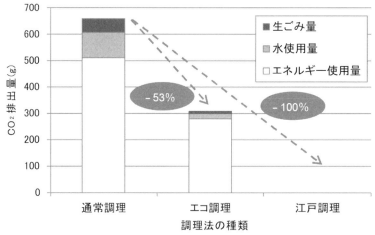

図 1-3　CO_2排出量の調理法の種類別比較

多い順に通常調理658.7g，エコ調理308.4g，江戸調理 0 g となった。その内訳を図 1 - 3 に示した。

江戸時代でのCO_2排出量は，前提条件として，燃料には薪や木炭を使用し，動力としても化石燃料を使用していないためゼロと仮定したが，ゼロだからといって江戸時代の暮らし方が一概に推奨されるものでもない。今後我々の暮らしが，江戸時代のような暮らしに戻ることは想定しにくいが，現在の人口で現在の暮らし方のまま薪や木炭を使おうとすれば，森林伐採，干ばつなどまた別の環境問題につながってしまうことから，環境問題はバランスが大切である。

一方，通常調理とエコ調理を比較すると約53％の削減効果となっており，これまでの既報[4-10]とほぼ同様の結果が得られた。

そこで，現代社会においては，現状の暮らしを前提とした中でまず何ができるかを考える必要があり，今回の調査からも示唆されているように，エネルギー・水・ごみ問題などあらゆる観点から総合的に環境負荷を減らしていく取り組みが必要であると考える。

（5）その他実測値

上記指標に加え，実測した調理器具数の調査では，多い順に通常調理34.4個，江戸調理26.0個，エコ調理22.4個となった。エコ調理に比べ江戸調理の使用器具数が多いのは，通常およびエコ調理で使用する調理機器はガスコンロおよびグリルであるのに対し，江戸調理では火の操作に必要な道具が多いからである。ここには，実際に江戸調理の際に使用したかまど，七輪（大・小），火かき棒，火吹き竹，火箸，焼き網，うちわが含まれる。

また，食器洗い洗剤量は，多い順に通常調理7.0g，エコ調理1.3g，江戸調理 0 g となった。通常調理ではスポンジにそのまま洗剤を添付して使用していた。一方，エコ調理では，洗剤液の使用の目安に従い，薄めた洗剤液を作り洗いおけに入れ，汚れを吸着しやすいアクリル毛糸で編んだスポンジを使用し浸しながら洗った。江戸調理では，灰を利用し縄を結った縄たわしを使用して洗った。

さらに，調理時間は，多い順に江戸調理 3 時間56分，通常調理 2 時間57分，エコ調理 1 時間29

分となった。ここに示した調理時間には，下準備，調理，後片付けの時間を含んでおり，時間×人手で算出している。通常調理は学生が実施し，エコ調理および江戸調理はエコ・クッキング指導資格保持者が行っている。調理時間には個人差もあることから単純比較は難しい。ただし，これまでの調査から通常調理とエコ調理の差は，エコ調理では段取りを見直し，同時調理，余熱活用などの工夫を取り入れ，無駄な工程を極力省くことにより調理時間が短縮されることを確認している。さらに，今回エコ調理は指導者資格保持者が行っており，調理に熟練しているという点もあげられる。

一方，江戸調理は，エコ調理同様，指導者資格を持った調理に熟練したものが実施したものの，火をおこすところから行ったため，調理は1人で実施したが，火おこし，火の管理はもう1人が行っていることから，1時間58分×2人で計算したため，江戸調理の時間が他と比べて大幅に多い結果となった。調理自体のみを比較すると，エコ調理が1時間29分であることから30分弱多くかかっている程度である。水を使用する際にひしゃくで汲む手間や米3kgを研ぐ手間，かまどや七輪の扱いなどが，エコ調理と比べて時間がかかった理由だと推察される。

文献[165]からも，米は1日に1度しか炊かないといった記述もあり，限られた道具での調理の大変さや火おこしや火の管理は大変だったことを今回の実験での体験と合わせて鑑みると，江戸時代の調理は現在に比べるとかなり大仕事であったことが推察される。前述の収支に対する食生活および光熱費の割合同様に，時間軸から見ても現代では食は生活の一部であるのに対し，江戸時代においては食が生活そのものであったことがうかがわれる。

さらに，食料自給率という観点から考えてみると，現代の日本の食料自給率39％（カロリーベース/2010年度）に対し，今回調査したモデル献立をもとに農林水産省のクッキング自給率（食料自給率計算ソフト http://www.maff.go.jp/j/zyukyu/zikyu_ritu/zikyu03.html）で食料自給率を算出したところ81％となった。ただし，米を除くと55％の自給率である。一方，エコ調理では買い物時から地産地消のものを選択すること，江戸調理では地域のものしか手に入らなかったことから，ここでは100％の自給率と仮定した。

鎖国を行っていた江戸時代が食料自給率100％は当たり前であるにしても，現代においても意識して地産地消を実施することで，各家庭での自給率向上につながることが推察される。

1.4 小　　括

江戸時代の調理に比べ現代の調理では熱源に関する部分が大きく異なり，インフラが整い，全ての面で簡便になってきている。

モデル献立をもとに通常調理，エコ調理，江戸調理を比較した結果，エネルギー使用量（kWh）：2.9，1.6，22.7，水使用量（L）：104.8，22.2，34.0，生ごみ量（g）：121.0，20.5，17.0，CO_2排出量（g）：658.7，308.4，0となった。通常調理に比べてエコ調理は45～83％といずれの項目でも削減効果が見られた。また，エコ調理と江戸調理とでは食材を無駄なく使う工夫や水を大切に使う工夫などに類似点が多く見られた。ただし，エネルギー使用量に関しては，江戸時代は開放系のかまどや七輪を使用していたため，江戸時代の方が多いことが明らかとなった。

江戸調理はエネルギーの消費量が各段に多いが，水・生ごみ量はエコ調理同様に少量であり，CO_2排出量は循環型のため計算上ゼロとなった。しかし，現代に江戸調理を再現することは難しく，さらに通常調理とエコ調理の実測値から削減効果を比較したところ，エコ調理ではエネルギー使用量−45％，水使用量−79％，生ごみ量−83％，CO_2排出量−53％となったことからも，エコ調理は江戸時代の知恵を取り入れながらも現代に生かすことができる調理法であることが確認できた。

　本研究を通して，通常調理は無駄が多いこと，江戸調理は環境負荷が少ないものの手間がかかること，エコ調理は両者の利点を取り入れられ環境負荷の削減効果が期待できることを確認した。また，循環型社会のお手本といわれる江戸時代の再現調理をとおして，食材，水，エネルギーなどを大切にしようとする工夫，すなわちエコクッキングで用いている工夫は江戸時代からよく用いられていた工夫と類似すると考えられた[170, 171]。

第3章　エコクッキングの実践による CO_2 排出量削減が低炭素社会実現に与える影響

1.1　はじめに

　近年，地球規模で，地球温暖化，オゾン層の破壊，生物多様性，あるいは大気汚染や水質汚濁，廃棄物の問題など様々な環境問題が深刻化している。さらに，産業革命以降の爆発的人口増加も相まって，環境への負荷は増大する一方である。2010年に70億人を突破した世界人口は，2050年には90億人に増大すると見込まれている[39]。それに伴い，人間の生活を支える，エネルギー資源，水および食糧不足が懸念されている。今後も新興国を中心に経済発展が見込まれ，人口増加と相まって，必要量の増加傾向は続くと考えられる。

　直近を見てみてもこの40年の間に人口は約2倍に増えており，それに伴い，CO_2 の排出に直接的に関わる世界の一次エネルギー消費量も2倍以上に，水の使用量および食糧（穀物）の需要も約2倍に増加している[41]。

　エネルギーや水は偏在して世界に存在しており，問題はより深刻になっている。水の例でいうと，人口1人当たりの最大利用可能水資源量4,000m^3/年以下しか持たない国に約45億人が住んでいる。そのうち1,700m^3/年未満の水ストレスの状態にある人口は，2008年時点で約20億人，2030年までに39億人に達するものと見込まれている[41]。

　さらに，世界では飢餓人口が10億人を超えており，地球温暖化に伴う気候変動等の要因や世界的な人口増加により，今後ますます厳しい食糧不足が問題視されている[40]。

　我々の食生活は食材を取り巻く環境，エネルギー・水・食糧・ごみ問題，さらには地球温暖化問題をはじめとしたグローバルな環境問題と密接に関わっており，食の在り方を見直すことは今後の重要な課題である。その1つとして，エコクッキング[2]の考え方が重要だと考える。1995年に日本で始まったこの取り組みは，現在の日本において，学校教育にも取り入れられ，さらに低炭素社会実現に向けて国の取り組みにもなっている。食をエネルギーと環境という視点から考える手法を取り入れ，日本においては現代の食生活を見直すきっかけとなっている。

　これまでの研究を通し，東京家政大学栄養学科家庭科教職課程履修生を対象に，エコクッキングの教育効果について実験研究を実施し，エコクッキングの教育を行うと，水使用量の約80%，ガス使用量の約45%，生ごみ廃棄量の約60%が削減できることを報告した[76]。さらに，エコクッキングの省エネ効果，節水効果，小学生および主婦層に対しての教育効果についても一定の効果があることを確認している。

　そこで，このエコクッキングのアイデアを各国の事情に合わせて導入することで，エネルギー資源問題，水・食糧問題，地球温暖化をはじめとした地球環境問題の一部に寄与できると考えた。本節では，エコクッキングの環境負荷低減効果を明らかにするため，第Ⅱ部第3章の調査をもとに日本の食生活実態に沿った調理時のガスおよび電気使用量，水使用量，生ごみ廃棄量の計

測値から，CO_2排出量に換算し，それぞれの削減効果をもとに日本および世界でどの程度削減可能であるのかを概算し，食生活における環境負荷低減の改善事例と低炭素社会実現に向けて提案するものである。

1.2 調査方法

エコクッキングの効果を明らかにするため，第Ⅱ部第3章での実測データをもとに，通常行っている調理法（以後通常調理），エコクッキング教育後，環境負荷を意識して調理を行った場合（以後エコ意識調理），徹底してエコクッキングを実践した場合（以下，エコクッキング）とで使用したガス・水・生ごみ量を計量した。

1.2.1 実験条件

（1）モデル献立

第Ⅱ部第3章の実験をもとに，現代の日本の家庭での食実態を反映させた年間上位頻出メニューの調理実態調査の中から朝食，昼食，夕食（和食）のモデル献立を選択した（図1-1）。各献立は1世帯分と仮定し，4人分とした。

（2）調査対象者および実験環境

第Ⅱ部第3章に記載したとおり，家庭での調理を反映するため通常調理およびエコ意識調理：20～50代の年代別調理主担当者19名，エコクッキング：東京家政大学研究員4名とし，実験環境は，東京家政大学調理科学研究室，室温25℃，水温26.5±1.2℃，湯温40.2±0.9℃とした。

朝食献立：5種
・トースト
・ベーコンエッグ
・バナナヨーグルト
・ホットコーヒー
・牛乳(冷)

昼食献立：3種
・チャーハン
・グレープフルーツ
・麦茶(温)

夕食献立：7種
・ご飯
・味噌汁
・魚の和風焼き物
・野菜の和風煮物
・青菜のおひたし
・日本茶(温)
・ビール

図1-1　モデル献立および盛り付け写真

調理機器および食器類は研究室設置のものとし，測定機器は以下のものを使用した。ガスコンロ：ガスビルトインコンロ㈱ハーマン製 C3W89RDTLTG　積算流量計（ガス，水，湯）：愛知時計電機㈱製 SP561，SP562，電力計：日置電機㈱製 HIOKI 3168 CLAMP ON POWER Hi-TESTER。

1.2.2　実験手順

被験者にモデル献立のレシピを提示し，通常調理を行った。次に被験者に対し，エコクッキングの講義を60分実施後，同じモデル献立をもとにエコクッキングを意識して調理を実施し，エコ意識調理とした。エコクッキングの講義内容に含まれるエコクッキングのポイント28項目を表1-1に示した。以上の調理実験をもとに，改善点をすべて網羅し，同大学研究員が徹底したエコクッキングを行った。それぞれ，ガス・水・生ごみ量を測定し，観察記録者が行動観察を行った。

上記実験で実測されたガス・電気・水の使用量，生ごみ量はこれまで同様下記の換算式を用いて，一次エネルギーおよび CO_2 排出量に換算した。

① ガスの消費一次エネルギー（kWh） ＝［ガス使用量（L）/1,000］（m^3）×45（MJ/m^3）×1,000/3,600（s）〔都市ガスの熱量45MJ/m^3に基づく〕

② 電力の消費一次エネルギー（kWh） ＝［電力使用量（Wh）/1,000］（kWh）/0.361〔受電端効率36.1%に基づく〕

③ ガスに起因する CO_2 量（g）＝ガス使用量（L）×2.21（g/L）[59]

④ 電気に起因する CO_2 量（g）＝電気使用量（Wh）×0.69（g/Wh）[60]

⑤ 水に起因する CO_2 量（g）＝水使用量（L）×0.909（g/L）[48]

⑥ 生ごみに起因する CO_2 量（g）＝生ごみ量（g）×0.43（g/g）[82]

1.3　結果および考察

1.3.1　エコクッキングによる1世帯1日分のエネルギー・水使用量，生ごみ削減効果
（1）エネルギー使用量の削減効果

エネルギー使用量の結果を図1-2に示した。エネルギー使用量は，通常調理が4.1kWh，エコ意識調理が3.0kWh，エコクッキングが2.6kWhとなり，教育後に意識することで28%の削減効果，エコクッキングを徹底することで36%の削減効果があった。

家庭で行っているとおりに自由に電気機器，ガス機器を選択使用してもらった通常調理と教育後のエコ意識調理とでは，熱源として使用した電気とガスの比率は通常調理では1：4であったが，エコクッキングでは1：8となっていた。同じ調理を行うために必要な加熱エネルギーは，電気機器でもガス機器でもほぼ同じ熱量を必要とすることがこれまでの研究[58]からも明らかとなっており，より環境負荷の少ないエネルギー源を選択することが，全体のエネルギー量削減に効果があることが分かる。さらに，表1-1に示した鍋底の大きさに合った火加減の調整や鍋蓋の効果，同時調理の工夫も効果大であった。

表1-1　エコクッキングポイント28

No.	分類	項目	詳細
1	買い物	食材にこだわる	安心・安全な食材を生産および流通段階から吟味し選ぶことで，環境負荷の少ないものを選ぶ
2		旬のものを使う	旬のものは，温室栽培等を行わないため，栽培時のエネルギーが1／2～1／10と少なくてすむ
3		地産地消に取り組む	遠くから運ばなくてよいため運送のためのエネルギー負荷を格段に減らすことができる
4		米を無洗米にする	生産段階の環境負荷が少なく，研ぎ汁で環境を汚さない無洗米を使用する。環境負荷の少ない米を選び，研ぎ汁は植物にやる等工夫をする
5		調味料を厳選する	塩，砂糖，味噌，醤油等の基本の調味料を見直し，国産のものを選ぶとともに製法も環境負荷が少なく，安心・安全なものを選ぶ
6		必要なときに，必要な量だけ購入する	買いすぎないように心がけ，必要なときに必要な量の身を購入することで，劣化や賞味期限切れ等で捨てることがないようにする
7		容器包装の少ない食材を購入する	容器包装の少ない食材，容器包装に環境負荷を減らす工夫のある食材，分別しやすくリサイクルしやすい素材，単一素材で作られているものを選ぶ
8	調理	段取りを考えて調理する	調理をする前に段取りを考えから行う。使う道具が少なくてすみ，エネルギーも効率的に使うことができる
9		使う道具は少なく	使用する道具は少なくて済むように心掛ける。洗う手間を省き，節水することができる
10		ため水で汚れの少ないものから洗う	野菜は流水ではなくため水で洗う。順番は，汚れの少ない食材から洗いはじめ，泥付きのものへと洗っていく。最後に流水ですすぐ
11		丸ごと・皮ごと使う	野菜の皮や，皮に近いところにも栄養があるので，きれいに洗った野菜は皮ごと・丸ごと使う。ヘタや根の取り方も工夫して，可食部分を生かす
12		食材の有効活用	だしを取った昆布やかつお節等も上手に活用する。茹で湯をスープに使うなど工夫をする
13		同じ鍋を使いまわす	使った鍋やフライパンを，洗わずそのまま別の調理に。例えば油だけの炒め物から，調味料の少ない料理，たれをからませる料理へ
14		炎をはみ出さない	鍋底からはみ出してしまった炎は無駄になってしまうため，鍋底に合った火加減，料理にあった火加減を心がけ，使うエネルギーを節約する
15		同時調理をする	オーブンは2段活用，グリルはメインの食材と同時に野菜を焼く等の隙間活用，コンロはパスタと野菜を同時に茹でる等の同時調理を行う
16		蓋・落とし蓋をする	湯を沸かすときや，煮物をするときは蓋や落とし蓋をする。エネルギーも節約でき，食材に味もしみ込みやすくなる
17		必要なときに，必要な量だけ調理する	長時間の保温等を改め，必要なときに必要な量を調理することでエネルギーの無駄を防ぐ
18		盛り付けに工夫をする	皿が油で汚れがちなものにはサラダ菜を敷く等，盛り付けの工夫で見た目をおいしくするとともに環境負荷を減らす工夫をする
19		環境に配慮したエネルギーを使用する	調理をする際に環境に優しいエネルギー源を使用するようにする。加熱調理には天然ガスを原料とした都市ガスの使用が環境負荷が少ない
20		省エネタイプの調理機器を使用する	省エネタイプの調理機器（ガスコンロ，冷蔵庫等）を使用し，トータルでのエネルギー使用量を削減する
21		食器・什器および消耗品も環境配慮に	使い捨てではなく，長く使える食器や什器を使用する。消耗品は極力使せず，使用する場合には，再生紙やリサイクル商品を厳選する
22	片付け	チラシのごみ入れを使う	広告チラシでチラシのごみ入れ等を作って活用するとともに，生ごみは乾燥した状態で捨てる。排水口や三角コーナーにごみをためない
23		古布で拭いてから洗う	調理器具の汚れや使った後の食器は，洗う前にエコウエス（古布）で汚れを拭き取るか，スクレーパーで汚れをかき落とす
24		洗う順番を考える	油分の少ないものから，多いものへと，順番に洗う。グラス・コップから，茶碗・汁椀へ，そして油汚れのある皿や鍋，調理器具へと洗っていく
25		茹で湯は下洗いに	茹で湯や米の研ぎ汁は，食器等の下洗いに使う。湯温や，食材から溶け出した成分の粒子で，汚れも落としやすくなる
26		水を出す量に気をつけこまめに止める	1分間水を出しっぱなしにすると12リットルになるため，水量が必要ではないときは指の太さ程度に水量を絞り，こまめに止める
27		食器洗い乾燥機の活用	水の使用量を減らせる食器洗い乾燥機を使用し，使う水の量を減らす。機器を導入する際は給湯接続タイプを使用し，省エネに心がける．
28		ごみの分別や生ごみの堆肥化	資源となるものは再資源化できるよう，きちんと分別する。さらに，生ごみ等は堆肥化することで循環型の食生活を送ることができる

（2）水使用量の削減効果

実習調理ごとの水使用量を図1-3に示した。これまでの研究からも水使用量に関するエコクッキングの教育効果が最も高いことが実証されているが，今回も同様の傾向となっている。

通常調理が174.4L，エコ意識調理が106.6L，エコクッキングが70.4Lと，教育後に意識することで39％の削減効果，エコクッキングを徹底することで60％の削減効果があった。

食材は洗いおけを使ってため水をし，汚れの少ないものから順番に洗い，最後に流水ですすぐ，調理器具や食器の汚れはいらなくなった古布で拭き取ってから洗う，水はこまめに止め，流量が必要ではない時は水量を絞る等の工夫が効果があった。

（3）生ごみ量の削減効果

生ごみ量とその削減率を図1-4に示した。通常調理が874.3g，エコ意識調理が695.9g，エコ

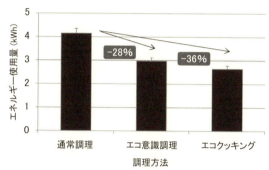

図1-2 エネルギー使用量削減効果（kWh/世帯・日）

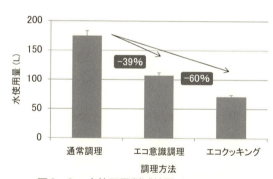

図1-3 水使用量削減効果（L/世帯・日）

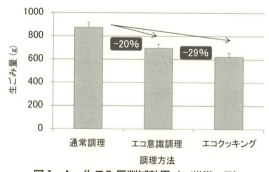

図1-4 生ごみ量削減効果（g/世帯・日）

クッキングが623.8gとなり，教育後に意識することで20％の削減効果，エコクッキングを徹底することで29％の削減効果があった。

生ごみ量は実習料理ごとに異なる。今回でいうと朝食のバナナの皮，昼食のグレープフルーツの皮は調理法に関係なく減らせないごみのため，エコ意識調理，エコクッキングの順に，朝食は12％，18％，昼食は8％，11％と削減率は低く，夕食は61％，84％とかなりの効果が出ている。上記のような非可食部分を除いて，エコクッキングでは食材は原則として丸ごと，皮や茎，軸の部分も活用し，無駄に切りすぎない工夫をした。これまでの調査からもこういった工夫で約30～70％献立ごとに削減できることが明らかとなっている。

1.3.2 日本および世界におけるエコクッキング導入の効果

1世帯4人と仮定し行ったモデル調理にて測定したエネルギー・水使用量および生ごみ量の実測値から1日1世帯当たりの調理におけるCO_2排出量を図1-5に示した。通常調理に対し，教育後に意識することで28％の削減効果，エコクッキングを徹底することで38％の削減効果があった。

それぞれの削減効果では水が最も効果があったが，調理全体のCO_2排出量削減効果として見ると，エネルギー使用量に次いで生ごみ量の削減効果が大きく影響することを確認した。

なお，2007年の日本の家庭部門用途別エネルギー消費量のうち厨房用は$4,258 \times 10^{10}$kcal[172]であり，これを日本の人口（128百万人/2007年）で割ると1人1日当たり1.06kWhとなる（1kcal＝1.163×10^{-3}kWh換算）。一方，今回の実測結果から，1人1日当たりのエネルギー使用量を見てみると1.07kWhであった。このことからも今回のモデル調理献立が実態に沿ったものであることが確認できた。

そこで，本実測データをもとに，調理時の1人当たりのCO_2排出量を算出し，日本および世界全体で取り組んだと仮定した場合のCO_2排出量削減効果を表1-2に示した。結果，日本国内でエコ意識調理を実施することで，4.2百万t（トン）/年の削減効果が見込まれた。一度の教育でこれだけの効果が上がることが明らかであり，今後の教育の導入が期待される結果となった。さらに，エコクッキングを徹底して導入することで5.9百万t/年の削減効果となることが明らかと

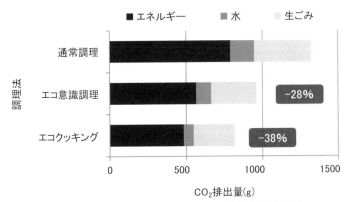

図1-5　1日1世帯当たりのCO_2排出量削減効果

表1-2 日本全体でエコクッキングを導入した場合の年間 CO_2 排出量削減見通し

(10^6 t)

通常調理	エコ意識調理	エコクッキング	削減量	
(1)	(2)	(3)	(1)-(2)	(1)-(3)
15.5	11.2	9.5	4.2	5.9

なった。

　エコクッキングの内容は，理解しやすく，一度の教育で導入できる範囲が大きいことが特徴であり，エコクッキングとエコ意識調理を比較すると，エコ意識調理の時点で全体の85％が実践できていることが明らかとなった。また，エコクッキング導入による CO_2 削減量は，家庭からの CO_2 排出量190百万 t/年の3.1％に当たる。

　次に，調理における熱源およびエネルギー使用量は国ごとに異なるものの，2007年のデータ[172]で世界のGDPの76％，世界人口の18％（1,182百万人/2007年）を占めるOECD諸国が世界の一次消費エネルギーの約50％を使用している現状を考えたときに，少なくともこれらOECD加盟国において導入したと仮定すると，エコ意識調理で39百万 t/年，エコクッキングで55百万 t/年の削減効果となる。あるいは，調理で必要な熱量は同量と仮定し，世界全体で導入できたとして単純に世界人口（6,587百万人/2007年）をかけて算出すると，エコ意識調理で217百万 t/年，エコクッキングで305百万 t/年の削減効果となる。いずれにしても，各国の調理事情や経済状況は異なるが，調理にはエネルギー，水が必要であり，必ずごみを排出していることから，エコクッキング的考え方を習得し，家庭生活の中に取り入れることは非常に有効な取り組みと考えられる。

1.4 小　　　括

　エコクッキングの実践が環境負荷低減におよぼす効果について下記のとおりの結果が得られた。

（1）エコクッキングによるエネルギー使用量削減効果

　1世帯当たりのエネルギー使用量は，エコ意識調理で1.1kWh，約28％の削減効果，エコクッキングで1.5kWh，約36％の削減効果となった。熱源および調理器具や調理道具の選択，調理時の省エネの工夫が効果大であった。

（2）エコクッキングによる水使用量削減効果

　1世帯当たりの水使用量は，エコ意識調理で68L，約39％の削減効果，エコクッキングで104L，約60％の削減効果となった。水をこまめに止め，流量を調節することのほか，洗いおけの活用や段取りの工夫，汚れを拭き取って洗う効果が大であった。

（3）エコクッキングによる生ごみ量削減効果

　1世帯当たりの生ごみ量は，エコ意識調理で178g，約20％の削減効果，エコクッキングで251g，約29％の削減効果となった。野菜は丸ごと，皮や茎，軸の部分も活用し，無駄に切りすぎない工夫が効果大であった。

（4）エコクッキングによる CO_2 排出量削減効果

1世帯当たりのエネルギー，水使用量および生ごみ量をもとにした CO_2 排出量は，エコ意識調理で361.5g，約28%の削減効果，エコクッキングで508.0g，約38%の削減効果となった。

調理全体の CO_2 排出量削減効果には，エネルギー使用量，次いで生ごみ量の削減効果が大きく影響することを確認した。

（5）日本および世界におけるエコクッキング導入による環境負荷低減効果

日本国内でエコ意識調理を実施することで，年間4.2百万t，エコクッキングで年間5.9百万tの削減効果となることが明らかとなった。エコクッキングによる削減量は，家庭からの CO_2 排出量の約3.1%にあたる。

なお，各国の調理事情は違うものの，単純に人口を乗じてあくまで参考値としてではあるが，世界全体で導入できたと仮定し算出したところ，エコ意識調理で年間217百万t，エコクッキングで305百万tの削減効果が見込まれることからも，エコクッキング的考え方を取り入れることは非常に有効な取り組みと考えられる。

また，エコクッキングの内容は理解しやすく，一度の教育で導入できる範囲が大きく，エコ意識調理の時点で全体の約85%が実践できており，教育効果が高いことが明らかとなった[106, 110]。

以上の結果から，エコクッキング教育の重要性が明確となった。実際にこうした取り組みが日本各地あるいは全世界的に取り入れられれば，食糧，水，エネルギー不足や地球環境問題の改善，さらには CO_2 排出量削減につながり，低炭素社会実現の一助となると考えられる。

総　　括

　現在，地球温暖化は世界的な問題である。近年日本の家庭部門でのCO_2排出量は激増しており，その削減と低炭素社会実現の推進は国家的な課題である。このような中，「エコクッキング」が家庭で簡単に取り組める地球温暖化防止策として，また，エネルギー・水・ごみ・食糧問題の1つの解決策として注目を浴びている。「エコクッキング」とは，環境のことを考え，「買い物」，「調理」，「片付け」を行う食生活を意味している。

　本書では先行研究を踏まえ，環境に配慮した食生活「エコクッキング」の効果を定量的に把握し，教育のあり方および今後の汎用性を検討した。第Ⅰ部では，エコクッキングの環境負荷削減効果を定量化するため，調理時のエネルギー・水使用量，ごみ廃棄量を実測し，CO_2排出量からその削減効果を把握し，第Ⅱ部では，エコクッキングの教育効果を大学生，小学生，主婦層を対象として測定し，第Ⅲ部では，エコクッキングの汎用性と社会的影響力を考察するにあたり，商業施設で導入した場合の効果，循環型社会であった江戸時代との比較，日本および世界で導入した場合の効果を検証した。

第Ⅰ部　エコクッキングの環境負荷削減効果

第1章　エネルギー使用量削減効果

　日常調理におけるエネルギー使用量削減効果を調べるため，現在の家庭での上位頻出献立の中から加熱調理を含むモデル献立10種を設定し，おいしさを損なわずにエネルギー消費量を削減でき，汎用性のある調理方法を定量的に把握した。その結果，約16〜72％のCO_2排出量削減効果を確認した。

　さらに，幅広い料理法に対応できる中華鍋（鉄製）の特性を活用し，調理道具別省エネルギー効果を測定した結果，「炒める」，「焼く」，「揚げる」，「蒸す」の調理で，9〜56％のCO_2排出量削減効果を得た。

　以上より，調理機器，調理道具の選択，調理操作の工夫でエネルギー使用量およびCO_2排出量を削減できることが明らかとなった。

第2章　水使用量削減効果

　モデル献立2種をもとに，「材料等を洗う」，「調理中」，「調理器具・食器洗浄」，「調理台の清掃」の調理工程別の水の使用量および節水効果を比較検討した。その結果，エコクッキングに留意することで調理時のどの工程でも水使用量が削減でき，1食分で約60％の節水効果が得られ，一度の軽食作り（4人分）で50L前後の節水を確認した。

さらに，和食モデル献立をもとに，エコクッキングの水質汚濁負荷削減効果を検証するため水の汚濁度の指標としてＣＯＤ（化学的酸素要求量），全リン，全窒素を測定し比較した結果，水の使用量削減効果86％に対し，ＣＯＤ量82％，全リン量80％，全窒素量85％の削減効果が得られた。また，西洋料理，中国料理モデル献立実験でも削減効果が確認できた。

いずれも，「水をこまめに止める」，「洗いおけを活用する」，「洗う前に汚れを古布で拭き取る」「洗剤の適量使用」といった簡単な項目を習慣化することにより継続的に実施できることを確認した。以上より，エコクッキングが水使用量の削減のみならず水質汚濁負荷削減にもつながることが明らかとなった。

第3章　ごみ廃棄量削減効果

家庭での使用頻度の高い野菜50種を取り上げ，家庭で通常行われている切り方およびエコクッキングの切り方での廃棄率を実測した。エコクッキングでは，可食部分を出来る限り生かし，ヘタや根，種を除き，丸ごと皮ごと使用することとした。これにより，対象とした45種の野菜で可食部分が増加し，平均して約10％の廃棄率削減効果が認められた。また，調理の工夫と合わせ，切り方を工夫することで調理時に約30～70％の生ごみ削減効果が得られた。

さらに，買い物時にエコクッキングの考え方を取り入れ，意識して環境に配慮した買い物を行うことで，1日1世帯（4人家族）分で37％の容器包装の削減につながることが明らかとなった。買い物時に容器包装類を削減するためには，①必要なものを必要な分だけ，②マイバッグの持参，③3R＋1R（Reduce：減らす，Reuse：再利用，Recycle：再資源化，Refuse：断る）の実践等の取り組みが重要であることを確認した。

第Ⅱ部　エコクッキングの教育効果

第1章　大学生に対しての教育効果

本学家庭科教職課程3年生を対象に3年間にわたりエコクッキングの教育効果を測定した。和・洋のモデル献立をもとに，1回目は普段どおりに調理させ，アンケートによる意識調査を実施した。1カ月後，対象者全員に「エコクッキング」の考え方と環境問題についての授業を60分実施し，2～3カ月後および6カ月～1年後の2回，1回目と同様の献立実習とアンケート調査を実施した。

その結果，「買い物」，「調理」，「片付け」時の環境へ配慮した実践度は講義後に高くなる傾向が見られ，1回目と比べ，2，3回目ともに和風献立でガス使用量約45％，水使用量約80％，生ごみ量約60％，CO_2排出量約50％の大きな削減効果が見られた。また，2回目と3回目とでは削減効果に差異がなく教育効果が持続していることが認められた。

次に，削減可能な項目を詳細に分析するため，和・洋・中の単品料理を対象に，2年間にわたり調査を行い分析した。その結果，ガス・水使用量，生ごみ廃棄量，CO_2排出量，野菜の廃棄率，使用器具数，光熱費等いずれも削減効果が確認できた。

総括　159

　さらに，追加研究として中学校教科書掲載献立をもとにエコクッキングでの料理を官能評価したところ，味・外観ともに通常調理と有意差は認められなかった。また，通常法で繰り返し実習した場合の習熟度効果と，エコクッキングの教育を行った後に実習した場合のエコクッキング教育効果との違いを比較したところ，同じ調理を通常の調理法で2回実施した場合の習熟によるガス・水使用量，生ごみ量の削減効果は得られず，エコクッキングの顕著な教育効果とその重要性が確認された。

第2章　小学生に対しての教育効果

　対象別の教育効果を図るため，家庭科教育の初等学年に当たる小学校5年生（児童1,152名）を対象に，エコクッキング授業の事前事後に実施したアンケートと，教師からの授業実施報告書をもとにその効果を分析した。

　その結果，エコクッキングの意味まで理解できた児童は24％から84％と著しく上昇し，具体的行動項目は12設問中7設問で「いつもする」が有意に増加した。

　これらより，エコクッキング教育は，家庭科教育の課題である食育や環境問題対策を自然と関連づけて学ばせる有効な手段であることが確認できた。

第3章　家庭における調理主担当者（主婦層）に対しての教育効果

　各家庭へのエコクッキングの普及促進を鑑み，家庭での調理主担当である20〜50歳代の主婦を対象に同様なエコクッキング教育を行った場合の効果を測定した。家庭での上位頻出献立をもとに，朝食，昼食，夕食ごとに調理実験を行い，ガス・電気機器等の調理器具は自由に選択使用させた。

　その結果，教育後のガス・電気・水使用量，生ごみ量に大きな減少が見られた。一度の教育で調理時のCO_2排出量に1日約25％削減効果が得られた。

第Ⅲ部　エコクッキングの汎用性と社会的影響力

第1章　商業施設におけるエコクッキングの導入効果

　エコクッキングを商業施設に導入した場合の効果を見るために，環境省の施設である新宿御苑内レストランの協力を得て効果検証を行った。店舗販売メニューでの導入実験の他に，店舗全体のガス・水使用量および生ごみ量の前年との比較を行った。

　その結果，いずれのセットメニューでも約50％のCO_2排出量削減効果が得られた。店舗全体ではガス使用量16％，水使用量22％，生ごみ量37％削減ができ，年間販売規模10万点の店舗全体では年間約2t（トン）のCO_2排出量削減につながることが明らかとなった。

第2章　江戸時代との比較によるエコクッキングの効果検証

　エコクッキングの手法には昔からの伝承も多い。そこで，理想的な循環型社会といわれた江戸

時代の「おかず番付」から一汁三菜のモデル献立を組み立て，現代の調理法，エコクッキング法，江戸時代の調理法でそれぞれ調理した。

その結果，現代は便利だが無駄が多く，江戸時代は環境負荷が少ないが手間がかかり，エコクッキングは両者の利点を取り入れた効果的な調理法であることを確認した。

第3章　CO_2排出量削減が低炭素社会実現に与える影響

エコクッキングの環境負荷低減効果を全体として把握するために，1世帯当たり1日分のモデル献立をもとに試算した。

その結果，エネルギー使用量36％，水使用量60％，生ごみ量29％，CO_2排出量38％の削減効果となった。これをもとに，日本全体の世帯でエコクッキングに取り組んだと仮定し試算すると，年間6百万tのCO_2排出量削減となり，世界全体で導入すると仮定して試算すると年間305百万tのCO_2排出量削減が見込まれた。各国で調理事情は違うものの，エコクッキングの取り組みが日本全体あるいは全世界的に実施されれば，食糧・水・エネルギー不足や地球温暖化問題の改善の大きな一助となることが示唆された。

以上を要約すると，環境に配慮した食生活「エコクッキング」が低炭素社会実現および地球環境問題の改善に与える影響について，以下の結果を得た。

① 日常調理において，調理機器，調理道具，調理操作の選択等の調理の工夫をすることでエネルギー使用量やCO_2排出量削減につながることが明らかとなった。
② エコクッキングの工夫は各調理工程の節水だけでなく水質汚濁負荷削減に役立つことが明らかとなった。
③ ごみ廃棄量削減に意識して取り組むことで，野菜の廃棄率，調理時の生ごみ量，買い物時の容器包装類の削減効果が認められた。
④ 家庭科教職課程履修中の大学生に対してのエコクッキングの教育効果は大で，ガス・水使用量，生ごみ量に顕著な削減効果が見込まれ，しかも教育効果は持続することが確認できた。
⑤ 家庭科の授業開始学年である小学5年生に対してのエコクッキングの教育効果が確認でき，環境に配慮した行動変化につながることが示唆された。
⑥ 家庭の調理主担当者（20～50代主婦層）に対しては，1度の教育でどの年代でも教育効果が認められ，エネルギー・水使用量，生ごみ量およびCO_2排出量削減効果が得られた。
⑦ 商業施設へのエコクッキング導入では，店舗全体で導入することにより，ガス・水使用量および生ごみ量が大幅に削減でき，10万点販売規模店舗で年間約2tのCO_2排出量削減につながることが明らかとなった。
⑧ 循環型社会「江戸時代」の調理は環境負荷は少ないが手間がかかり，現代は便利だが無駄が多く，エコクッキングは両者の利点を取り入れた方法であることを確認した。
⑨ エコクッキングを暮らしに取り入れる効果を試算したところ，日本全体で年間約6百万tのCO_2排出量削減が見込まれ，この取り組みが日本のみならず世界へ広がることでの効

果の大きさが示唆された。

これまで見てきたとおり，地球温暖化が深刻さを増す昨今，エコクッキングは家庭で簡単に取り組める地球温暖化防止策として，また，エネルギー問題，水問題，ごみ問題や食糧問題の1つの解決策として有益であることを確認した。さらに震災後は，省エネ，節電，エコライフといった点からも生きる術として注目を浴びていることからも，ますますこの考え方が重要になってくると考えられる。

しかし，エコクッキングの考え方はまだまだ新しい考え方であり，そのためにも研究で得られた知見を広く社会へ還元し，低炭素社会実現および地球環境問題の改善に貢献していきたいと考えている。また，様々な機会をとらえ，各種経済指標や社会情勢と照らし合わせながら，現在の食生活をどう改善することが好ましいかを常に模索し，時代にあった食生活提案を行うとともにグローバルな視点からの省エネおよびエコライフのあり方を今後も引き続き研究調査していく所存である。

注）本書に記載された白書および一般公開されているデータ等は，実験当時もしくは公開論文等の表記に合わせてあり，現時点での最新データではない場合もあるため，最新データにつきましては引用文献の最新版を参照願います。

謝　辞

なお，研究を進めるに当たり共同研究をとおし論文等の連名執筆者（p.170参照）となっていただきました先生方，またご指導ならびにご教授賜りました先生方，およびご支援いただきました皆様，ならびに実験にご協力いただきました皆様にこの場を借りて深甚の謝意を表します。

引 用 文 献

【序　論】

1）エコ・クッキング推進委員会（2011），エコ・クッキング指導者教本，エコ・クッキング推進委員会，サイバーコム，東京，pp.7-16
2）三神彩子（2008），身近な「食」から地球環境問題を考えるエコ・クッキング，日本家政学会誌，59,125-129
3）日本エネルギー経済研究所（2010），EMDC／エネルギー・経済統計要覧，（財）省エネルギーセンター，東京，pp.40-41
4）環境省，平成20年版環境・循環型社会白書（2008），日経印刷，環境省，東京，pp.67-74
5）塘添敏文（2000），「養生訓」に見る健康観の現代的価値，亜細亜大学教養部亜細亜大学教養部紀要，61,110-91
6）近藤みゆき（2001），マクロビオティックについて，名古屋文理短期大学紀要，26,45-52
7）地球温暖化対策推進本部（2002），地球温暖化対策推進大綱，環境省地球環境局，東京，pp.52-53
8）開隆堂（2011），小学校 私たちの家庭科 5・6，開隆堂，東京，pp.9,60
9）東京書籍（2011），家庭基礎 自立・強制・創造，東京書籍，東京，pp.172,173
10）教育図書（2011），新家庭基礎，ともに生きる，くらしをつくる，教育図書，東京，pp.102,104,108,110
11）教育図書（2010），家庭基礎 気づく・追求する・行動する，教育図書，東京，pp.93,106
12）実教出版（2011），新家庭基礎 未来へつなぐパートナーシップ，実教出版，東京，pp.114,178
13）実教出版（2011），家庭基礎 自分らしい生き方とパートナーシップ，実教出版，東京，pp.6,106,109
14）第一学習社（2011），高等学校 改訂版 家庭基礎 自分らしく生きる，第一学習社，東京，pp.5,82,105,164,165,181
15）東京書籍（2011），家庭総合 自立・共生・創造，東京書籍，pp.236,237
16）教育図書（2011），新家庭総合 ともに生きる，くらしをつくる，教育図書，東京，pp.118,120,124,126,135
17）教育図書（2010），家庭総合，教育図書，東京，pp.237
18）実教出版（2011），新家庭総合 未来をひらく生き方とパートナーシップ，実教出版，東京，pp.136,141,238
19）実教出版（2011），家庭総合 自分らしい生き方とパートナーシップ，実教出版，東京，pp.138,143
20）第一学習社（2011），高等学校 改訂版 家庭総合 生活に豊かさをもとめて，第一学習社，東京，pp.119,210,211,221
21）教育図書（2011），新生活技術 ともに生きる，くらしをつくる，教育図書，東京，pp.110,112,116,118,129
22）教育図書（2010），生活技術，教育図書，東京，p.237
23）環境省（2003），環境の保全のための意欲の増進及び環境教育の推進に関する法律（平成十五年七月二十五日法律第百三十号），環境省，東京，pp.1-8
24）内閣府（2009），平成21年版食育白書，日経印刷，東京，pp.1-23
25）文部科学省（2006），教育基本法，文部科学省，東京，pp.1-11
26）文部科学省（2008），小学校学習指導要領新旧対照表，文部科学省，東京，pp.103-107
27）文部科学省（2008），中学校学習指導要領新旧対照表，文部科学省，東京，pp.122-127
28）文部科学省（2009），高等学校学習指導要領新旧対照表，文部科学省，東京，pp.228-244
29）経済産業省（2011），夏期の電力需給対策について，電力需給緊急対策本部，東京，pp.1-75
30）東京都環境局（2011），この夏の「電力不足」見直してみましょう電気の使い方，東京都，東京，pp.1-6

31) 江原絢子，石川尚子（2009），日本の食文化—その伝承と食の教育，アイ・ケイコーポレーション，東京，pp.21-30
32) 當間 政義，久保 紀優希（2008），ライフスタイルの変化と「食」の指向性が及ぼす地域の活性化，東京農業大学農学集報，53（2），160-168
33) エネルギー環境教育情報センター（2010），エコ・クッキングノート教師用解説書，エネルギー環境教育情報センター，東京，p.5
34) ニッポン東京スローフード協会（2003），スローフード協会公式ブック〈slow 日本語版〉，木楽舎，東京，pp.1-143
35) Lorna J. Sass（1992），Recipes from an Ecological Kitchen, Healthy Meals for You and the Planet，William Morrow & Co，U.S.A.，pp.1-492
36) 小笠原規子（1993），調理とエコロジー思想，聖徳大学研究紀要，26，53-59
37) 小笠原規子（1994），調理とエコロジー思想（続），聖徳大学研究紀要，27，69-76
38) Paul H. Ray Ph.D., Sherry Ruth Anderson（2001），The Cultural Creatives ～ How 50 Million People Are Changing The World，Three Rivers Press，U.S.A.，pp.1-384
39) United Nations Population Fund（2009），State of a world Population 2009，United Nations Population Fund，U.S.A.，pp.1-22
40) World Food Programme（2010），Annual Report 2010 Fighting Hunger Worldwide，World Food Programme，Italy，pp.6-9
41) 環境省（2010），平成22年版環境・循環型社会・生物多様性白書，日経印刷，東京，pp.4-9
42) WWF（2010），Living Planet Report 2010，WWF，Switzerland，pp.32-41
43) 山口庸子，土屋みさと，津田淑江（2007），LCA手法を用いた食器洗浄の環境負荷削減のための評価，日本家政学会誌，58，397-406
44) 津田淑江，堂園寛子，小池恵，瀬戸美江，大家千恵子（2008），家庭における炊飯時および保温時のCO_2排出量，日本調理科学会誌，41，313-318
45) 津田淑江，堂園寛子，大家千恵子（2008），モデルメニューを用いた日本人の食事によるライフサイクルCO_2排出量，日本調理科学会誌，41，289-296
46) 津田淑江（2009），食の関連課題の調理的視点からの研究，日本調理科学会誌，42，57-63
47) 四宮陽子・宮脇長人（2009），日本の食糧消費傾向と二酸化炭素排出量との関係，日本食品化学工学会誌，56，271-279
48) 鈴木敬子（2009），無洗米，普通米の製造・利用におけるライフサイクルCO_2排出量，日本調理科学会誌，42，342-348
49) 太田俊二（2009），変化する機構と食糧生産，コロナ社，東京，pp.1-203
50) 本多恭子（2001），給食管理実習におけるエコクッキングの実践，一宮女子短期大学研究報告，40，179-187
51) 山田好子，山本紀久子（2001），調理実習における環境教育，日本家政学会誌，52，359-365
52) 高橋朋哉，姥浦道生，後藤尚弘（2005），環境への意識・行動が廃棄物発生に与える影響解析，廃棄物学会研究発表会，16，141-143
53) 大喜多祥子，花﨑憲子，池田由紀，倉賀野妙子（2005），環境負荷低減化のための食行動に関する女子学生の意識と教育効果，日本調理科学会誌，38，243-253
54) 原田澄子（2005），食環境に関する意識と行動の調査—女子短大生の場合—，富山短期大学紀要，40，63-69
55) 本木善，松岡英子（2006），中学校家庭科におけるエネルギー・環境教育の実践，信州大学教育付属実践総合センター紀要，7，121-130
56) 平野和子（2007），エコクッキング～環境に優しい生活文化の構築に向けて～，神戸文化短期大学紀要，31，107-125

【第Ⅰ部】
第1章第1節

57) 環境省（2010），平成22年版環境・循環型社会・生物多様性白書，日経印刷，東京，pp.163-164
58) 三神彩子，喜多記子，松田麗子，十河桜子，長尾慶子（2009），日常調理における調理操作の違いが消費エネルギーおよびCO_2排出量の削減に及ぼす影響，日本調理科学会誌，42,300-308
59) 東京ガス社会文化センター（2009），ウルトラ省エネ BOOK，東京ガス，東京，p.30
60) 中央環境審議会地球環境部会（2001），目標達成シナリオ小委員会「中間とりまとめ2001年」，中央環境審議会地球環境部会国内制度小委員会，東京，pp.1-66
61) 長尾慶子，喜多記子，加藤和子，市丸雄平，三神彩子，小西雅子（2005），日常調理におけるエコ・クッキングの提案，日本調理科学会平成17年度大会研究発表要旨集，p.150
62) 長尾慶子，松田麗子，喜多記子，荻野泰子，萱島由香，杉山宜子，加藤和子，土屋京子，十河桜子，三神彩子（2007），上位頻出メニューでのエコ・クッキングによるCO_2削減効果，日本調理科学会平成19年度大会研究発表要旨集，p.100

第1章第2節

63) 経済産業省（2008），エネルギー白書，資源エネルギー庁，東京，pp.35-40
64) 川井考子，堀京子（1991），家庭における鍋の使用実態，信愛紀要，31,19-23
65) 肥後温子，平野美那世（1997），調理機器総覧，食品資材研究会，東京，pp.289-300
66) 料理道具100％活用百科（1994），アーバン・コミュニケーションズ，東京，pp.24-45
67) 日本機械学会編（1994），伝熱工学資料改定第4版，日本機械学会，pp.314-322
68) 中野和子，外西寿鶴子，三木栄子，池田博子（1997），操作別調理学実習，同文書院，東京，pp.87-194
69) 堀京子（1980），揚げ油の使用実態，信愛紀要，20,30-36
70) 三神彩子，三浦理絵，喜多記子，佐藤久美，長尾慶子（2009），加熱操作法ごとの中華鍋の省エネ性およびCO_2削減効果の評価，日本家政学会第61回大会研究発表要旨集，p.119
71) 三神彩子，喜多記子，佐藤久美，長尾慶子（2010），加熱操作法ごとの中華鍋の省エネ性およびCO_2排出量削減効果の評価，日本調理科学会誌，43,98-105

第2章第1節

72) エコ・クッキング推進委員会（2011），エコ・クッキング担当者教本，エコ・クッキング推進委員会，東京，pp.64-65
73) 国土交通省（2010），平成22年版日本の水資源―持続可能な水利用に向けて―，海風社，大阪，pp.129-141,197
74) 国連（2003），世界水発展報告書，UNESCO-WWAP/Hara Shobo，東京，p.34
75) 東京都（2008），とりもどそうわたしたちの川と海を，東京都環境局自然環境部水環境課，東京，pp.1-6
76) 長尾慶子，喜多記子，三神彩子（2007），家庭科教職履修生に対しそのエコ・クッキングの教育効果，日本家庭科教育学会誌，50,176-183
77) 長尾慶子，喜多記子，松田麗子，加藤和子，十河桜子，三神彩子（2008），家庭におけるエコ・クッキングの実践がCO_2削減に及ぼす効果，日本家政学会誌，59,903-910
78) 近藤武士，岩本静雄，鎌田元康（2007），節水型台所水栓を用いた食器洗浄による節水効果，日本建築学会環境系論文集，613,65-70
79) 鈴木孝彦，大塚正之，鈴木一聡（2007），台所用シングルレバー型水栓の節水・節湯化手法に関する実験研究，日本建築学会技術報告集，13，第26号，629-634
80) 近藤武士，岩本静雄，大塚正之，鎌田元康（2005），節水・節湯器具の評価に関する研究その7 食器洗い乾燥機と手洗い実験の比較，日本建築学会大会学術講演梗概集，429-430

81）東京ガス「食」情報センター（2009），エコ・クッキングのご案内，東京ガス「食」情報センター，pp.2-6
82）永田勝也，貝塚亮平，押尾智英（2000），廃棄物焼却発電システムのLCA評価—新処理技術を組み合わせたごみ処理の評価，第11回廃棄物学会研究発表会講演論文集，pp.147-149
83）東京都（2008），節水の習慣，東京都水道局，東京，p.2-3
84）高田宏（2006），家庭における水資源の有効活用に関する一考察，広島大学大学院教育学研究科紀要，55,381-387
85）長尾慶子，北川亜矢子，竹内智美，喜多記子，千田真規子，三神彩子（2008），調理の過程での行動項目別に検討したCO_2削減効果，日本家政学会第60回大会研究発表要旨集，p.332
86）三神彩子，赤石記子，佐藤久美，長尾慶子（2010），モデル調理における調理工程ごとの水使用量の分析と節水行動による効果，日本家政学会誌，61,729-735

第2章第2節

87）環境省（2010），平成22年版環境白書／循環型社会白書／生物多様性白書，日経印刷，東京，pp.199-206
88）三神彩子，長尾慶子（2010），家庭科教職課程履修生に対するエコ・クッキング教育効果—野菜廃棄率，使用器具数，CO_2排出量，消費エネルギー（費用）面からの詳細分析—，日本食生活学会誌，21,272-280
89）森基子，長谷川玲子，船坂鐐三，小瀬洋喜（1990），調理食品廃棄物のBOD原単位，日本家政学会誌，41,833-840
90）白杉直子，小谷スミ子，中村恵子，粟津原宏子（2003），調理および食器洗浄方法の工夫による台所排水の環境負荷低減効果，日本調理科学会誌，36,130-138
91）山田健二郎，林久緒，吉川サナエ，鈴木勲（1988），生活雑排水における食品由来のCOD，BOD負荷量の研究調査，川崎公害研究所年報，第15号，42-46
92）木村美智子，小泉泰宏，荒井冨佐子，南一守（1994），家庭生活に由来する水質汚濁について（第1報）—生活雑排水に関する意識調査と汚濁削減のための工夫—，日本家庭科教育学会誌，37,69-73
93）金子佳代子，北島光子，佐藤真紀子，川口めぐみ（1997），厨房排水の汚濁削減方法の検討—ごみ受け用水切りろ紙等の使用効果およびCOD簡易測定法について—，日本家庭科教育学会誌，40,9-15
94）中村恵子，小谷スミ子，白杉直子，粟津原宏子（2002），台所排水に対する関心および汚濁排出量削減のための行動についての調査，日本調理科学会誌，35,187-195
95）加藤保子（2000），生活排水に関する主婦の認識とその対応，東海学園女子短期大学紀要，28,15-25
96）松重一夫，水落元之，稲盛悠平（1990），生活雑排水の汚濁成分および原単位，用水と廃水，産業用水調査会，東京，32（5），12-16
97）大修館書店（2007），新家庭総合，大修館書店，東京，pp.148-161
98）実教出版（2007），新家庭総合，実教出版，東京，pp.116-128
99）開隆堂（2007），家庭総合，開隆堂，東京，pp.126-139
100）東京書籍（2004），家庭総合，東京書籍，東京，pp.108-120
101）一橋出版（2004），家庭総合，一橋出版，東京，pp.110-121
102）教育図書（2004），家庭総合，教育図書，東京，pp.130-143
103）第一学習社（2004），家庭総合，第一学習社，東京，pp.126-141
104）並木 博編（1999），JIS使い方シリーズ 詳解 工場排水試験法改訂3版，日本規格協会発行，pp.80-324
105）三神彩子，阿部愛美，佐藤久美，植草貴英，長尾慶子（2010），和食モデル献立におけるエコ・クッキングによる排水の汚濁負荷の軽減効果の分析，日本調理科学会平成22年度大会研究発表要旨集，p.81
106）三神彩子，佐藤久美，伊藤貴英，村上和雄，長尾慶子（2011），モデル献立調理時のエコ・クッキ

ングによる排水汚濁負荷削減効果の分析，日本調理科学会誌，44,367-374

第3章第1節
107) 環境省（2010），平成22年版環境・循環型社会・生物多様性白書，環境省，東京，pp.207-237
108) エコ・クッキング推進委員会（2011），エコ・クッキング指導者教本，エコ・クッキング推進委員会，東京，pp.7-41
109) 高岡美佳（2007），サスティナブル・ライフスタイルナビゲーション，日科技連，東京，pp.80-99
110) Ayako MIKAMI, Keiko NAGAO (2011), A Eco-Cooking on Environmental Load, Journal of ARAHE（アジア家政学会誌），18,7-13
111) 社団法人JA総合研究所（2009），野菜の消費行動について，社団法人JA総合研究所，東京，pp.1-10
112) 香川芳子（2009），五訂増補日本食品標準成分表2009，女子栄養大学出版部，東京，pp.1-304
113) エコ・クッキング推進委員会（2011），エコ・クッキングホームページ「食彩辞典」，エコ・クッキング推進委員会，http://www.eco-cooking.jp
114) エネルギー環境教育情報センター（2010），エコ・クッキングノート，エネルギー環境教育情報センター，東京，pp.10-11
115) エネルギー環境教育情報センター（2010），エコ・クッキングノート教師用解説書，エネルギー環境教育情報センター，東京，pp.20-21
116) 荒木葉子，笹原麻希，三神彩子，伊藤貴英，長尾慶子（2011），エコ・クッキングによる野菜廃棄率削減効果，日本家政学会第63回大会研究発表要旨集，p101
117) 三神彩子，荒木葉子，笹原麻希，伊藤貴英，長尾慶子（2012），エコ・クッキングの手法を用いた野菜廃棄率削減効果，日本調理科学会誌，45,204-208

第3章第2節
118) 環境省（2010），平成22年版環境・循環型社会・生物多様性白書，環境省，東京，pp.26-28
119) 中田清志，谷口渡，大塚康治，金子昌示（1996），家庭ごみ中の長期包装廃棄物排出実態について，廃棄物学会，第7回廃棄物学会講演論文集，141-143
120) 北條祥子，江成敬次郎（1996），家庭ごみの減量化に関する基礎調査─食品購入に伴い家庭に持ち込まれる容器包装材の実態調査─，廃棄物学会，第7回廃棄物学会研究発表会講演論文集，150-152
121) 永田勝也，貝塚亮平，押尾智英，長田守弘（2000），廃棄物新処理技術に関するLCA評価について─新処理技術を組み合わせたごみ処理の評価─，日本機械学会，第10回日本機械学会環境工学総合シンポジウム講演論文集，188-191
122) 森口祐一（2007），容器包装などの使用済みプラスチックのリサイクルシステムの評価，日本エネルギー学会誌，86,888-894
123) 服部美佐子（2007），リサイクルでごみ問題は解決するか─ペットボトルの場合，日本家政学会誌，58,659～660
124) 三神彩子，井上綾，荒木葉子，笹原麻希，伊藤貴英，長尾慶子（2012），エコ・クッキングによる買い物時の容器包装類削減効果，日本家政学会第64回大会研究発表要旨集，p.76

【第Ⅱ部】
第1章第1節
125) 東京書籍（2006），新しい技術・家庭 家庭分野，東京書籍，東京，pp.7,42
126) 大修館書店（2006），新家庭総合，大修館書店，東京，pp.4,59,163
127) 大修館書店（2006），新家庭基礎，大修館書店，東京，pp.4,131
128) 実教出版（2006），家庭総合，実教出版，東京，p.143

129）東京書籍（2006），家庭総合，東京書籍，東京，pp.106,230
130）開隆堂（2006），家庭総合，開隆堂，東京，p.121
131）一橋出版（2006），家庭総合，一橋出版，東京，p.109
132）教育図書（2006），家庭総合，教育図書，東京，pp.228,237
133）第一学習社（2006），家庭総合，第一学習社，東京，pp.116,212
134）長尾慶子（2005），エコ・クッキング教育への取り組みを通して，家庭科通信26 Vol.10 No.1，大修館書店，東京，pp.3-7
135）香西みどり，長野慶子，松裏容子，平野悦子，島田淳子（1986），加熱調理における省エネルギー的調理条件の検討，日本家政学会誌，37,533-539
136）日本工学アカデミー・環境フォーラム（2004），豊かな石油時代が終わる―人類はどこへ行くのか，丸善，東京，pp.1-207
137）財団法人省エネルギーセンター（2006），家庭の省エネ大事典，財団法人省エネルギーセンター，東京，pp.1-24
138）Noriko KITA, Keiko Nagao, Ayako MIKAMI（2005），Positive impact of education female college students in the Eco-Cooking, The 13th Biennial International Congress of Asian Regional Association for Home Economics Congress Proceedings

第1章第2節
139）東京書籍（2005），新しい技術・家庭　家庭分野，東京書籍，東京，pp.48-65
140）開隆堂（2005），技術・家庭　家庭分野，開隆堂，東京，pp.44-55
141）大修館書店，（2006），新家庭基礎，大修館書店，東京，pp.120-129
142）三神彩子，松田麗子，佐藤久美，長尾慶子（2009），家庭科教職課程履修生に対するエコ・クッキング教育効果の詳細分析，日本調理学会平成21年度大会研究発表要旨集，p.82

第1章第3節
143）三神彩子，松田麗子，佐藤久美，植草貴英，長尾慶子（2009），家庭科教職課程履修生への中学校家庭科調理実習献立を元にしたエコ・クッキングの教育効果，日本食生活学会2009年大会要旨集
144）三神彩子，佐藤久美，伊藤貴英，長尾慶子（2011），調理の習熟度効果とエコ・クッキング教育効果の比較，日本調理科学会平成23年度大会研究発表要旨集，p.82
145）三神彩子，佐藤久美，長尾慶子（2012），調理の習熟度効果とエコ・クッキング教育効果の違いならびに料理におけるおいしさの評価，日本食生活学会誌，23,103-110

第2章
146）東京書籍（2008），新編新しい家庭5・6，東京書籍，東京，pp.52,16-27,56-63,76-85
147）東京ガス（2009），西東京市小学校対象食育推進事業最終報告書，東京ガス，東京，pp.1-17
148）エコ・クッキング推進委員会（2009），エコ・クッキング指導者教本，エコ・クッキング推進委員会，東京，pp.147-177
149）三神彩子（2007），エコ・クッキングで地球を救え，近代映画社，東京，pp.1-64
150）開隆堂（2006），小学校わたしたちの家庭科，開隆堂，東京，pp.33-41,58-63,82-88
151）エネルギー環境教育情報センター（2008），エコ・クッキングノート，エネルギー環境教育情報センター，東京，pp.18-20
152）エネルギー環境教育情報センター（2007），エンジョイ！　エコ・クッキング（DVD），エネルギー環境教育情報センター，東京
153）三神彩子，長尾慶子，今井悦子（2011），西東京市立小学校5年生に対してのモデル授業によるエコ・クッキングの教育効果の検証，日本家庭科教育学会誌，53,279-289

第3章

154) Keiko Nagao, Noriko Kita, Reiko Matsuda, Kazuko Kato, Ayako Mikami, Sakurako Sogo, Masako Konishi (2008), The reductive effect of "Eco-Cooking" practices on CO_2 emissions, IFHE（国際家政学会）Abstract Book Research Pagers, p.191

【第Ⅲ部】
第1章

155) 三神彩子，荒木葉子，笹原麻希，長尾慶子（2010），新宿御苑における商業レストラン初のエコ・クッキングの導入効果，日本家政学会第62回大会研究発表要旨集，p.50
156) Ayako Mikami, Keiko Nagao (2012), Effect of implementing eco-cooking at commercial cooking facilities, Journal of IFHE（国際家政学会誌），94, 1-12 Paper presented at the International Federation for Home Economics World Conference, Melbourne

第2章

157) 環境省（2010），環境白書/循環型社会白書/生物多様性白書，日経印刷，東京，pp.207-284
158) エコ・クッキング推進委員会（2008），エコ・クッキング指導者教本，エコ・クッキング推進委員会，東京，pp.176-181
159) 石川尚子（1994），論集江戸の食―くらしを通して―，弘学出版，東京，pp.107-134
160) 江原絢子，石川尚子，東四柳祥子（2010），日本食物史，芳児弘文館，東京，pp.182-185
161) 江原絢子，石川尚子（2009），日本の食文化―その伝承と食の教育，アイ・ケイコーポレーション，東京，pp.1-149
162) 江原絢子，手塚文栄，石川寛子他（1991），ヴィジュアル百科江戸事情第一巻生活編，雄山閣出版，東京，pp.189-255
163) 原田信男（2007），江戸の料理と食生活，小学館，東京，pp.1-163
164) 竹内誠（2002），ビジュアル・ワイド江戸時代館，小学館，東京，pp.172-203
165) 喜田川守貞，宇佐美英機（2002），近世風俗志（五）（守貞謾稿），岩波文庫，東京，pp.67-140
166) 石川英輔（2009），大江戸省エネ事情，講談社，東京，pp.1-305
167) 石川英輔（1997），大江戸リサイクル事情，講談社，東京，pp.1-371
168) 龍崎英子，杉崎幸子（1991），学校給食別冊おいしい郷土料理，全国給食協会，p.34
169) 内閣府（2010），地球温暖化対策の推進に関する法律施行令（平成十一年四月七日政令第百四十三号）
170) 三神彩子，菊地圭子，山﨑薫，長尾慶子，江原絢子（2011），江戸時代および現代の調理とエコ・クッキングとの比較，日本家政学会第63回大会研究発表要旨集，p.94
171) 三神彩子，山﨑薫，長尾慶子，江原絢子（2012），江戸時代および現代の通常調理とエコ・クッキングによる調理との比較，日本家政学会誌，63, 669-676

第3章

172) 日本エネルギー経済研究所（2010），EMDC／エネルギー・経済統計要覧，（財）省エネルギーセンター，東京，pp.88-89, 217
　　三神彩子，長尾慶子，赤石記子，久松裕子，杉浦淳吉，松葉口玲子，「食」に関連した省エネ教育の省エネ行動変容効果と評価法の検討，日本家政学会誌，66, 102-112

関連公表論文目録

1) 長尾慶子，喜多記子，三神彩子（2007），家庭科教職課程履修生に対してのエコ・クッキングの教育効果，日本家庭科教育学会誌，50, 176-183
2) 三神彩子（2008），身近な「食」から地球環境問題を考えるエコ・クッキング，日本家政学会誌，59, 125-129
3) 長尾慶子，喜多記子，松田麗子，加藤和子，十河桜子，三神彩子（2008），家庭におけるエコ・クッキングの実践が CO_2 削減に及ぼす効果，日本家政学会誌，59, 903-910
4) 三神彩子，喜多記子，松田麗子，十河桜子，長尾慶子（2009），日常調理における調理操作の違いが消費エネルギーおよび CO_2 排出量の削減に及ぼす影響，日本調理科学会誌，42, 300-308
5) 三神彩子，喜多記子，佐藤久美，長尾慶子（2010），加熱操作法ごとの中華鍋の省エネ性および CO_2 排出量削減効果の評価，日本調理科学会誌，43, 98-105
6) 三神彩子，赤石記子，佐藤久美，長尾慶子（2010），モデル調理における調理工程ごとの水使用量の分析と節水行動による効果，日本家政学会誌，61, 729-735
7) 三神彩子，長尾慶子，今井悦子（2011），西東京市立小学校5年生に対してのモデル授業によるエコ・クッキングの教育効果の検証，日本家庭科教育学会誌，53, 279-289
8) 三神彩子，長尾慶子（2011），家庭科教職課程履修生に対するエコ・クッキング教育効果—野菜廃棄率，使用器具数，CO_2 排出量，消費エネルギー（費用）面からの詳細分析—，日本食生活学会誌，21, 272-280
9) Ayako Mikami, Keiko Nagao（2011），Positive Impact of Eco-Cooking on Environmental Load, Journal of ARAHE（アジア家政学会誌），18, 7-13
10) 三神彩子，佐藤久美，伊藤貴英，村上和雄，長尾慶子（2011），モデル献立調理時のエコ・クッキングによる排水汚濁負荷削減効果の分析，日本調理科学会誌，44, 367-374
11) 三神彩子，長尾慶子，調理の習熟度効果とエコ・クッキング教育効果の違いならびに料理におけるおいしさの評価（2012），日本食生活学会誌，23, 103-110
12) 三神彩子，荒木葉子，笹原麻希，伊藤貴英，長尾慶子（2012），エコ・クッキングの手法を用いた野菜廃棄率削減効果，日本調理科学会誌，45, 204-208
13) 三神彩子，山﨑薫，長尾慶子，江原絢子，江戸時代および現代の通常調理とエコ・クッキングによる調理との比較（2012），日本家政学会誌，63, 669-676
14) 三神彩子（2012），環境に配慮した「エコ・クッキング」が地球環境問題の改善に与える影響，日本調理科学会誌，45, 323-331
15) 三神彩子（2012），企業等から見た家政学—エコ・クッキングから考える—，家政学原論研究，46, 70-71
16) 三神彩子（2012），環境に配慮した「エコ・クッキング」が低炭素社会実現および地球環境問題に与える影響，日本家庭科教育学会誌，55, 135-136
17) Ayako Mikami, Keiko Nagao（2013），Effect of promoting eco-cooking as the first commercial cooking facilities, Journal of IFHE（国際家政学会誌），6, 65-77
18) 荒木葉子，笹原麻希，三神彩子，伊藤貴英，長尾慶子（2013），「緑のカーテン」ゴーヤの苦味軽減とエコ・クッキングでの活用，日本家庭科教育学会誌，56, 35-42
19) 三神彩子，長尾慶子，赤石記子，久松裕子，杉浦淳吉，松葉口玲子（2015），「食」に関連した省エネ教育の省エネ行動変容効果と評価法の検討，日本家政学会誌，66, 102-112
20) 松葉口玲子，三神彩子（2015），省エネ行動にむけた教育の現状・課題と今後の展望—体系的な普及母体と教材開発の必要性—，日本消費者教育学会誌，35, 53-62

索　　引

〈欧文〉

BG 製法 …………………… 49
BOD ………………………… 38
Bran Grind 製法 …………… 49
CO_2 ………………………… 5,
　12, 39, 87, 125, 132, 139, 149
COD ………………………… 48
JISK0102の工場排水試験方法
　……………………………… 52
JIS 公定法 ………………… 52
LCA ………………………… 9
Life Cycle Assessment …… 9
LOHAS ……………………… 7
WWF ……………………… 8

〈和文〉
【あ】

青菜のおひたし …………… 12
揚げ物用鍋 ………………… 25
揚げ焼き …………………… 28
揚げる ……………………… 25
圧力鍋 ……………………… 15
洗いおけ ……………… 50, 92
アルミニウム製煮物用鍋 … 25
アルミニウム鍋 …………… 15

【い・う】

炒める ……………………… 25
イタリアン卵スープ ……… 79
イモ類 ……………………… 60
ウーロン茶 ………………… 51
旨味 ………………………… 21

【え・お】

栄養素等摂取量 …………… 5
エコ・クッキング推進委員会
　……………………………… 1
エコクッキングポイント
　…………………… 131, 152
エコライフ ………………… 3
エコロジー ………………… 1
エコロジカル・フットプリント
　……………………………… 8
江戸時代 ………………… 139
エネルギー使用（消費）量
　………………… 11, 143, 149
オゾン層の破壊 …………… 7
落し蓋 …………… 16, 134, 152

【か】

外観評価 …………………… 31
χ^2検定 …………………… 114
化学的酸素要求量 ………… 48
学習指導要領 ……………… 4
攪拌条件 …………………… 27
花菜類 ……………………… 62
果菜類 ……………………… 62
可食部分 …………………… 59
ガスコンロ炒飯 …………… 15
ガスの消費一次エネルギー … 13
化石燃料 ……………… 86, 143
家庭科教育 ……… 1, 100, 111
家庭科教職課程履修生 … 38, 77
加熱操作 …………………… 11
かまど …………………… 142
火力 ………………………… 26
カレーライス … 12, 67, 123, 131
環境教育推進法 …………… 4
環境負荷 …………… 57, 156
官能検査 …………… 15, 104

【き】

飢餓人口 …………………… 8
キノコ類 …………………… 60
キャベツ炒め ……………… 26
牛乳 ……………… 12, 124, 150
教育基本法 ………………… 4
教育効果 ………… 77, 111, 123
供給熱量 …………………… 5
教師 ……………………… 121
京都議定書 ………………… 7
郷土料理 ………………… 141

【く】

果物 ………………………… 12
クッキング ………………… 1
　―自給率 ……………… 147
グリル ……………………… 14

【こ】

高温短時間加熱 …………… 30
紅茶 ………………………… 39
コーヒーメーカー ………… 14
五訂増補日本食品標準成分表
　……………………………… 60
ご飯 ……………… 12, 124, 150
小松菜浸し ……………… 141
ごみ廃棄量 ………………… 59
根菜類 ……………………… 62
コンソメスープ …………… 51

【さ】

魚の塩焼き ……………… 141
魚の和風焼き物 …………… 12
鮭のムニエル …………… 102
三角コーナー ……………… 98

【し】

色度 ………………………… 16
七輪 ……………………… 140
児童 ……………………… 117
習熟効果 ………………… 107
習熟度 …………………… 107
終点 ………………………… 27
循環型社会 ……………… 2, 139
旬産旬消 …………………… 2
上位頻出献立 …… 11, 67, 123
省エネ …………………… 9, 149
昇温速度 …………………… 30
使用器具 …………………… 95
商業施設 ………………… 131
消費期限 …………………… 59
賞味期限 …………………… 59
食育基本法 ………………… 4
食感 ………………………… 32
食教育の研究 ……………… 77
食のグローバル化 ………… 5
食の大量消費 ……………… 5
食の大量生産 ……………… 5
食料自給率 ……………… 141
女性の社会進出 …………… 5
食器洗い洗剤量 ………… 141
新宿御苑レストラン …… 131
身土不二 …………………… 2

【す】
水質汚濁負荷…………………48
水質環境基準…………………48
炊飯器…………………………15
スープ…………………………39
スクレーパー…………………133
ステンレス鍋…………………15
スパゲッティ…………………102
スローフード…………………6
　　―協会……………………6

【せ】
精白米…………………………142
生物化学的酸素要求量………38
生物多様性減少………………7
西洋料理………………………49
西洋料理用鍋型蒸器…………25
世界自然保護基金……………8
積算流量計……………………13,
　　　　42,79,124,132,151
節水……………………………38
節約……………………………95
全窒素量………………………48
洗米回数………………………15
全リン量………………………48

【た】
大根と豚肉の味噌煮…………78
大根の当座漬け………………141
大根の味噌汁…………………78,141
大量調理………………………137
大量廃棄型の社会……………139

【ち】
地球温暖化……………………1
　　―対策基本法……………7
　　―対策推進大綱…………3
地球環境問題…………………3
地産地消………………………2
チャーハン……………………12
チャレンジ25…………………4
中学校家庭科教科書…………101
中華鍋…………………………25
中国料理………………………49
調理機器………………………12
調理主担当者…………………123,150
調理操作………………………12
調理道具………………………12
蒸篭……………………………25
チンジャオロースー…………51

【つ・て】
付け合せ野菜…………………39
漬物……………………………12,124
低炭素社会……………………10,149
鉄製フライパン………………14
テフロン加工フライパン……14
電気自動炊飯器………………15
電力の消費一次エネルギー…13

【と】
トースター……………………14
トースト………………………12,124,150
研ぎ汁…………………………50,142
土鍋……………………………15
トマトときくらげのスープ…51
ドライカレー…………………79
ドリップ方式…………………14
トンカツ………………………26

【な】
内部温度………………………23
生臭み…………………………20
生ごみ量………59,81,125,139,149

【に】
苦味……………………………20
二酸化炭素……………………5
西東京市小学校食育推進事業
　　………………………………111
日常食献立……………………11
煮豚……………………………26
日本型食生活…………………5
日本茶（温）…………12,124,150
日本料理………………………49
煮る……………………………25

【ね・の】
熱電対温度計…………………26
熱伝導率………………………30
のっぺい………………………141

【は】
廃棄率…………………………59,94
廃棄量…………………………15
排水口…………………………80,134
バナナヨーグルト……12,124,150
ハムステーキ…………………26
ハヤシライス…………………133
ばらつき………………………43
春雨サラダ……………………51

【ひ】
ビール…………………………12,124,150
火加減…………………80,115,134,152
東日本大震災…………………4
比熱……………………………31
標準偏差………………………43

【ふ】
フードマイレージ……………5
輻射熱…………………………30
フライパン……………………14
古布……………………………43,133
文化鍋…………………………15

【へ・ほ】
ベーコンエッグ………12,124,150
ホウロウ鍋……………………15
保護者…………………………121
ホットコーヒー………12,124,150
ポテトサラダ…………………102

【ま】
マカロニサラダ………………51
薪………………………………142
マクロビオティック…………2

【み】
水使用量………37,81,125,139,149
水ストレス……………………8
味噌汁…………………12,124,150
ミックス野菜サラダ…………12

【む】
麦茶……………………………12,124,150
蒸しイモ………………………26
蒸す……………………………25
無洗米…………………………15,49,142

【め・も】
目玉焼き付きハンバーグ……39
木炭……………………………142
もったいない…………………2

【や】
焼く……………………………25
野菜くず………………………59
野菜の和風煮物………12,124,150

【ゆ】
茹で鶏のサラダ………………39

茹で水量……………………16
油膜…………………………16

【よ】
容器包装……………………66
　　―廃棄物………………66
　　―リサイクル法…………66
葉茎菜類……………………62

養生訓………………………2
洋風献立……………………79
予備加熱……………………26

【ら行】
ライフスタイル………………5
リサイクル……66, 134, 144, 152
レジ袋………………………66

ロハス…………………………7

【わ】
若鶏のソテー………………51
和風献立……………………82
ワンガリー・マータイ………3
ワンプレート………………45

【監修者】
長尾　慶子（ながお　けいこ）　博士（学術）
1966年　お茶の水女子大学食物学科卒
現在　東京家政大学大学院家政学研究科教授を経て，現在同大学院客員教授

◆主な表彰
2004年（一社）日本家政学会学会賞
2013年（一社）日本調理科学会学会賞
2015年（一社）同学会功労賞
◆主な著書
調理を学ぶ—改訂版（編著），八千代出版，2015年
新調理学（共著），光生館，2015年
家庭基礎・家庭総合—豊かな生活を共につくる—（編著），大修館書店，2014年
Nブックス実験シリーズ　調理科学実験（編著），建帛社，2009年
料理のなんでも小事典（分担執筆），講談社ブルーバックス，2008年

【著　者】
三神　彩子（みかみ　あやこ）　博士（学術）
1992年　千葉大学法経学部経済学科卒／東京ガス株式会社入社
2012年　東京家政大学大学院家政学研究科人間生活学専攻　博士課程卒
現在　東京ガス株式会社　主幹
　　　東京家政大学家政学部栄養学科　非常勤講師
　　　同大学ヒューマンライフ支援センター　専門員

◆主な著書
調理を学ぶ（分担執筆），八千代出版，2015年
家庭基礎・家庭総合—豊かな生活を共につくる—（分担執筆），大修館書店，2014年
エコ・クッキング指導者教本（共著），エコ・クッキング推進委員会，2011年
70のQ&Aでまるわかりお財布にやさしいエコロジー（著），近代映画社，2008年
男の料理　エコ・クッキング（著），近代映画社，2008年

食生活からはじめる省エネ&エコライフ
―エコロジークッキングの多面的分析―

2016年（平成28年）2月15日　初　版　発　行

監修者　長　尾　慶　子
著　者　三　神　彩　子
発行者　筑　紫　恒　男
発行所　株式会社　建 帛 社
　　　　　　　　　KENPAKUSHA

112-0011　東京都文京区千石4丁目2番15号
TEL（03）3944-2611
FAX（03）3946-4377
http://www.kenpakusha.co.jp/

ISBN 978-4-7679-6520-8 C3077　　　　　　亜細亜印刷／常川製本
Ⓒ 長尾，三神，2016.　　　　　　　　　　　Printed in Japan
（定価はカバーに表示してあります）

本書の複製権・翻訳権・上映権・公衆送信権等は株式会社建帛社が保有します。

JCOPY　〈(社)出版者著作権管理機構　委託出版物〉

本書の無断複写は著作権法上での例外を除き禁じられています。複写される場合は，そのつど事前に，(社)出版者著作権管理機構（TEL 03-3513-6969，FAX 03-3513-6979，e-mail : info@jcopy.or.jp）の許諾を得て下さい。